江苏省"十四五"时期重点出版物出版专项规划项目

"新时代青年眼中的中国式现代化"系列丛书

丛 书 主 编◎郭继超
丛书副主编◎戴 锐 刘兴平 李 宁

本册主编◎张 静

"我"对新中国 70余年来社会 进步之观察

河海大学出版社
·南京·

图书在版编目(CIP)数据

"我"对新中国 70 余年来社会进步之观察 / 张静主编. —南京：河海大学出版社，2023.12
("新时代青年眼中的中国式现代化"系列丛书 / 郭继超主编)
ISBN 978-7-5630-8797-6

Ⅰ.①我… Ⅱ.①张… Ⅲ.①社会进步-研究-中国-现代 Ⅳ.①K270.7

中国国家版本馆 CIP 数据核字(2023)第 240710 号

书　　名	"我"对新中国 70 余年来社会进步之观察
	"WO"DUI XINZHONGGUO 70 YU NIAN LAI SHEHUI JINBU ZHI GUANCHA
书　　号	ISBN 978-7-5630-8797-6
策划编辑	朱婵玲
责任编辑	张　媛
特约校对	周子妍
装帧设计	杭永红
出版发行	河海大学出版社
地　　址	南京市西康路 1 号(邮编：210098)
电　　话	(025)83737852(总编室)　(025)83722833(营销部)
经　　销	江苏省新华发行集团有限公司
排　　版	南京布克文化发展有限公司
印　　刷	广东虎彩云印刷有限公司
开　　本	787 毫米×1092 毫米　1/16
印　　张	17.25
字　　数	363 千字
版　　次	2023 年 12 月第 1 版
印　　次	2023 年 12 月第 1 次印刷
定　　价	98.00 元

总　序

　　高校思政课承担着立德树人的使命与责任，是为党和国家培养全面发展的社会主义建设者和接班人的关键课程。党的十八大以来，习近平总书记高度重视高校思想政治理论课建设，从召开全国高校思想政治工作会议、全国教育大会、学校思想政治理论课教师座谈会，到多次赴高校考察和师生交流谈心，围绕思政课建设作出了一系列重要论述，为办好思政课提供了根本遵循。习近平总书记指出："要高度重视思政课的实践性，把思政小课堂同社会大课堂结合起来。"高校思政课通过创新实践教学形式、丰富实践教学载体、整合实践教学平台、深化实践教学内容等方式将理论知识学习与实践体验感悟融为一体，把思政小课堂同社会大课堂结合起来，引导大学生走进基层、走向社会，在实践中检验真理，在实践中发展理论，进而促进大学生理论水平、思想素质和思维能力的全面提升。

　　多年来，河海大学始终坚持立德树人初心使命，以高度的政治责任感多维发力推进思政课建设，着力培养堪当民族复兴重任的时代新人。强化顶层设计，赓续红色血脉，构建大思政格局，打造具有河海特色的思政课程群，将学校"爱国爱水爱校"的深厚情怀融入学生培养全过程。注重拓宽思政课教师育人大视野，把专家学者"请进来"，建设思政课教学"知行"工作坊，举办"思政课大中小学一体化建设"研讨会，邀请兄弟院校、中小学优秀骨干教师等进行教学展示，分享学术成果、交流实践智慧，在交流互学中提升教师教学能力。注重汇聚社会资源育人大能量，联合江苏省档案馆、雨花台烈士陵园等场馆，通过故事和场景化的展示，组织开展体验式、情景式实境教学，上好"纪念馆里的思政课""行走的思政课"，打造"课内＋校内＋校外"育人同心圆。

注重拓宽实践育人大平台，开展大学生讲思政课活动，在村庄、社区、企业等建立学习社、联学站，共建实习实践基地，引导学生从课堂到基层，体验社会、感悟社会、理解社会，树立正确的世界观、人生观和价值观。不管是在思政课程还是课程思政方面，实践教学都是河海大学思政课改革创新的一个重要抓手。

河海大学马克思主义学院在思政课教学中一直重视对学生实践能力的培养，把理论学习和现实结合起来，将鲜活的实践引入课堂教学或者将课堂设在生产劳动和社会实践一线，强化问题意识，突出实践导向，通过多种实践方式引导学生深入理解马克思主义，理解中国化时代化的马克思主义。早在2006年，河海大学思政课就开展了以课题研究为中心的实践教学改革，教学改革使实践教学常态化，并形成了"一个主体，两个结合"，即以学生为主体，实践教学与科研活动相结合、实践教学的系统化与个性化相结合的实践教学理念。以学生为主体，就是要发挥学生的主观能动性和创造力，让学生去想象，去实践。实践教学与科研活动相结合，就是通过让学生申报课题项目、撰写读书报告、参加大学生创新训练计划等实践形式，全面培养学生的社会实践能力、学术研究能力、创新思维能力和论文写作能力，培养学生的人文情怀、团队精神和责任意识。实践教学的系统化与个性化相结合，就是在努力发挥实践教学系统性、整体性功能的同时，创新设计实践教学的多种形式，并针对不同学科、不同专业学生的实际需求，设计不同的实践教学内容、方法和手段，使不同兴趣、不同特长、不同专业的学生都能得到有效训练和发展。2008年11月27日，由教育部社会科学司主办的首届全国高校思想政治理论课案例教学研讨会对河海大学思政课实践课题研究项目改革给予了高度评价，认为这是创新性的思政课改革模式，能够让学生把在思政课上学到的马克思主义理论灵活运用起来，通过实践课题去了解社会，思考问题，提升能力，增长才干，非常值得推广。

在这一优良传统的影响下，河海大学马克思主义学院在思政课实践教学中长期坚持，不断探索和创新。近几年，学院老师围绕抗击疫情、脱贫攻坚、乡村振兴等主题和学生共同研讨，带领学生走入工厂车间、田间地头，在"大思政课"中"受教育、长才干、作贡献"，呈现了很多优秀的实践成果。这些成果作为课堂教学的重要和有益补充，进一步推动了理论教学的改革发展，提升了思政课教学效果，真正让党的创新理论走进学生心里，成为他们在未来工作岗位上不断前行的内在思想动力。这些成果是师生教学相长的见证，是河海大学思政课教学改革成果的生动呈现，得到了江苏省高等教育教改研究立项课题"'行塑'理念下高校思想政治理论课教学模式创新与育人效果提升研究"和江苏省教育科学"十三五"规划课题"高校思想政治理论课教学模式创新研究"的支持，并有幸得以出版和传播。如能经由这套丛书与更多的兄弟院校加强交流，为思政课改革创新提供一些有益启示，尽一些绵薄之力，那么这套丛书出版的初衷也就实现了。

丛书以时代新人的视角，从不同社会空间呈现了近代中国经历的百年历史变迁，从一个家族的演变到一个政党的成长，从校园生活的变化到社会变革的发生，无不折射出中国社会各阶层在巨大的社会变迁中围绕民族独立和人民解放、国家富强和人民富裕等问题进行的思考和实践，历史和现实也充分证明了唯有马克思主义、唯有中国共产党、唯有中国特色社会主义道路、唯有改革开放才能实现中华民族伟大复兴的历史伟业。《"我"对晚清以来中国现代化道路探索之思考》立足于近年来河海大学"中国近现代史纲要"学生课程实践部分成果，展现了鸦片战争以来中国社会各阶层对国家、民族出路的探索，进一步证实了近代中国的封建地主阶级、农民阶级以及资产阶级都无法找到一条通向光明的道路，只有中国的无产阶级才能担当起近代中国革命的领导重任。同学们通过对开天辟地、改天换地、翻天覆地、惊天动地的伟大历程的研究和认识，感悟中国共产党为中国人民谋幸福、为中华民族谋复兴的初心和使命，百年党史波澜壮阔，百年初心历久弥新。在历史洪流中，每一个家族都是一段传奇，每一段传奇都可书写为生动的故事。《跨越百年的对话："我"的家族记忆》立足于家庭与国家、个人与时代的关系，师生共同探讨历史洪流中的那些永恒话题。在中国共产党成立百年以来中国社会发生沧桑巨变的历史背景下，同学们讲述了各自家族发展变迁的故事，呈现出近代以来中国社会发展变化的基本脉络，揭示了人们对美好生活的向往是社会发展进步的深层动力。《"我"对新中国70余年来社会进步之观察》以实践调查的形式，呈现新中国成立以来我国社会主要领域发生的深刻变革，探究社会变革生成、展开的逻辑。该书选取四个主题，分别为反映人民生活水平提高的"民生社会"篇，探讨人们观念转变的"思想观念"篇，突显南京发展特色的"地域特色"篇，以及聚焦生态文明、精准扶贫等方面的"热点问题"篇。通过以上不同视角，在对社会变革的探究中，阐释中国特色社会主义发展道路之特色、中国共产党执政理念之优势、中国共产党带领人民取得的成就之伟大。《新时代高校校园生活变迁之研究》集结了当代大学生观察世界及其变化的系列研究成果，包括大学生对文化、教育、生活及热点话题等方面问题看法的调查研究，既有对传统校园生活各方面的关注，也有对西方文化及其现象的反思，更聚焦于当前校园生活的热点话题。这些研究成果，向我们展示了新时代青年的智慧与理性，彰显了当代大学生的批判精神和责任担当。

  由于疫情等原因，丛书编撰、出版过程几次中断，但河海大学出版社的老师们始终没有中断编辑工作，对他们的辛勤付出，我们深表感谢！因为是学生的视角，有些论述不免稚嫩。老师们为保证丛书的质量，尽了最大努力认真修改，同时也做了一定的保留。因编写时间和水平有限，错漏之处也在所难免，恳请广大读者不吝指正。

前言

时光荏苒,岁月如歌,屈指一数,新中国已走过了七十余年的征程。七十余年来,在中国共产党的坚强领导下,全国各族人民团结一心,迎难而上,开拓进取,奋力前行,从封闭落后迈向开放进步,从温饱不足迈向全面小康,从积贫积弱迈向繁荣富强,创造了一个又一个人类发展史上的伟大奇迹,中华民族迎来了从站起来、富起来到强起来的伟大飞跃,如今正阔步走在中华民族伟大复兴的新征程上。经济建设取得辉煌成就,民生事业蓬勃发展;思想文化建设取得重大进展,文化强国迈出新步伐;城镇化水平不断提升,城市发展阔步前行;国际地位显著提高,国际影响力明显增强,中国声音正在被世界倾听。

七十余年高岸深谷,七十余年沧海桑田,勤劳勇敢的中国人民在中华大地上描绘了一幅幅波澜壮阔的锦绣画卷,风华正茂的新中国在岁月的年轮上刻下了一道道深深的印记。中国共产党自成立以来,始终坚持把马克思主义基本原理同中国具体实际相结合,同中华优秀传统文化相结合,开辟了中国特色社会主义道路。河海学子以其青春之视角,凭借敏锐的感知力,以实践调研的形式回首这一幅幅美丽的画卷,循着这一道道烙有时代特色的印记,观察和记录下新中国的变化发展,表达了对祖国的无限美好期望。

囿于篇幅,本书仅从众多河海大学本科生的优秀社会实践报告中选取了20篇,形成民生社会、思想观念、地域特色、热点问题4个篇章,每个篇章包括5篇优秀实践报告。民生社会篇围绕与人们生活息息相关的饮食、医疗、教育、娱乐、信息获取等方面展开,普通大众的生活是真实反映社会进步的一面镜子,从中可了解新中国成立七十余年来社会的变化发展。

　　一个社会的发展往往以思想的解放与观念的更新为先导，人们思想观念的变化深刻反映出时代进步的历史轨迹。思想观念篇以人们在出国、婚恋、版权保护意识、志愿服务和戏曲文化等方面的观念变更为切入点，从人们思想观念的转变历程中体现社会的发展进步。

　　地域特色篇依托河海学子所生活的城市环境，聚焦南京博物院、金陵图书馆、南京跨江桥梁、南京云锦、南京传统特色小吃等，力求以小见大，从南京的发展变化窥见整个新中国社会的发展变化。

　　热点问题篇聚焦美丽中国、脱贫攻坚、新冠疫情、"一带一路"等，结合南京秦淮河治理、贫困县安徽金寨县的蜕变、疫情背景下远程医疗服务和"宅经济"发展模式、"一带一路"背景下中国民乐对外传播等内容，展现中国特色社会主义迈入新时代的新气象。

　　"希望广大青年用脚步丈量祖国大地，用眼睛发现中国精神，用耳朵倾听人民呼声，用内心感应时代脉搏，把对祖国血浓于水、与人民同呼吸共命运的情感贯穿学业全过程、融汇在事业追求中。"习近平总书记的一声声深切嘱托并未被辜负，它们被河海学子铭记于心，并身体力行。道阻且长，行则将至；行而不辍，未来可期。祖国的未来正需要这些循梦而行的优秀青年们来建设！

目录

总序
前言

第一篇 民生社会

- 003 改革开放给人们餐桌带来的变化
- 017 改革开放以来我国医疗保险政策发展历程
- 027 家庭教育再认识
- 034 从新中国70多年的电影业看中国文化发展
- 051 乡村民众信息源结构现状与优化策略研究
　　　——基于乡村民众疫情信息行为的调研

第二篇 思想观念

- 067 新中国成立以来人们出国观念的变化
- 075 现代人的婚恋观调查
- 087 不同学历人群的版权意识调研
- 094 抗疫背景下大学生志愿服务精神调研
- 113 新时代地方戏曲文化的保护与传承

第三篇 地域特色

- 133　从南京博物院的发展看新中国公共文化建设
- 147　金陵图书馆的发展和使用现状调查
- 162　跨江桥梁建设对南京发展的影响
- 168　新中国成立以来南京云锦的复兴之路
- 178　探寻南京传统特色小吃：蒋有记牛肉锅贴

第四篇 热点问题

- 189　美丽中国建设中的河流治理与保护情况调查
　　　——以南京秦淮河为例
- 201　从金寨县看美丽乡村建设与精准扶贫
- 220　疫情防控背景下南京远程医疗服务发展前景调研
- 234　疫情背景下"宅经济"发展模式调查研究
- 254　"一带一路"背景下中国民乐对外传播的路径及对策

后记

第一篇 民生社会

人们的生活是真实反映社会进步的一面镜子。本篇围绕与人们生活息息相关的饮食、医疗、教育、娱乐、信息获取等方面展开，从人们的基本生活状态了解新中国成立七十余年来社会的变化发展。

"民以食为天"，餐桌上的变化如实地记录了改革开放以来人们从"吃得饱"到"吃得香""吃得好"的转变，通过对人们饮食生活的观察发现了城乡区域发展不平衡等问题。

社会保险是社会保障制度的核心内容，医疗保险则是社会保险的主要项目之一。在"每一个小群体都不应该被放弃"的原则之下，我国医疗保险制度逐步实现全民覆盖，医疗保障水平不断提高。

"百年大计，教育为本"，教育是民生之基，家庭教育更是教育人的起点和基点，正逐渐从"缺位"向"在位"转变，且更加注重孩子心灵的发展，与学校教育相结合，共同完成培养人这一细致而复杂的任务，为基础教育的发展引路护航。

电影作为我国文化产业的重要组成部分，是表达文化声音的一种途径，也是满足人民精神需求的一种方式。中国电影业不断适应着不同阶段的时代特征与人民要求，从"初生"到现在的臻于成熟，体现着不同的时代精神与文化内涵，坚持讲好中国故事，传播中国文化。

与城镇信息化基础设施建设相比，乡村信息化基础设施建设还存在着较多不足。在互联网快速发展背景下，了解乡村民众信息源结构现状能够检验出我国乡村信息化基础设施建设的完备度。较之从前的"闭塞"，如今乡村民众信息获取方式更趋多元化。

这些"小"视角反映了我国在民生建设领域所取得的瞩目成就，也从方方面面体现了人们生活的改善，从而更加坚定了走中国特色社会主义道路的信心。

改革开放给人们餐桌带来的变化

一、调查目的与意义

改革开放前,社会生产力相对落后,人民生活水平不高。在经历了 1959—1961 年三年困难时期和 1966—1976 年"文革"动荡年代,国家作出改革开放这一伟大决策后,人们的生活才有了质的提升。

二、调查方法与对象

调查小组通过采访,形成口述史资料,整理后形成报告。本次调查将改革开放以来四十多年的发展历史分为三个部分:改革开放初期、20 世纪八九十年代、21 世纪;共采访了 10 位老人,得出结论。

三、调查结果与分析

(一)饥饿的中国

新中国成立后的很长一段时间里,百废待兴,经济急需发展,人们的温饱问题亟须解决。

1. 普遍艰苦的生活

我们所采访的老人大多在小时候经历了困难时期,那个时期给他们留下了极其深刻的印象。陈志良老先生原是江苏省如东县童店初中的校长,1955 年出生的他,经历过三年困难时期、老家发大洪水,吃过野草、树根,甜甜涩涩的味道至今难忘。

张文军是来自云南大理的一位 63 岁的老人,现在经营一家小商店。张老说,在他小时候,粮食产量低,家中的饭菜基本不够吃,村里人大多食不果腹,有时拿"海菜"、野菜和仙人掌来充饥。由于经常吃这些，很多人会出现消化不良等症状，对身体影响很大，但这是当时解决吃饭问题的唯一方法。老人还回忆道，他上学时会途经生产队的玉米田，因为饥饿，即使玉米没有成熟也会掰玉米生吃。在"大跃进"时期，粮食紧缺、人们饥饿的现象更为普遍。生产队里的人会把栽好的秧苗从田里拔出来插到另一个田地里，便称粮食增产百分之几（虚报产量），这样就导致很多秧苗死掉，粮食产量降低，品质也无法保证，人们的温饱问题没有得到根本解决。

在改革开放前的很长一段时间里，我国由于经济水平低，生产能力差，加上一段时间内浮夸风盛行，不按部就班地发展生产，错失了一些发展时机，经历了较长时间的困难时期。在这段时间里，吃不饱饭成为一种常态，人们的基本生活无法得到保障。

2. 生产大队制度

在生产队的工作生活也是非常具有时代特色的。本就在农村的就在村大队工作、吃饭；城市里的青年也响应国家的号召，下乡务农。关于这段生活，老人们也有许多难忘的回忆。

张文军老人回忆起在生产队里的生活时说道："在生产队，通过干活挣工分分粮。干得多，工分就多。但是工分机制存在缺陷，人们偷懒也可得工分，一部分人的积极性就下降了，导致生产队的生产效率不高。年末农民分的粮食少，人口多的家庭粮食便不够了。"

他还与我们分享了生产队中的趣事：在开始种植的那一天，生产队会举办一种叫作"开秧门"的活动，结束那一天的活动叫作"关秧门"。"开秧门"那天，生产队杀猪，偶尔也会宰牛（指年老已不能耕种的牛），然后按照村中每家每户的人口数把猪（牛）肉分好，因此这一天也是村民们非常开心的一天。张老说现在猪（牛）肉烹饪方式很多，但以前的做法比较单一，一般是猪（牛）肉和山药或者"脚板薯"（与山药类似，口感较差，现在已很少见到）一起炖或炒，骨头用来炖汤，即使只有一小块也不会浪费。"关秧门"那天，全队的人会在大院子里一起吃集体饭，生产队里的每家每户会出一些菜，做出来大家一起吃。当时物资匮乏，没有那么多桌子，就用木板拼搭出桌子来。集体饭菜品有限，基本没有肉，只有菜汤和西红柿炒韭菜，现在被很多人看不上的饭菜在当年大家都吃得很香。

马蓉奶奶祖籍山东，父母亲当年因为饥荒，全家人选择闯关东，最后定居在东北吉林的偏僻农村。马奶奶是家中的长女，每天都要出去劳作。在生产队里，大家一起干活，统一分配。当时家里七八口人，但劳动力仅有两三人，生活十分艰苦。那时人们凭粮票、布票等购买所需物品。一家人吃的是苞米面的馍馍、菜团子，还有高粱米熬的粥。平时吃的都是粗粮，没有面食，且无法吃饱。每家只有在过年的时候才会分到一点白面，且白面的质量也不是很好。一年到头只能吃到一顿肉，是村里过年杀猪分的，量也很少。平时吃的菜是从山上采来的野菜、野蘑菇。做菜很少放作料，油每年只能分到一点儿，也不舍得用。即便如此，一家人还是生活得很开心。

土生土长的农村人在生产大队干活，生活依旧没有改善，城市中的有志青年下乡投入生产，过着同样艰辛的生活。

陈志良先生 1973 年高中毕业，中学正值"文革"期间，无法参加高考，也学不到多少知识。他高二时就一边学习，一边参加生产队的劳动。"上课数学主要讲几何中的模型，那时候我们初中学的就是农机啊工机啊，都是农业基础知识和工业基础知识。其他的都没学到……"老人惋惜道。高中毕业之后，他就在农村生产大队里负责扫盲，在团支部里帮书记做事，搞一些文娱活动。

刘庆章老人小时候生活在农村，青年时期就进城读书学习，知青岁月结束后进入工厂做工人。他也提到了"文革"岁月，他参加下乡护场，晚上在食堂吃饭，一般是两块苞米面饼、一碗白菜汤，就两口咸菜。他说有个同行的家庭条件较好，能吃炒鸡蛋，大家都很羡慕。"文革"耽搁了一代人，在这种大环境下，教育被轻视，我们可以感受到老人们无法参加高考、无法实现自身价值的失落之情。

3. 改革开放前期依然贫穷

20 世纪 70 年代中后期，无论是城市还是农村，温饱问题依然没有得到解决。

刘庆章老人提到那时候主食是定量供应的。粮票的定量对于不同人有不同的标准：学生和在家的是二十七斤半，工人干普通体力活的四十斤，干重体力活的五十斤。那时候副食供应不足，不允许私人买菜，都是每个街道有公家的小卖店；采取供应制度，给人们发票，然后拿票去买。

平时主食以苞米面饼子为主，细粮最多一人到手一两斤，但很少达到这个水平。人少且大多有工作的家庭，每个月还能吃点馒头或饼。如果是孩子比较多的家庭（一般七八口人），这些粮食是根本不够的，他们大多会用细粮在农村换成粗粮。农村人只是偶尔改善下伙食，平时也以吃粗粮为主。

从事一般工作的人往单位带饭，下饭菜以咸菜为主，很少有单位食堂供应午餐，偶有大的国企如中石油六厂会供饭。一般家庭会将较有营养的饭菜，如小鱼、肉酱等给上班干体力活的人带走，但量也不多。有时候饭店会让他们的车间帮忙加工东西，这样工人就能去饭店改善一下伙食，且可以不用粮票买馒头，大家都十分开心。刘庆章老人又回忆道，工资涨了五六元（其背景是 20 世纪 70 年代工人涨特殊工资），能让生活宽裕不少。

那时候过年过节，像蒜薹炒肉这样的好菜，都舍不得吃。过年大多会炒点黄豆，像花生这样"贵重"的食物，是不敢奢望的。他回忆有次过年，粮站原先没有面，后来不知道从哪儿弄来了面，通知大家一人领半斤。就这样，他们包了些放了一点肉的过年饺子。

贫穷也同样影响着陈志良老先生。他还清楚地记得 1976 年，大家都吃不饱，也吃得很差，他家更是有名的穷人家。那时候规定粮票买米，肉票买肉，蔬菜自家种。田里的收入属于大队，上交公粮会集体开会，只有蔬菜是不上交的。油是生产队种的油菜榨的，大队在年末会分好油，让大家去拿。"为什么我现在还是习惯用勺子去取油做菜，因为那时候我们几个人吃菜就放几勺，用油量是有限制的。"他说。

4. 供销合作社系统

这里不得不提到另一个极具象征意义的系统——供销合作社系统。供销合作社系统出现于 1954 年，那时候的供销社是农村商业的主体，肩负着广大农民生产、生活用品的组织供应任务，同时还担负着收购农产品的任务。为此我们特地采访了在供销社工作过的老人——马亚珍。

马亚珍老人已经七十多岁了，现在是一名普通的农民。她的丈夫倪廷丰已经去世十几年了，他原是江苏省如东县大豫镇供销合作社的负责人。老人家目睹了改革开放前后农村生活的巨大变化以及供销合作社的兴盛与衰败。改革开放前，市场上物资紧缺，国家实行计划经济，食盐、火柴、煤油等一大批日用品实行票证定量供应。马亚珍老人告诉我们："在那个年代，有钱不一定买得到东西，有票在手的人才有购买物品的资格。"这些票并不等同于货币，它们退出市场是很突然的。老人家里还存有几十年前整版整版的布票，她并不把它当作什么稀奇的玩意儿，只不过是没了用途的纸张，垫在抽屉的最底层……我们这辈人多多少少听过父辈的事，父母亲小时候拿攒了好久的几分钱开开心心地跑去供销社买糖果，或是晚饭煮到一半，被叫去打一壶酱油……

改革开放之前，供销合作社负责肉类供应，但是很少有人家吃得起肉，而油和米的供应由粮油站负责管理。据老人回忆，当时每人每月只能分到几两油，所以那时候做菜都不舍得放油。20 世纪 70 年代过年的时候，农户人家才舍得去买一点肉，这个时候肉量供应就会出现紧缺，天没亮大家就冒着风雪出门排队买肉了。

"除我以外，我们家其他人都在供销社工作，日子与其他人家比会好一些，起码不用为吃穿发愁。我的儿子在机电车间工作，收棉花的时候开机器来轧棉花，大女儿负责饲养站内的小鸡，二女儿在前台销售物品。"马亚珍老人如是说，"当时一个小小的供销社就有一百多人，掌管的业务也比较多。供销社有自己的食堂，伙食也不错，鱼、肉以及蔬菜比较充足。当然这些也需要内部人员自己出钱购买，好处就是不必凭票"。

供销合作社系统是在计划经济时代产生的，物资紧缺只能采取凭票供应的方式。而内部人享有优惠也是大家有所耳闻的，当年流行着一句话："嫁给负责卖猪肉的、卖小商品的是厉害的。"

5. 当代年轻人也有话要说

当代年轻人在听了老人们所讲述的故事后，也表达了自己的看法。

刘子豪是河北工业大学的一名学生，1998 年出生的他没有体会过 20 世纪六七十年代人们生活的艰苦，在家里挑食和浪费都会被家里人念叨。起初他觉得挑食、浪费没什么，但听了家里人讲述他们的过往后，他才深刻认识到了自己的错误。他讲道："听老一辈人说以前都是用粮票换食品，他们小时候吃的是玉米面、窝窝头，还有萝卜和大白菜，只有过年才会有白面馒头。"他对用粮票换粮食是这样理解的：因为物资有限，每个人分到的也有限，就必须更节俭，过年时才能改善伙食。而如今情况发生了很大变化，从吃饱转为考虑营养均衡和健康问题。

对于当代年轻人来说，老人们所讲述的故事似乎有些遥远，但这些往事仍提醒我们要感恩如今这美好、富裕的生活，就像刘子豪同学所说，不能身在福中不知福。

（二）转折——吃饱不再是梦

这段困苦时光的转折点就是改革开放，对于基层来说，就是分田到户制度和岗位责任制度。许多生活在农村的老人都直接提到了分田到户后人们生活发生的显著变化。

1. 分田到户、商业初兴

马亚珍老人说："改革开放后，人们的餐桌丰富了，以前舍不得吃的东西现在可以畅快地吃。"改革开放之初，农民们还是很穷，但自从分田到户了，大家的日子就有所好转，就有了过富足生活的希望。

改革开放后钱与粮票可以做交换。1980年张老在当地村中开了第一家商店，主营日用百货，通过赚差价ólares盈利。开店前家里人都十分反对，怕被定为投机倒把行为，后来知道了这符合政府搞活经济的政策才同意。张老开的商店不仅仅改善了自家生活，也方便了大家，受到村里人的称赞。像张老这样敢于第一个吃螃蟹的，也成了最先富起来的一批人，成了时代的宠儿。

改革开放的前几年，人们一年吃到新鲜肉的次数不多，肉食摄入量较少。过年杀猪，全家人一起吃一顿，给亲戚朋友分一些，大家都礼尚往来。剩下的肉会制成腊肉，量也不多，平时偶尔吃一次。另外，每隔几周人们会去街上买"食品组"的新鲜肉，每次只能买半斤，晚去的话就买不到了。张老谈到这里的时候说道："改革开放前人们基本没肉吃，改革开放后有肉吃了，到现在吃什么都不愁了。"

改革开放初期大米还比较紧缺，当时以杂粮为主食，玉米、红薯等杂粮的产量提高了不少，因此粮食还是够吃的。吃饱基本不成问题了。

2. 城市的变化

在城里务工的刘庆章老人有不一样的体验。20世纪80年代人们仍然缺钱，改革开放后实行岗位责任制，多劳多得，工资就能多一点。家庭条件较好的一星期吃顿饺子，条件差些的一个月吃上一顿。水果虽然有但还是紧缺，刘老只在过年的时候给两个女儿买一大筐苹果，平时卖的水果种类不多，自己也不舍得买。相比较而言，刘老在国企工作，条件还可以，而普通百姓的日子相对要艰苦一些。

张阿姨生活在镇子上，她说那时饮食方面最大的变化就是吃的种类变多、品质也变好了。在她的记忆里，小时候很少吃肉，而现在顿顿不离肉。以前吃到的肉大多是腊肉，当家里杀完年猪，多余的便制成腊肉。虽说是杀了一整头猪，其中一部分送亲戚，剩下的一部分由于处理不到位会坏掉，所以腌制的腊肉并不多，每次只能切一小块腊肉吃。过去也可以买鲜肉，但是全乡镇只有一个地方有售，且肉量有限，每户一周只能买半斤。张阿姨家条件一般，几周去买一次鲜肉，有时候去迟了就买不到。

提到零食，张阿姨说现在的零食多种多样，而她10岁前唯一的零食就是一分钱一份的浇上糖稀的雪，且只有冬天山上下雪的时候才能吃到（坝区不下雪），很是珍贵。到了20世纪80年代，零食多了两种——白糖水冰棒和花生糖，同龄人都很爱吃。当时能吃到的零食也就这几种，直到20世纪90年代零食种类才变得越来越丰富了。

当时物资匮乏，交通不便，张阿姨在15岁前没吃过西瓜。她说以前在图画书和小说（插画）里看到过西瓜，对这个新鲜事物很好奇，不知它到底长什么样，只能猜测西瓜的模样和味道。张阿姨感叹道："改革开放后变化真的大，以前只能吃自己家和朋友家种的水果，现在水果种类可多了，还有反季节的水果，一年四季都能吃到。现在网上也可以买水果，真是方便了许多。"说到这里，张阿姨还想起了小时候的趣事，过去水果太少，父母担心孩子一次性就把水果给吃完了，便会将水果藏起来，而张阿姨的鼻子很灵，能闻得到水果藏在哪里。她每次只拿两个，一个自己吃，一个给弟弟妹妹吃，但多数时候被父母发现了会挨骂。

3. 学校食堂的城乡差异

张阿姨又回忆起自己在县一中的伙食，20世纪80年代学校食堂每周五下午有2角钱一份的腌菜炒肉（每次打肉的时候还会多要一点油汤），素菜5分钱一份。学生每个学期都要向学校交蔬菜钱和米，农村户口的学生交二十斤米给学校，城镇户口的交二十斤粮食对应的粮票。张阿姨说以前的油、肉、大米都得拿粮管所发行的油票、肉票和粮票来换，不能用钱直接买，直到她参加工作后两年才不再使用粮票。

说到当时的学校食堂，陈校长也很有发言权。他1984年担任阳岸初中的校长，大概过了三年，一批学生毕业后学校就关闭了，因为办学条件实在是太差了，都是小麦桔梗铺的草房，漏得不行了才弄瓦铺。当时学校没有食堂，学生都回家吃饭。一两个村就有一所学校，所以学生都是家住附近的。

很显然，在学校食堂方面，农村与城镇差距较大，农村的孩子要艰苦得多。

4. 经济发展不平衡

改革开放带来了经济的快速发展，但经济发展不平衡，并不是全国各地的人们都立即享受到了改革开放带来的红利。

王秀琴女士小时生长在农村，日子过得比较清苦。她记事的时候大概是20世纪80年代初。她对我们说，早些时候火车开得慢，是烧煤的那种，他们就去铁道上取烟灰，用来生火做饭。家附近是大沙河，还有许多杨树，她和兄弟姐妹就去捡树叶、小麦尖，用来生火做饭。那时候没有电磁炉、煤气罐，都是用砖垒的炉子，用风箱拉，生火。

上学也与现在不同。学校会在秋收时放假，学生回来后地里有活就去干，没有就上学。吃饭和穿衣都是问题。衣服兄弟姐妹轮着穿，吃得更不好，过年白面馒头也很少，好一点的就是白面和玉米面掺在一起做的馒头，后来还有豆腐渣、豆腐馒头，现在这些都没人吃。做了豆腐，糊的那一层，几个孩子就铲铲来吃。鸡蛋、面、油，都是国家发粮票，按照人头每人每月几斤的规定，还包括布票。随着生活水平的提高，粮票等逐渐不用了。

王秀琴女士说："只有过年有肉吃，平时能填饱肚子就行，小时候吃到肉就觉得特别香。记得小时候家里买过不到半斤马肉，和兄弟姐妹们一点点省着吃。"计划经济时期，城乡依旧有差别。她记得北京的一个叔叔来家里了，跟她要味精，但她不知道味精是什么，还以为是要废巾（废手巾）。"那个时候大多在家吃饭，即便家里来了客人，也就是多炒几个菜，吃顿肉馅饺子。"

马蓉奶奶也有同样的感触：生产队解散之后分田地，那时人们的生活才逐渐好起来。有了自己的田地和收入，饮食也有了很大的改变。人们追求的不再是吃饱，而是吃好。大家每天都能吃到大米、白面，偶尔会尝尝以前的窝窝头。人们有了自己的菜园子，种上一些常吃的蔬菜，也不用去挖野菜吃了。春天种菜，深夏便会有收获，能满足一家子一夏天的蔬菜供应。一些人家还会种果树，比如樱桃、梨树、杏树等。每到结果的季节，村里的孩子就会惦记着这些水果，它们也就成了孩子们的零食。还有些小商贩卖冰棍、糖葫芦，孩子们每次听到他们的吆喝声，都会把他们围起来，跟着一起吆喝。这些零食在现在的年轻人眼中平平无奇，但对那时的孩子来说简直就是"美味""珍宝"，只有少部分家里比较富裕的孩子才能买得起。小商贩偶尔也会给孩子们发一些糖块，这足以让孩子们开心好一阵。

改革开放最先受益的是东南沿海的城市居民，他们通过积极经营，迅速发展经济，提高了生活水平。而相比之下，东北、华北的农村只是解决了最基本的温饱问题。所以说，改革开放初期地域发展不平衡，城乡发展不平衡。

随着改革开放的深化，至20世纪90年代，人们几乎不再为温饱问题而犯愁，生活水平有了显著的提高。

5. 城市巨变逐渐显现

刘庆章老人身处城市，目睹了城市的巨大变化，岗位责任制实行后，工资水平有所提升。人们的生活水平显著提高了，原来过年过节才能吃到的东西平时也能吃到了，隔三岔五还能去饭店改善伙食。副食之类的依然受经济水平的制约，卖的种类很多，但买的人就需要精打细算。

6. 农村也在追逐小康

王秀琴女士回忆道：改革开放实行了一段时间，小麦、玉米等五谷杂粮增产了，每家每户吃饭问题解决了。不过上中学那会儿，学校食堂一般还是疙瘩汤或菜汤，很少有肉。一日三餐搭配逐渐变得合理，副食增多，主食减少，渐渐由温饱走向小康。人们的菜篮子变得满满当当，餐桌上的菜肴也丰盛了。现在想吃什么就有什么，许多小孩子开始挑食了。

到了20世纪90年代，王女士参加工作，家庭生活条件好些了，吃饱已经不成问题，甚至偶尔能去小饭店改善下伙食。各个地方都有特色小吃，像北方的馒头、面条、大饼，南方的米饭。

再次说到供销社。1995年全国的供销社开始改制，绝大多数供销社"人走茶凉"，就剩下一块招牌没有拆。马亚珍老人依旧在家种田，而丈夫倪廷丰没了"铁饭碗"，退休前几年在菜市场卖猪肉，他们的三个孩子也有了新的工作。供销社和他们之间的联系似乎就断了。

之前提到的农村学校食堂也不再那么艰苦了。陈志良校长说："大概到了1995年，少量的孩子可以在学校吃食堂。食堂主要供应两菜一汤，学生只要交了钱，学校就代劳。小学里都是交的米，一学期规定了多少斤数。"

从上述采访片段中，我们能深刻地感受到20世纪90年代人们的生活发生了巨大变化。随着经济的进一步发展，全国人民的温饱问题终于解决了，甚至一些家庭经济条件较好的人开始追求更高品质的生活。但是对于东北老工业基地，改革带来的阵痛才刚刚显现。

7. 东北老工业区转型的阵痛

刘庆章老人回忆道："虽说20世纪90年代生活条件变好了，但是紧接着就又经历了一段苦日子，那是青黄不接的时段，东北老工业基地改制。那阵子工厂不行，要改变但还没变过来，年轻人特别辛苦。"刘老手下有一批职高毕业的（高中没考上，学点技术这类的），工厂效益不好，开支也就二百五六十，人心不齐。刘老那时是车间副主任，收入还行，一个月工资五百元，中层干部一般是六百元，厂长是八百元。"即使我的收入已经是大家羡慕的了，但每月也剩不下多少钱，别说买新衣服了，就是买双袜子都得计划着。我穿得是整洁些，但工作服也都是打补丁的。而刚参加工作的年轻人要养一家子，确实难以为继，几乎又回到20世纪70年代的生活水平了。那时候东北确实苦过一阵子，尤其是辽宁。辽宁原先工业发达，工厂特别多且规模大，而南方没什么负担，说弄一个新厂子就弄起来了。东北这边老厂子生产的东西式样老旧、生产效率低，但机器多、厂房大、工人无法安置，虽然基础好，但却成了包袱。"

刘老于1998年从工厂退休，当时厂子效益不好，人心散了，他身体也不好（心脏不好），所以就退休了，在外面工厂打零工。刚退休的时候，挣得还少，过几年厂子破产了。退休人员的工资有所上涨。

东北老工业基地的革新阵痛其实延续至今，辽宁也不再是全国的"老大哥"。为了使这个当年默默奉献自己资源的"老"省发展起来，国家仍需要对其大力扶持，同样的问题也出现在山西。

(三) 新时代，新生活，新烦恼

21 世纪是一个充满朝气的时代，无数新鲜事物的涌入在带给人们新鲜感的同时也给人增添了许多新的烦恼。当今的大学生对如今这个时代再熟悉不过了。

1. 老人们乐观的低要求

我们采访的老人们对于新世纪的饮食持有非常乐观的态度。他们更多的是满足于吃喝不愁的现状，对于健康虽有提及但知之甚少。这估计也是相当一部分老年人听信保健品的原因之一。他们对于新时代的饮食文化了解不深，且依旧相信大鱼大肉才是好东西。

2. 洋快餐、外卖、网红食品

为了调查广大年轻人是如何看待新时代的饮食的，我们采访了两位大学生。

刘子豪同学对洋快餐提出了自己的看法：洋快餐大多是油炸食品，高脂肪高热量，很不健康。如大家爱吃的薯条，就不能过多食用。不可否认，薯条很受大家欢迎，一是刚出现时，人们觉得新鲜，很是追捧；二是现在人们的生活节奏普遍较快，竞争压力大，他们就会在一些自认为无关紧要的事情上节约时间，如吃饭，薯条恰好制作快速、食用方便。类似这种从国外引进的食品还有日式料理，其主要以天妇罗、寿司、饭团、乌冬面为主。不过像三文鱼刺身，有些人可能一时无法接受。法国菜品有鹅肝、松露等。以前人们是不敢奢望吃上外国菜的，但现在几乎每个大城市都有日料餐厅、法式餐厅等。

关于外卖，刘同学认为为健康着想，要少吃。外卖虽然在一定程度上节约了时间，提供了多样选择，但部分商家的外卖卫生、食品质量根本无法保证。据他观察，他的舍友或同学经常懒得去食堂，便会点外卖，更有甚者懒得出宿舍门拿外卖，这也在一定程度上助长了大学生懒惰的风气。

借着网络的便利性兴起的，还有近几年流行的"网红食品"。刘同学认为大部分"网红食品"卖的是"噱头"，奶茶、脏脏包等并不见得有多好喝、好吃，很多人是为了跟风拍照、发朋友圈才购买此类食品的。他建议大家不要盲目跟风购买网红食品，既可能不安全卫生，还浪费时间排队等。

另一位正读高中的李金鑫同学，因学习繁忙，为了节约时间，经常选择吃快餐。快餐在当下十分受欢迎，因为随着生活节奏的加快，人们也加快了吃饭的速度。李同学认为一些快餐，如咖喱饭、黄焖鸡、肯德基等既方便快捷，也很卫生。以前吃一顿肯德基就感觉很奢侈、很满足，现在基本没什么感觉了。随着外卖、快递的发展，这些美食能够被更快地送到人们身边。特别是在忙碌的时候，点一份外卖就可以解决吃饭问题，各种各样的美食任人挑选，更好地满足了人们的需求。

3. 新技术也是新挑战

现如今，各种技术的革新也引发了一些问题，最突出的就是转基因食品的安全性和垃圾处理不善导致的环境污染问题。

刘子豪同学认为，之前媒体也报道过转基因食品，认为转基因技术是现代生物技术的核心，采用这一技术培养农作物，就能达到高产，农药投入减少，在一定程度上保护了环境。高中生物书上也提到过，转基因草莓、转基因玉米都挺好的。转基因技术可以提高产量，对解决吃饭问题大有裨益。当然现在人们十分关注转基因食品是否会对人体产生危害，某些过敏、中毒症状是否与其有关。这是全世界都在高度关注的一个问题。

另外，外卖包装盒若随意乱扔会造成环境污染。我们经常能看到此类新闻报道，塑料垃圾倾倒海边，海洋生物误食后因无法消化而死亡。对外卖行业来说，当务之急是处理好废旧塑料问题，仅将其直接倒入海中或者焚烧并不是好方法。可降解塑料的研发，在一定程度上减少了对环境的污染，是目前可行的做法。

4. 吃得合理、健康

年轻人在不断追求时尚、便捷的同时却常常忽视了健康。城市中忙碌的人们疲于生计，无心照顾自己的身体，很多人处于亚健康状态。为此，我们采访了在中医院工作过的护士长张雪慧，她对于养生与食疗提出了一些专业性的见解。

张阿姨说现在流行食疗养生，也就是通过吃对我们的身体进行保养。中医很早就认识到食物不仅能提供营养，还有疗疾祛病的作用。CCTV10节目中的养生专家也说药补不如食补，因为"是药三分毒"，而食疗养生对身体几乎没有伤害。张阿姨经常做养生粥给家人喝，不同季节煮粥的食材也有一些变化，比如秋季为了滋阴润肺，她会多煮一些白木耳之类的食物。家里有人生病，她也会专门做一些调理的菜。她偶尔做一些药膳，现在可以买到中药食材料理包，做药膳比以前更方便快捷了。

张阿姨说个人的饮食习惯对健康有很大影响。人人都想要健康，很多人想通过膳食来"吃"出健康。为此，人们变换着各种吃法，但有些人的吃法是不科学的。合理膳食需要注意搭配，如主食与副食搭配、粗粮与细粮搭配、荤素搭配等，这样才能做到饮食均衡。张阿姨说过去粮食不够，20世纪90年代前主食以杂粮为主，很多人做饭时会在大米中掺入玉米面和红薯之类的杂粮，这样吃更符合粗细粮搭配的原则。并且人们常说的早饭吃好，午饭吃饱，晚饭吃少是很有道理的。早餐吃好，是指早餐应吃一些营养价值高的食物。午餐要吃饱，不是简单的吃饱，而是要保证质与量。晚餐吃得过饱，血液中的糖、脂肪酸等浓度就会增高，多余的热量会转化为脂肪，使人发胖。她还给我们年轻人保持健康提供了很多建议，如食物种类要多样化、以谷类为主、粗细粮搭配，多吃蔬菜水果，天天运动，保持正常体重等。

李金鑫同学对此也发表了自己的见解：如今人们对健康饮食和养生之道关注度很高，

我们所熟知的"营养金字塔"是世界卫生组织推荐的合理的饮食结构。"营养金字塔"是为应对人的生理特征而做成的一个黄金三角，共分四层。第一层是最重要的粮谷类食物，它构成塔基，第二层是蔬菜和水果，第三层是奶和奶制品，第四层为动物性食品，这是现代基本的科学饮食知识。荤素搭配时，食用些菌类或海带很重要。现在大学生中有不少人不吃早餐，这是一种不健康的行为。省略早餐会使胃受到严重的伤害，还加速衰老，让人精神不振，一些人选择以多进食的方式提起精神，不知不觉就发胖了。还有很多人有喝咖啡的习惯，过量摄入咖啡容易使人罹患心脏病，因咖啡中含有高浓度的咖啡因，可使心脏功能发生改变以及使血管中的胆固醇增高。嗜饮咖啡，会降低工作效率，减少肠道消化物的水分，易造成便秘。还有以节食来减肥的，都会对身体造成伤害。

5. "微商"——新兴职业，暗藏危机

如今网购大火的时代衍生出了一个新兴的职业，就是"微商"，他们可以全职，也可以兼职，通过微信传播信息，以交易信用为担保。我们注意到有的微商在销售衣服等商品时也在售卖食品，许多网红食品就是微商带火的。为此，我们特意采访了兼职做微商的刘明哲女士，请她介绍下这个行业。

刘女士实际上是代理，她只是在朋友圈宣传商品，如果有买家，她便联系供货商发货。诸如衣服这类方便邮寄的商品，支持全国各地邮寄，如果是易碎品或易变质的食物，仅支持同城配送。同城配送时一般是她到供货商那里取货，然后自己开车去送给客户，由于城市小也不觉得麻烦。衣服一般是高仿，价格比市面上正品便宜一半左右，买卖双方都心知肚明。食物一般是从一些小作坊、食品厂进货，也有自己做的。

通过刘女士简单的介绍，我们觉得微商这个行业是有极大隐患的。售卖的商品没有质量保证，尤其是食品这类直接影响人们身体健康的商品更让人担忧。在缺乏监管部门监管的"灰色地带"，如何保障自己的合法权益是每个人都需要去思考的。

6. "生活中的烦恼"

虽然许多人的生活水平提高了，但我们不能忽视的是仍旧有一部分人生活得不到保障，生活水平不高。

李金鑫同学回忆起了一些往事：在他很小的时候，家庭经济境况不好。平时偶尔能吃到肉，大多数的食物就是大米白面，偶尔也吃些粗粮，如高粱米、玉米面。平时能吃到的水果很少，大多数是家里种的果树上结的果子，味道不是很好，但这些果子依然给童年增加了甜蜜的味道。那时他十分期待过年，因为只有在过年的时候才会吃到平时吃不到的食物。妈妈会做很多好吃的，比如炖鸡、红烧鱼、粘豆包。那种味道既是妈妈的味道，也是童年的味道。他特别喜欢吃海鲜，但家并不靠海，平时几乎吃不到，那时候就期待一顿海鲜大餐。他小时候特别嘴馋，对零食很向往，只要能吃上一根冰棍、一包辣条就十分开心了。为了买零食吃，他经常把用来吃饭的钱偷偷省下来，一解嘴馋。

直到小学六年级，家里的经济状况才好些。那时他在长身体，因此父母也开始注重饮食。初中是寄宿学校，住在学校宿舍，吃在学校食堂。食堂的饭菜比不上家里，很多学生都不喜欢吃。学校管理比较严格，有的学生不在食堂吃就只能吃泡面，但泡面吃多了不利于身体健康。一些同学看起来特别瘦，家长就在放假的时候给孩子改善伙食。因此那时学生每次从学校放假回家都特别开心。他一进屋就能看到一桌子好菜，鸡是必定有的，对于他来说已经很满足了。每次返回学校前，爸妈还会买各种水果和小食品让他带着。那时不再像以前，普通水果都能买到、吃到。

刘明哲女士也感慨近几年生活水平提高了很多。她所在的地方靠海，因此海鲜较多，一般九十月份下海鲜，她就会和几个同事一起找人从渔民那里买刚捞上来的虾（本地渔民打上来的海货一般不会私自贩卖，而是由人收购后再运到市场上卖，因此想直接买刚打捞上来的虾是需要找人的），然后把大部分虾装在保鲜盒里冻起来，这样孩子假期回家就能吃上口感接近鲜虾的虾了。那虾价格高，刘女士每年都要为此花掉几百元钱。这也是近几年生活条件变好了才这样做的，要在以前孩子想吃虾，就到市场上买一两斤解解馋，且一般在下海鲜价格便宜的时候才买。大人也都舍不得多吃。虾的做法较多，油焖、干煎都挺好吃的，当然她儿子最喜欢的还是煮虾蘸辣根这种最原汁原味的做法。

说到这两年生活富足了许多，她回想起刚怀孕的时候，她特别想吃橘子，然后算计来算计去抠出来点钱买了一袋橘子，多少也记不清了，反正那天晚上她老公就和她抢橘子吃。她埋怨老公嘴巴太大"吧唧吧唧"吃得特别快，她也就抢着吃，结果一晚上就给吃光了，这给她气坏了。生孩子后担心孩子吃不好，就买大牌的奶粉，那时一个月工资两千元不到，光奶粉花销就四百多，所以钱比较紧张。他们夫妻俩甚至算计到早上是吃馒头便宜还是吃面包便宜的地步。正常大小的白面馒头是一元钱三个，老式面包大概一元钱五六个吧（那时两个人都不到三十岁，刚进入工作单位，赚的较少，再加上事事都尽力给孩子最好的，所以经济上有点困难）。大概到孩子小学毕业，经济有所好转，不用算计着吃饭，但要给孩子补课什么的，因此手头钱还是不宽裕。她还记得有一次在水果店买水果，她老公结完账就感慨一个苹果要两元钱，真贵。

四、调查结果总论

改革开放给人们生活带来的显著变化是毋庸置疑的。我们所采访的老人们对于旧时的回忆很明显地分为两部分：改革开放前和改革开放后。说到改革开放前，他们印象最深的就是"生活苦""文化大革命"，可见那个时期生活确实艰辛，以至于冲淡了他们对改革开放初期新生活的印象。这是我们始料未及的，给我们的采访造成了一定的困难，当然最后在我们的提示引导下老人们多少都提到了改革开放初期的生活工作情况。改革开放后生活水平的提升是一个循序渐进的过程，没有明确的时间节点，故而我们截取20世纪八九十年代这一时间段来探讨人们餐桌上的变化。这段时光，人们餐桌上的食品种类渐渐丰富，细粮成了家常便饭，应季的蔬菜经常被端上餐桌，鸡鸭鱼肉也不再遥不可及。

通过分析采访我们发现，改革开放后地域发展不平衡，城乡发展不平衡。变革最快的东南沿海地区20世纪80年代就有很多人奔小康了，而转变较缓慢的东北、华北地区农村直到20世纪90年代还未完全达到温饱线。这在很大程度上是观念的问题。内陆地区的人思想解放相对较晚，很多人死守"铁饭碗"而错失了赚取人生第一桶金的机会，且一些人刚开始做小买卖就被他人鄙视，家人也会劝阻。而与之相反的是，南方人思想活跃，到处寻找机会，甚至东北街头一些卖煎饼果子、爆米花的就是南方人。20世纪90年代中后期东北地区老工业基地实行改制，很多国企经营不善，利润下滑，大量工人下岗失业，一些家底较薄的年轻工人的生活水平甚至倒退回20世纪70年代，这也可称为改革带来的阵痛。

对于自身饮食的满意度，老年人和年轻人有着相当大的区别。为此，我们把采访者分为三个年龄段，即20世纪70年代以前出生的，20世纪70—90年代出生的和20世纪90年代后出生的；又把食物定义为两种，第一种是米饭、面等主食及平时人们常吃的蔬菜、水果、肉等副食，第二种是新奇的食品，如洋快餐、网红食品等，具体见表1。

表1 不同年龄段人群对食物的满意度占比

年龄段	第一种食物	第二种食物	满足时间及态度
20世纪70年代以前出生	80%	20%	1995年后基本满足
20世纪70—90年代出生	50%	50%	2000年后基本满足
20世纪90年代后出生	20%	80%	仍不满足

通过研究笔录和受访人的人生履历，我们得出以下观点：影响不同年龄段人群对食物的满意度的最主要因素是"人生经历"，这里主要指12岁（记事比较清晰）以后的经历。曾经挨过饿的人不再挨饿就会觉得幸福，而没经历过挨饿的人自然不会满足于吃饱这个低层次的、很容易达到的目标，而往往追求一些流行的、时尚的、新奇的食品。还有其他影响因素，比如"交友圈"。老年人的交友圈较为狭窄，多为同年龄段人，整体缺少时尚氛围，自然他们也就不去追求那些网红食品。老年人信息相对匮乏，许多人不懂得如何通过合理健康的饮食来促进身体健康，反而寻求保健药品的帮助，这也是保健品在老年人中较为盛行的一个原因。相互攀比是很大一部分年轻人的特点，他们通过晒朋友圈、刷存在感以满足自己的虚荣心，这也是网红店、网红食品能爆火的原因之一。而当这种虚荣心因经济问题得不到满足时，一些年轻人便会觉得缺乏幸福感，对自己的生活水平不满意。

五、对策和建议

根据上述结论，我们给出如下建议：

首先，老年人要扩大自己的朋友圈，拓宽视野。视野开阔了，就能接触到更多新鲜事物，了解到更多潮流思想，让自己跟上时代的步伐，至少要做到健康饮食，快乐生活。同时，要警惕保健品推销广告和善于蛊惑人心的所谓"养生专家"，这些很可能是专门针对老年人设下的陷阱。

其次，中年人要积极转变消费观念，"便宜没好货，好货不便宜"这句话是很有道理的。无论是在线上还是在线下，不能因为商品宣传得好、折扣力度大就轻易掏腰包。通过"微商"等渠道购物要做好承担风险的准备，尤其是在食品方面，缺乏监管的食物流入市场会给人们的健康带来极大的危害。

最后，这是一个充满着形形色色诱惑的时代。在浮躁的社会中保持一颗冷静的心是这个时代对年轻人提出的新要求。年轻人不能一味追求方便快捷而把自己惯出"懒癌"，窝在宿舍、家里天天吃外卖不利于身心健康。

改革开放以来我国医疗保险政策发展历程

一、背景介绍

社会保障是以国家或政府为主体,依据法律,通过国民收入的再分配,对公民在暂时或永久丧失劳动能力以及由于各种原因而导致生活困难时给予物质帮助,以保障其基本生活的制度。社会保障是缓解贫困、保障民生、促进经济社会发展、维护社会稳定和社会公平正义的重要制度,也是现代政府支出的重点领域和公共支出的主体部分。中国的社会保障体系包括社会保险、社会福利、优抚安置、社会救助和住房保障等。其中,社会保险是社会保障制度的核心内容。

社会保险是一种为丧失劳动能力、暂时失去劳动岗位或因健康问题造成损失的人口提供收入或补偿的社会和经济制度。社会保险的主要项目包括养老保险、医疗保险、失业保险、工伤保险、生育保险。

医疗保险传统意义上就是指由特定的组织或机构经办,通过带强制执行的政策法规或自愿缔结的契约,在一定区域的一定参保人群中筹集的医疗保险基金。医疗保险通常分为四类,分别是商业医疗保险、津贴给付型医疗保险、社会医疗保险和费用型医疗保险。本文主要讲的是社会医疗保险。

二、我国医疗保险制度发展历程

(一)传统医疗保障制度的转型时期(1978—1985)

1. 旧有医疗保障制度

基本医疗保险制度的建立,可以追溯到中华人民共和国成立初期的公费医疗、劳保医疗制度。中国医疗保险制度的最初设计,是基于计划经济时代的人口管理方式,即干部、工人和农民的身份划分。在计划经济时代,医疗保险制度主要包括针对干部的公费医疗和针对工人的劳保医疗。首先，就公费医疗而言，1952年6月政务院发出《关于全国各级人民政府、党派、团体及所属事业单位的国家工作人员实行公费医疗预防的指示》，正式确立了公费医疗制度。该文件中提出政府负责办医，医药费由国家财政拨款和卫生机构统筹统支，免除干部费用；通过核定单位的编制人数来核定医药费，费用发放至各个医疗机构。

随后，国家各部委又相继出台了一系列相关配套文件，旨在确定公费医疗的人员范围、具体保障内容、病假期间工资发放标准、子女享受公费医疗的规定、退休人员的保障待遇等，如1952年7月发布的《卫生部关于公费医疗住院的规定》，1952年8月发布的《财政卫生支出预算内容和计算标准》，1955年发布的《关于国家机关工作人员子女医疗问题》，1955年发布的《国家机关工作人员病假期间生活待遇试行办法》，1956年发布的《国务院人事局、卫生部、内务部为国家机关工作人员退休后仍应享受公费医疗待遇的通知》。

再看劳保医疗制度。1951年《中华人民共和国劳动保险条例》的颁布，确立了劳保医疗的制度框架，企业负担职工医疗费用，作为企业福利的一部分。随后，为解决病假期间工人工资核发、子女医疗保障、退休人员医疗保障等问题，国家基本采取同公费医疗制度类似的解决方案。

农村保险制度的发展。1960年，卫生部发布《人民公社卫生工作报告》，在全国推广合作医疗，县村开设医务室，为农民提供免费医疗，但由于当时药品供应能力有限，农民所获得的医疗保障也是有限的。之后能查到的文件是1960年中共中央转发的卫生部《关于人民公社卫生工作几个问题的意见》以及"文革"时期毛泽东批转的湖北长阳县乐园人民公社举办合作医疗的经验。

2. 改革探索：引进需方费用分担机制

1978—1985年，主要是针对旧有医疗保障制度微观设计缺陷，尝试引入需方费用分担机制。这一时期，政府对医疗机构投入不断减少，医疗机构营利动机强化。知青回城，城镇就业人口快速增加，公费和劳保医疗覆盖人数不断增加，加之就医免费，患者缺乏费用意识，城镇制度费用支出快速增长。1978—1986年间，公费医疗和劳保医疗年增长率分别为14%和11%。

针对上述问题，我国在制度方面作了如下改革探索：

在公费和劳保医疗中引入患者自付，即"挂钩"。1984年卫生部、财政部联合发布的《关于进一步加强公费医疗管理的通知》中提出，"可以考虑与享受单位、医疗单位或个人适当挂钩"。随后，部分省市在部分医疗单位实行公费医疗经费与患者个人适当挂钩的方法，即引入个人自付费用，或门诊、住院时个人自付一定比例医药费，个人负担比例各地不同，大多为10%~20%。同时，规定了自付费用限额。这一方式后来为劳保和公费医疗普遍采用。

改革公费医疗经费管理方法，大致分为三类，即将医疗费用包干给相应医院管理使用；由单位管理医疗经费；由享受单位、医院、公费医疗管理办公室、市县财政部门共同管理和承担责任。其中以费用包干到医院的方式为主。同时还制定出台了公费劳保医疗用药目录，控制药品支出。

（二）适应宏观经济环境变化的制度调整时期（1985—1992）

1. 医疗保险试点尝试

1985年11月起，河北石家庄先后在六个县、市开展离退休人员医疗费用社会统筹试点；1987年5月，北京市东城区蔬菜公司首创"大病医疗统筹"，为巨额医疗费用的棘手问题提供了一种比较容易操作的解决思路。

1988年3月25日，经国务院批准，成立了由卫生部牵头，国家体改委、劳动部、卫生部、财政部、医药管理总局等八个部门参与的医疗制度改革方案研究小组并对医疗改革试点进行指导。同年7月，该小组推出《职工医疗保险制度设想（草案）》。1989年，卫生部、财政部发布了《关于公费医疗管理办法的通知》，在公费医疗开支范围内对具体的13种自费项目进行了说明。同年3月，国务院批转了《国家体改委1989年经济体制改革要点》，提出在丹东、四平、黄石、株洲进行医疗保险制度改革试点，同时在深圳、海南进行社会保障制度综合改革试点。

在相关医疗改革政策的指引下，吉林省四平市率先进行了医疗保险试点，重庆市璧山县（今璧山区）也参照试点方案进行了改革的一些尝试。1990年4月，四平市公费医疗改革方案出台；1991年11月，海南省颁布了《海南省职工医疗保险暂行规定》，并于1992年起施行；1991年9月，深圳市成立医疗保险局，并于1992年5月颁布了《深圳市职工医疗保险暂行规定》《职工医疗保险实施细则》。

2. 农村医保问题

20世纪80年代初期，农村进行经济体制改革，开始实行家庭联产承包责任制，家庭重新成为农业生产的基本经营单位，集体经济逐渐解体；以集体经济为依托的合作医疗失去了主要的资金来源。此外，在"文革"中推进与普及合作医疗时，存在着形式主义、"一刀切"等问题，使得一些人把合作医疗当成"左"的东西而全盘否定。再加上合作医疗在运行过程中存在着管理不善、监督不力等问题，导致合作医疗逐渐解体。

3. 20世纪90年代恢复和发展阶段

从1990年开始，我国进入社会主义市场经济体制建立阶段，"如何建立新时期农村医疗保障体制"的问题无法回避地摆在了我们面前。为此，我国对合作医疗的恢复与重建进行了艰难的探索。

（三）新的基本医疗保险制度探索和框架构建时期（1992—1998）

1. 改革历程

城镇职工医疗保险是从 1992 年开始试点的，广东、深圳率先开始了职工养老和医疗保险制度改革。1993 年，《中共中央关于建立社会主义市场经济体制若干问题的决定》明确了"城镇职工养老和医疗保险金由单位和个人共同负担，实行社会统筹和个人账户相结合"的制度模式。1994 年，原国家体改委等发布《关于职工医疗制度改革的试点意见》，决定在江苏镇江和江西九江两个已有大病统筹制度基础的城市，以城镇职工基本医疗保险制度取代公费、劳保医疗制度，开展通道式"统账结合"模式的职工医疗保险改革试点，史称"两江"试点。

1996 年，国务院办公厅批转了国家体改委等四部委《关于职工医疗保障制度改革扩大试点的意见》，将试点范围扩大到 58 个城市，探索出了"两江"试点的"通道式"、海南的"板块式"、青岛和烟台的"三金模式"等三种"统账结合"模式。

1997 年，《中共中央、国务院关于卫生改革与发展的决定》对城镇职工医保制度改革提出了明确要求，要求"建立社会统筹与个人账户相结合的医疗保险制度"，"保险费用由国家、用人单位和职工个人三方合理负担"。

1998 年，国务院发布《关于建立城镇职工基本医疗保险制度的决定》，正式确立了我国城镇职工医疗保险制度，即以职工医保为基础，以大额医疗费用补助、公务员医疗补助、企业补充医疗保险、特困人员医疗救助和商业医疗保险为补充。职工医保确定了我国基本医疗保险制度社会保险的基本模式。2006 年，原劳动保障部发布《关于开展农民工参加医疗保险专项扩面行动的通知》，推动农民工参加职工医保。

2. 医疗改革的尝试：新型农村合作医疗制度的建立

党和政府一直试图恢复及重建农村的医疗保障制度，大致分两个阶段：尝试恢复时期和重建传统合作医疗时期。1991 年，国务院批转卫生部等部门《关于改革和加强农村医疗卫生工作的请示》，提出"稳步推行合作医疗保健制度"；同年，中共中央发布《关于进一步加强农业和农村工作的决定》提出"建立健全合作医疗制度"。1996 年全国农村合作医疗交流会后，全国开始了几百个合作医疗试点，1996 年底全国开展合作医疗的行政村上升到 17.59%，是 1983 年以来的最高水平。《中共中央关于建立社会主义市场经济体制若干问题的决定》《关于国民经济和社会发展"九五"计划和 2010 年远景目标纲要》都提出因地制宜发展不同形式的合作医疗制度。《中共中央、国务院关于卫生改革与发展的决定》要求，"积极稳妥地发展和完善合作医疗制度"，"力争到 2000 年在农村多数地区建立起各种形式的合作医疗制度"。1997 年《国务院批转卫生部等部门关于发展和完善农村合作医疗若干意见的通知》明确，"农村合作医疗，要坚持民办公助、自愿量力、因地制宜的原则""筹资以个人投入为主,集体扶持,政府适当支持"。但因当时缺乏财政支持,效果并不佳。

(四)医疗保险制度改革全面推进时期(1998—2009)

1998年以来,国家全面推进医疗保险制度改革。这一改革在很大程度上可视为当时国有企业改革的配套措施,这也是改革先从职工人群开始的重要原因。

1. 城镇医疗保险制度的变化

1998年12月,国务院发布了《关于建立城镇职工基本医疗保险制度的决定》,正式确立了我国城镇职工医疗保险制度。职工医保确定了我国基本医疗保险制度社会保险的基本模式。这是国务院在总结各地试点工作经验的基础上作出的重大决策,要求在全国范围内建立覆盖全体城镇职工的基本医疗保险制度。以此文件的发布为标志,我国城镇职工医疗保险制度改革进入了全面发展的阶段。2007年,我国各地开始了城镇居民基本医疗保险的试点工作,覆盖城镇非就业人口。

2. 农村医疗制度的变化

2002年,《中共中央、国务院关于进一步加强农村卫生工作的决定》明确提出,"逐步建立新型农村合作医疗制度""对农村贫困家庭实行医疗救助",同时承诺中央和地方财政对制度进行筹资支持。2003年,国务院办公厅转发卫生部、财政部、农业部《关于建立新型农村合作医疗制度的意见》,标志着新农合制度的逐步建立,针对农村户籍人口的基本医疗保险制度正式建立。

3. 出现问题:覆盖对象划分不明确

在覆盖对象的划分上,城镇职工基本医疗保险制度是1998年为国有企业改革解困而出台的一项配套措施,在当时的历史条件下,这是自然的考虑,但也在客观上造成该制度覆盖面较为狭窄,仅限于城镇正规就业职工;2003年出台的新型农村合作医疗制度的覆盖对象是广大农村居民;2007年出台的城镇居民基本医疗保险制度的覆盖对象为不属于职工医保制度覆盖范围的学生、少年儿童和其他非从业城镇居民。从制度设计的初衷来看,三大医保制度各自的覆盖范围应当是清晰的,然而随着我国城乡二元经济结构的调整、工业化和城市化进程的加快,三大险种的覆盖对象开始出现不同程度的交叉,尤其对农民工、失地农民和城镇灵活就业人员等特殊人群应当纳入哪种制度范围缺乏明确的规定,各地做法不一。

(五)全民医疗保险制度的发展和完善时期(2009年至今)

2009年,《中共中央国务院关于深化医药卫生体制改革的意见》拉开了新医改的帷幕。我国基本医疗保险制度在政策覆盖全人口的基础上不断发展和完善,实现了全民医保,是基本医疗保险制度的集中改革期。2010年《中华人民共和国社会保险法》规定了全民医疗保险制度的基本架构。

1. 2009—2011 年：从政策全覆盖走向全民医保制度

（1）覆盖范围不断扩大，最终实现全民医保

国务院《医药卫生体制改革近期重点实施方案（2009—2011 年）》要求："三年内，城镇职工基本医疗保险、城镇居民基本医疗保险和新型农村合作医疗覆盖城乡全体居民，参保率均提高到 90% 以上。"为落实上述任务，由中央财政安排 509 亿元专项资金，各地多渠道筹资解决了近 800 万关闭破产企业退休人员和困难职工参保等历史遗留问题。2011 年，《关于领取失业保险金人员参加职工基本医疗保险有关问题的通知》将领取失业保险金人员纳入职工医保。同时，全面推开城镇居民医保制度，重点解决了城市"一老一小"、大学生以及流动人口的参保问题。

（2）保障水平大幅度提高

居民医保和新农合财政补助标准大幅提高，居民医保、新农合政策范围内住院费用报销比率从 54%、48% 提高到 2011 年的 70% 左右。职工医保、居民医保、新农合统筹基金最高支付限额提高到当地职工年均工资、居民年可支配收入、全国农民人均纯收入的 6 倍以上。同时，居民医保和新农合普遍建立了门诊统筹，新农合还进行了重大疾病保障制度的探索。

（3）经办管理服务不断优化，就医便捷度不断提高

各统筹地区内普遍实现了实时结算，大部分省份城镇医保实现了省内异地就医联网结算，部分省份自发探索跨省异地就医管理服务协作。支付方式改革不断深化，探索总额预付，结合门诊统筹的开展探索按人头付费，结合住院门诊大病的保障探索按病种付费。统筹层次不断提升，部分地市开始城乡医疗保险统筹的探索。

2. 2011 年至今：全民医保制度的发展和完善阶段

这一时期，支撑全民医保的"两纵"（职工医保和城乡居民基本医疗保险）、"三横"（医疗救助、基本医疗保险、商业健康保险）的基本医疗保障制度格局已基本形成并逐步完善。全民医保在一些关键领域和环节取得了突破性进展。

（1）整合城乡居民医保制度取得突破性进展

2016 年，国务院印发《关于整合城乡居民基本医疗保险制度的意见》，要求"推进城镇居民医保和新农合制度整合，逐步在全国范围内建立起统一的城乡居民医保制度"。各地普遍按照覆盖范围、筹资政策、保障待遇、医保目录、定点管理、基金管理"六统一"要求整合了城乡居民医保。部分地区完成了基本医疗保险管理机构的整合，部分省份开始探索"三险整合"的医保一体化管理。

（2）基本医疗保险筹资水平不断提高，筹资机制不断完善

城乡居民医保财政补助水平逐步提高，从 2008 年的每人每年 80 元提高到 2017 年的每

人每年450元。部分地区开始探索建立城乡居民医保个人缴费标准与居民收入相挂钩的动态调整机制,探索筹资标准、保障水平与经济发展水平相适应。

(3) 保障待遇不断提高

待遇水平稳步提高,2016年职工医保和居民医保政策范围内住院医疗费用待遇水平平均达到81.7%和71.1%。待遇范围不断扩大,居民医保普遍建立门诊统筹,部分地方也积极探索职工医保门诊统筹待遇;门诊特病和慢病病种的范围有所扩展;2016年人社部《关于开展长期护理保险制度试点的指导意见》选择了15个城市开始长期护理保险制度试点,正式探索建立社会保险第六险。

(4) 用药范围进一步扩大

2017年完成医保药品目录调整,2017年版医保目录较2009年版新增339个药品;国家通过谈判准入纳入了36种昂贵药品;部分省市也依托大病保险"合规费用"政策窗口通过准入谈判方式,将社会急需、疗效显著、价格昂贵的药品纳入大病保险补偿范围。

(5) 各类补充医疗保障制度不断发展,医疗服务可及性不断提高

2012年国家六部委联合下发《关于开展城乡居民大病保险工作的指导意见》,明确为城乡居民建立大病保险制度,超过10亿人口从中受益,受益人员实际报销比例提高10~15个百分点;各类补充医疗保险覆盖率不断提高,2016年底补充医疗保险参保2.9亿人,比2011年增加7 202万人。同时,积极推进实施医保精准扶贫政策,部分省市依托大病保险以建档立卡城乡贫困人口为目标人群,实行倾斜性支付政策,提高大病保险托底保障的精准性。

(6) 支付方式改革不断深化,基本框架基本建立

2012年,人社部等《关于开展基本医疗保险付费总额控制的意见》提出,"结合基本医疗保险基金预算管理的全面施行,开展基本医疗保险付费总额控制"。国务院办公厅《关于进一步深化基本医疗保险支付方式改革的指导意见》将医保付费方式改革视为医改的重要环节。当前,我国各地基本建立了基于医保基金预算管理,适应不同人群、不同疾病或服务特点的多元复合式医保支付方式,部分地市自发开展了按疾病诊断相关分组(DRGs)付费的探索。部分地市将总额预算管理、按病种付费等相结合,形成了中国特色的点数法。

(7) 医疗服务监管能力不断增强

定点医疗机构和定点药店范围不断扩大,2016年职工医保定点医疗机构和零售药店分别为14.49万家和24.85万家。医保协议管理不断完善,涵盖内容不断增加和细化,同时推行定点医疗机构诚信等级评价、分级管理等措施。医保管理从医院向医师延伸,不断推进医保医师制度建设。全面实施医保总额控制和智能监控,提高了基金风险防控能力。

(8) 治理模式和管理机制改革有所探索

大病保险特药谈判准入、国家药品目录准入谈判、药品动态准入机制公开征求意见等

做法意味着我国医保治理机制和模式的渐进变革，逐步从政府定价走向多利益主体的协商谈判，医保购买和协商谈判机制初具雏形。部分地区的总额预算管理额的制定中，逐步建立起信息全面公开、机制透明、邀请协议医疗机构代表共同协商谈判等制度。

（9）经办服务定位

基本医疗保险经办机构逐步从被动费用支付者转为战略性购买者和监管者，不断优化现有经办资源配置和适用，不断巩固和提高核心经办服务的经办能力。

（10）社商合作

因体制约束，社保经办机构经办能力难以满足需求，开始引入社会力量参与，进行"社商合作"。部分地区借大病保险和长期护理保险委托经办契机，引入社会力量（商业保险公司为主）。部分地区引入社会力量提供医保智能监控、医保付费方式改革相应技术支持服务。

（11）就医和补偿的便捷性进一步提高

基本医疗保险基本实现了统筹地区内一站式结算，大多数地区实现了基本医疗保险、医疗救助、大病保险和部分补充保险的一站式结算。部分地市也探索实现了基本医疗保险、医疗救助的统一管理。基本实现医保全国联网和跨省异地就医费用直接结算。截至2017年10月底，全国所有省级异地就医结算系统、所有统筹地区均已接入国家异地就医结算系统。经办流程不断简化，并借助移动互联、大数据等信息技术改善参保人体验。

2018年我国参保人数已超过13亿。

三、实例：白血病人群的医疗保险问题

（一）目前的重特大疾病医疗保险政策

随着全民医保体系的初步建立，人们看病就医有了基本保障，但由于我国的基本医疗保障制度，特别是城镇居民基本医疗保险、新型农村合作医疗的保障水平还比较低，人们对大病医疗费用负担重的反应仍较强烈。

2012年8月24日，国家发展改革委、卫生部、财政部、人力资源社会保障部、民政部、保监会六部门联合发布《关于开展城乡居民大病保险工作的指导意见》。国务院印发的《"十二五"期间深化医药卫生体制改革规划暨实施方案》，为进一步完善城乡居民医疗保障制度，健全多层次医疗保障体系，有效提高重特大疾病保障水平提供了指导。

（二）实例：儿童急性淋巴细胞白血病

据了解，目前儿童白血病发病率在 4/100 000 左右，大多是急性淋巴细胞白血病。而

其治愈率高达70%～80%。

在我国，白血病属于大病，可以申请大病医保。

假设孩子小A住院花费10万元，全部在药品目录范围内，属合规医疗费。一家市三级医院住院起付线为1 000元（超过1 000元以上的合规医疗费用报销），一次报销比例为55%，一次报销费用为：(10－0.1)×55%＝5.445万元。小A还可享受大病医保，也就是二次报销。超1.2万元但不足10万元的，报销比例是55%。那么，二次报销费用为：(10－5.445－1.2)×55%＝1.845 25万元。通过以上两次报销，10万元住院花费个人仅需负担2.709 75万元。

对比社会保障改革之前，我国目前的医疗保险措施无疑降低了个人治疗成本，但其中存在的问题仍要引起我们重视。以最常见的低危急性淋巴细胞白血病患儿的治疗花费举例。

这类患儿一般需要经过6～8次大化疗，用到6～8种化疗药。患儿第一次的诱导缓解化疗花费更多些，需要3万～5万元，之后几次每次1万～2万元。

然而，有很多化疗药物不在医保目录范围内，比如5毫升的培门冬酶一支价格近3 000元，而很多患儿不得不用这种药。除化疗外，患儿还需服药、输血，而口服药基本没有涵盖在医保里，输血费用也不能报销。

(三) 现状评价

总体来说，现在医保对白血病这类大病报销比例相对于其他疾病来说已较高，平均报销60%～70%、自付30%～40%，但这类病花费基数较大，有很多家庭还是无力承担。

希望我国在已有的医保政策基础上进一步降低报销门槛，使每一个患病儿童都能得到应有的治疗。

四、总结

相较于我国经济的飞速发展，我国的社会保障制度发展一直是缓慢而曲折的。中国的社会经济体制以及庞大的人口数量，决定了我国的医疗保险制度不能生搬硬套其他国家看似成熟完备的体系，而是要采用理论与实践相结合的方式，寻找适合我国国情的医疗保险制度。

(一) 起步较晚的全面覆盖进程

目前，我国的医疗保险制度主要由三个部分组成：城镇职工医疗保险、城镇居民医疗保险、新型农村合作医疗保险。而这其中新型农村合作医疗保险直到2003年才提出，城镇居民医疗保险则是在2007年，继城镇职工基本医疗保险制度和新型农村合作医疗制度推行后，才开展试点工作。从 1949 年到 20 世纪末，国家医疗保障制度的主要对象是城镇职工。农村人口则缺乏制度性安排，集体经济改革，农村医疗保险制度却并未随之变化，农村传统合作医疗逐渐解体，不复存在。20 世纪 70—90 年代存在的"一人劳保，全家吃药"的现象，既给制度健康运行带来致命风险，又有失社会公平。

（二）医疗资源配置不均

党政机关与企业职工、市民与农民、职业人群与非职业人群、东部发达地区与西部欠发达地区等，在筹资、保障水平、经办服务、资源利用的可及性等方面都存在较大差别。《国务院关于建立城镇职工基本医疗保险制度的决定》已发布 20 多年，一些部门和地区仍延续公费医疗制度，影响人员转岗、医保关系的转移接续；考进仍实行公费医疗的单位人员，原有的基本医疗保险关系被迫中断影响参保的稳定性；农村重度残疾人虽然参加了新农合，但患大病有的根本付不起钱，只能放弃住院治疗。农村医疗资源相对匮乏，看大病要到大医院，既可能遭受歧视，又要多花路费、住宿费，在一定程度上增加了经济负担，农民与市民的差距依然存在。根本解决之道在于合理调配卫生资源，加快推进城乡制度整合、管理体制和经办服务系统的统一。

（三）医疗保险水平不足

规定基本医疗保险基金最低和最高支付医疗费用，以及个人应在付款期的自付额。这项措施虽然引入了对医疗服务的需求成本制约机制，但是在一定程度上减少了医疗资源被过度使用和浪费的"道德风险"可能。必须看到，基本医疗保险只覆盖了家庭医疗费用的一部分，最高支付限额偏低，无疑增加了个人和家庭的医疗费用比例，并没有充分发挥保险分散风险和补偿损失的作用。

我们知道，药品进了医保目录，参保患者就可以报销很大一部分费用，经济负担自然大大减轻。如慢粒白血病用药"格列卫"原本四万元一瓶，在 2017 年加入医保目录之后，每瓶只需两千元。医保部门需要从整个国家层面去考虑，让更多的重症患者吃得起高价救命药。

（四）经济发展推动社会建设

改革开放以来，我国的社会主义市场经济取得了长足的发展，在国家经济建设进程加快的同时，人们的生活水平也得到了很大的提升。但是，由于我国区域经济发展不平衡，城乡经济水平不一致，基本医疗保险在发展过程中存在失衡现象。庞大的人口基数也在一定程度上导致医疗保险不能充分发挥保障作用，也难以实现真正的全面覆盖。只有经济提升，有更多的资源用于人们的生活保障，高价"救命药"才能越来越多地被纳入医保目录，为更多的病人带去生的希望。

家庭教育再认识

一、调查目的和意义

苏联著名教育家苏霍姆林斯基曾经强调过:"没有家庭教育的学校教育和没有学校教育的家庭教育,都不可能完成培养人这一极其细致而复杂的任务。"

家庭教育是国民教育体系的重要组成部分,是社会和学校教育的基础、补充和延伸。家庭教育伴随人的一生,影响人的一生,对一个人的成长成才至关重要。我们此次的调查是通过"90后"视角来调查三个阶段的家庭教育情况,大体分析出这期间家庭教育模式有哪些变化,思考发生这一变化的原因有哪些。这也是我们小组进行调查的主要目的。另外,我们还想通过此次调查大致分析出家庭教育的侧重走向,进而思考新时代适应孩子的家庭教育模式。

二、调查方法和对象

本次调研采取两种方法。一是问卷调查法,线上随机发放调查问卷302份,收回302份,回收率100%,其中有效问卷301份。二是个案访谈法,我们小组六人各自寻找一个典型人物进行访谈,再对访谈结果进行分析对比,以对问卷调查结果作一补充。

三、调查结果与分析

我们此次的调查是通过"90后"视角来调查三个阶段的家庭教育情况,分别是父母辈、"90后"、"00后"的家庭教育情况。

(一)调查结果

1. 受访者基本信息

数据显示,在全部301名受访者中,0~19岁年龄段的受访者占全部受访者的0.33%,

20~29岁年龄段占99.00%，30岁及以上年龄段占0.66%*。本次主要以"90后"年轻群体为调查对象，但鉴于线上分发问卷的途径多样，容易包含少量其他年龄段受访者，团队成员设置此题目是为了避免数据结果出现较大误差。

2. 家庭教育条件方面

调查显示，在全部301名受访者中，56.81%的受访者户籍在城市，乡镇户籍占43.19%。受访者父母中15.28%是城市户籍，84.72%是乡镇户籍。另外，受访者熟悉的亲戚家孩子有81.58%是城市户籍，18.42%是乡镇户籍。"80后""90后"的父母辈大多是乡镇户籍，现在越来越多的孩子转为城市户籍，可见一代代人正从农村走向城市。

受访者家庭经济状况属于富裕的占5.32%，中等的占67.44%，比较贫困的占21.59%，非常贫困的占5.65%。受访者父母的经济状况属于富裕的占7.97%，中等的占8.31%，比较贫困的占37.87%，非常贫困的占45.85%。受访者熟悉的亲戚家孩子经济较富裕的占48.5%，中等的占37.87%，比较贫困的占10.96%，非常贫困的占2.66%。可见几代人的家庭经济水平有了很大的提升。

受访者父母的受教育水平为专科及以上的占18.94%，初高中的占67.61%，小学及以下的占13.46%。受访者父母的家长受教育水平为专科及以上的占8.11%，初高中的占13.51%，小学及以下的占78.38%。受访者熟悉的"00后"或"10后"孩子的家长的受教育程度为专科及以上的占70.27%，初高中的占24.32%，小学及以下的占5.41%。由此可见，几代人的受教育水平正逐步提高。

3. 家庭成员方面

受访者家中没有兄弟姐妹的占34.55%，有1个兄弟姐妹的占43.85%，有2个兄弟姐妹的占15.28%，有3个及以上兄弟姐妹的占6.31%。受访者父母没有兄弟姐妹的占2.66%，有1个兄弟姐妹的占22.92%，有2个兄弟姐妹的占26.91%，有3个及以上兄弟姐妹的占47.51%。受访者所熟悉的"00后"或"10后"孩子没有兄弟姐妹的占50.17%，有1个兄弟姐妹的占36.54%，有2个兄弟姐妹的占6.31%，有3个及以上兄弟姐妹的占6.98%。由此可见，国家早期是鼓励多生多育的，后来实施计划生育政策，再到后来的双独二孩、单独二孩、全面二孩、三孩政策的实施，目前家庭中孩子的数量大多稳定在1~2个。

4. 对孩子心理健康教育方面

对于受访者的心理健康问题，其父母十分重视的占10.96%，一般重视的占54.15%，不重视的占32.56%，其他占2.33%。对于受访者父母小时候的心理健康问题，其家长十分重视的占2.66%，一般重视的占16.28%，不重视的占70.43%，不清楚的占10.63%。

---

* 因四舍五入，比例总和不一定是100%，后同。特此说明。

对于受访者所熟悉的"00后"或"10后"孩子的心理健康问题，他们的家长十分重视的占72.76%，一般重视的占18.94%，不重视的占8.31%。由此可见，现在的父母相比以前的父母更加重视孩子心理健康问题。

5. 对孩子才与德的教育方面

受访者父母的家长更重视孩子实用技能培养的占59.47%，更重视文化知识教育的占10.63%，更重视道德培养的占18.60%，三者都重视的占5.32%，其他占5.98%。受访者父母更重视孩子实用技能培养的占8.31%，更重视文化知识教育的占54.15%，更重视道德培养的占13.62%，三者都重视的占21.59%，其他占2.33%。而"00后"或"10后"孩子的家长，更重视孩子实用技能培养的占5.65%，更重视文化知识教育的占29.90%，更重视道德培养的占8.31%，三者都重视的占53.82%，其他占2.33%。由此可见，以前家庭比较重视孩子实用技能的培养，现代家庭更注重孩子各方面能力的全面发展。

另外需要补充的，一是关于在家庭中出现重大事情或矛盾时，家长是否会在意孩子的看法并与之交谈。受访者家长对于比较重大的事情或矛盾，会在意孩子的看法并与之交谈的占45.85%，无论大小事或矛盾都会在意孩子的看法并与之交谈的占8.31%，基本不在意的占43.19%，完全不在意的占2.66%。对于受访者父母的家长来说，若家庭中出现重大事情或矛盾，其会在意孩子的看法并与之交谈的占8.31%，无论大小事或矛盾都会在意孩子的看法并与之交谈的占2.99%，基本不在意的占67.44%，完全不在意的占21.26%。受访者所熟悉的"00后"或"10后"的孩子家庭中若出现重大事情或矛盾，他们的家长对于比较重大的事情或矛盾，会在意孩子的看法并与之交谈的占16.28%，无论大小事或矛盾都会在意孩子的看法并与之交谈的占70.10%，基本不在意的占8.31%，完全不在意的占5.32%。二是参加学习培训班的频率。受访者节假日都参加学习培训班的占2.66%，经常参加的占8.97%，偶尔参加的占46.18%，没有参加的占42.19%。受访者家长小时候上过补习班的占5.32%，没有上过的占94.68%。受访者所熟悉的"00后""10后"孩子一周有1~2节额外课程（学业或兴趣）的占22.92%，3~4节的占23.26%，5节及以上的占16.61%，其他占37.21%。可以看出，孩子报补习班的趋势越来越明显。三是三个阶段家庭教育的变化。对于以上从父母到"00后"这三个阶段的家庭教育来看，受访者认为孩子可以更加自由地选择自己感兴趣的培训课程的占37.21%，认为孩子的课业负担越来越大的占47.51%，认为家长除了在意孩子的学习成绩，也越来越重视思想道德方面的教育的占44.85%，认为家长越来越重视孩子的心理健康问题的占36.88%，认为家庭教育越来越民主化的占34.55%，认为孩子的课外时间越来越少的占46.18%。

综上所述，父母辈、"90后"、"00后"所受到的家庭教育的方方面面都有了很大改变。

首先，在家庭教育条件方面，父母辈小时候家庭经济条件普遍不太好，且家长的文化水平普遍偏低；"90后"家庭经济条件有所好转，家长的文化水平有所提升；"00后"的家庭经济水平普遍持续上升，家长的文化水平也持续提升。

其次，在家庭成员组成方面，父母辈小时候一个家庭中的孩子数量大多为3~4个，有些甚至在4个以上；"90后"家庭中的孩子数量大多在1~2个；"00后"家庭中的孩子数量大多在2个以内。

再者，在孩子的心理健康方面，父母辈小时候其家长大多不关注孩子心理健康方面的教育；"90后"的家长逐渐意识到孩子心理健康教育的重要性，但大多没有进行系统的教育；"00后"的家长开始重视孩子心理健康问题，并能通过与老师、孩子交流及时发现并帮助孩子解决心理问题。

最后，在孩子的德与才教育方面，父母辈小时候其家长对孩子的教育侧重于才的培养和教育，这里的"才"更多的是技能的练就；"90后"的家长对孩子的教育也侧重于才的培养和教育，而这里的"才"更多的是文化知识；"00后"的家长对孩子的教育兼顾才的培养和良好思想道德的培养，当然在一定程度上仍然更倾向于才的培养。

（二）原因分析

以上现象背后的原因是什么呢？我们小组的看法如下：

在家庭教育条件方面，我国实行改革开放后，国家的经济实力有了大幅提升，人民群众的生活水平也有了很大提升。尤其是国家实施科教兴国、人才强国战略后，人民群众的受教育水平普遍有了很大提升。

在家庭成员组成方面，早期国家是鼓励多生多育的，1982年计划生育被定为我国的基本国策后，家庭中孩子的数量得到了控制。后来又陆续实施双独二孩、单独二孩、全面二孩政策，目前家庭中的孩子数量稳定在1~2个。国家为了积极应对人口老龄化问题，于2021年5月31日出台了三孩政策。

在孩子的心理健康教育方面，以前家长对孩子的心理健康方面重视不够，相关理论最早是从西方国家传过来的，并不那么容易被人们接受。近年来一些孩子由于出现心理问题而走向极端，家长们也都警惕起来，越发重视孩子的心理健康教育。

在孩子德与才的教育方面，从古代的科举考试到现在的高考，似乎都更侧重于才能学识的教育。但当今世界是一个开放、多元的世界，国人要走出国门，国家要走向世界舞台中央，那么光有学识是远远不够的，还要有良好的道德品质、素质修养。这也是家庭教育的重要内容。

四、调查结果总论

从此次对于家庭教育的调查可以看出，家庭教育的模式和侧重点都有了很大的变化。

1. 孩子的学习负担加重

从调查中我们可以清楚了解到父母辈小时候几乎没有课外补习及培训班，"90后"这一代才渐渐有了课外补习，因为家长逐渐意识到教育的重要性，高考对他们的孩子来说是人生重要的分水岭。这一观念在"00后"及更小的孩子的家长心里有着不可撼动的地位。当然改革开放后国家大力发展经济，人民的生活水平显著提高，这在一定程度上刺激了课外培训班的产生和发展。各类课程、兴趣、技能培训班铺天盖地，一些"00后"孩子周末甚至有三四节培训班课程。除了学校本身设置的课程外，他们还要进行额外的课程培训，可想而知他们的学习负担加重了。"减负"在很大程度上并没有真正落到实处。有的家长在朋友圈吐槽：本来孩子学习成绩就不好，因减负作业少了，孩子的学习成绩更不理想了，最后只能给孩子报课外补习班。可以看出，减负效果并不理想，孩子的学习压力也没有减轻。

2. 家庭教育模式逐渐民主化

父母辈小时候，家长在家庭中大都处于主导地位，也就是家长怎么说，孩子便怎么做，从而缺乏个性化的发展。这也与当时的环境和父母的受教育程度有关。受教育程度高的父母教育、培养孩子时大多采取的不是简单、粗暴、专制的方式，而是采用讲道理的方式。相反，受教育程度低的父母在教育孩子时容易表现出蛮横、不耐烦的态度。"90后"孩子的家长逐渐意识到粗暴、专制的教育方式是孩子不太能接受的，相反还极易引起孩子的逆反心理，家庭教育逐渐变得民主。数据显示，"00后"及之后出生的孩子，其家长大多是比较民主的，比如让孩子选择他们感兴趣的课程、经常与孩子聊天谈心等。对于家庭中的事情，家长能和孩子一起讨论，一起想办法解决，这样无疑更有利于孩子的发展。

3. 孩子的心理健康问题越来越受重视

从前很多家长不会特别在意孩子的心理健康问题，如果孩子有自卑、自闭等表现，他们也只是觉得自己的孩子太敏感、太娇气，意志不坚定，并不会往心理不健康这一层面上去考虑。随着近些年一些孩子因各类心理问题而做出一些极端举动，家长才逐渐意识到孩子心理健康的重要性。大量的数据统计及观察表明，许多人在成长过程中都出现过心理问题。学生时期的眼泪大多缘于学习成绩的不理想、与同学相处的不融洽等。学生的心智还不成熟，有可能采取极端的方式做出伤害别人或伤害自己的事情。可想而知，心理健康对一个孩子的成长是多么重要。

4. 孩子的全面发展问题越来越受重视

对于人来说，德与才哪个更重要？自古以来人们一直在思考、讨论这个问题。才，是德的辅助；德，是才的统帅。从以上调查中我们可以看出，无论身处城市，还是身处乡镇，以前的家长更倾向于对"才"的培养，更注重的是学习成绩。当然，"00后"孩子的家长也注重学习成绩，但也越来越重视孩子的思想品德教育。可以看出，现在的家长越来越推崇素质教育并让孩子全面发展。

五、家庭教育模式再思考

很多家长在教育孩子方面是新手，没有什么经验，有些有苦恼或有困惑的家长会去请教其他家长（尤其是孩子培养得很优秀的）。每个孩子都是独一无二的，他人的家庭教育模式不一定真正适合自己。以下我们总结并分析三种常见的家庭教育模式。

（一）三种家庭教育模式

1. 家长不用管我，按照我的心意来（海蜇型）

这种家庭教育模式对抚育孩子的基本态度是：一种表现为基本不过问，另一种表现为溺爱放纵。他们的基本理念都是放任自由，"树大自然直"。这种家庭教育模式被叫作"海蜇型"模式。

2. 家长能够监督我，养成良好习惯（砖墙型）

一般来说，良好的家庭教育模式不仅能增进家人之间的情感，促进家庭和睦，而且能使对孩子的教育产生质的飞跃。很多情况下孩子的想法是不成熟的，这时家长和孩子的理念出现不一致，冲动的家长便会不知不觉地采用"砖墙型"教育模式。其特征是严厉的，孩子没有主动权、选择权。这种模式下的父母对孩子各个方面都加以把控，要把孩子雕琢成自己理想中的成功者。在这样的环境下成长起来的孩子可能会出现两个极端：过于顺从或者过于叛逆。

3. 能和家长做朋友，有事一起商量（民主型）

还有一种模式是家长和孩子像朋友一样友好相处。这种模式的特点是家长既会给孩子一定的自由发展空间，又会及时提供引导和支持。父母善于倾听孩子的意见并引导孩子成长，孩子沿着父母所设想的道路自由发展。"民主型"家庭模式下培养出来的孩子未来发展大体是比较好的。

（二）分析

综上来看，"民主型"家庭教育模式是我们所要追求的。当然，家长应对孩子的教育进行系统学习和规划，以免采取错误的教育方式而导致不好的后果。

对于第一种教育模式，更多的家长是心疼自己的孩子在学校需要完成沉重的学业，希望孩子可以在家中自由自在、无拘无束。这也是很多家长口中所说的"快乐教育"。但是，这样的"快乐教育"真的能给孩子带来快乐吗？我们要明白快乐教育并不是放手，而是用孩子感兴趣的东西去激发其内心的潜能，寓教于乐，帮助孩子克服学习路上遇到的困难，度过瓶颈期，真正体验到克服困难后的喜悦与快乐。还有一些家长是不愿意花费时间来陪伴或是教育孩子,所以他们对自己的孩子并不过多约束,而这类家长回到家中也多半以玩手机、打游戏等娱乐消遣为主。孩子模仿大人的行为,进而对手机、游戏产生浓厚的兴趣。如家长不加以约束,孩子沉迷其中,将对孩子的未来产生极大的负面影响。

对于第二种教育模式,有人认为孩子从出生到18岁这段时间的最终目标是高考,故而采用"砖墙型"家庭教育模式,按照自己想象中的成功的样子来教育孩子。这类家长秉持"严师出高徒"理念,极其严格,动辄打骂。或许刚开始孩子的专注力或成绩有所提高,但他们忽略了孩子的主观感受,长此以往,孩子的内心必然被阴霾笼罩,更有甚者会做出一些极端行为。

此次调查中,有半数以上的受访者在谈到他们所向往的家庭教育模式时选择了"民主型",可以看出,大家都希望自己和家长可以互相配合、支持,都有发言权。

(三)结论

孩子的成长过程中会有许多不确定因素,我们不能一成不变地去看待问题。小组认为,在孩子处于低年级学习阶段时,家庭教育模式宜以"砖墙型"为主,因为这一时期的孩子缺乏主动性,对于未来也没有成熟的想法和规划,需要家长在身旁引导他制订计划并监督执行。家长要陪伴孩子走过他童年的重要阶段。等孩子大一点,有明确的学习目标和自主意识,就应该以"民主型"教育模式为主。这时孩子能与家长进行有效的交流,家长应充分尊重并合理考虑他们的意见,双方达成某种共识。等孩子步入大学或者参加工作,这时家长应采取"海蜇型"教育模式,因为孩子已经拥有一定的自律能力,可以独立完成某些任务了,家长完全可以信任自己的孩子,放手让他自己去闯一闯,去规划自己的人生道路。当然实际生活中会出现各种意料之外的事,应结合实际情况来选择家庭教育模式。

从新中国 70 多年的电影业看中国文化发展

一、背景介绍

（一）电影的文化价值

电影是人类知道其确切产生时间和成长历程的艺术，是 20 世纪以来发展迅速、影响巨大的媒体，是政治、经济、文化三位一体的创意产业。这里我们着重讨论电影的文化价值，它包括生命学价值、哲学价值、宗教价值、认知价值、审美价值等。电影本身的题材和形式的丰富性也使电影文化价值具有丰富性。正因为具有丰富的文化价值，电影才成为文化发展的当代奇观，各个国家也因此有了本国独特的电影产业和电影文化，电影也因此成为国家文化建设和文化传播的重要阵地。

（二）中国电影变迁史

1. 新中国成立后中国电影的坎坷发展（1949—1978）

1949 年新中国成立后，电影进入一个新的发展时期。电影逐渐成为人们日常生活、国家文化产业的重要组成部分。

（1）曲折中的发展之路

20 世纪 50 年代初期，上海原各私营电影制片厂联合组建为公私合营的上海联合电影制片厂。为了培养人才，1953 年上海、北京先后成立电影学校，各地也相继成立了电影发行放映公司、电影胶片厂、电影机械厂等电影工业企业。电影如雨后春笋般闯入大家视野，人民大众的眼睛里从此丰富起来了。但是电影在创作指导思想方面过于强调政治宣传作用，存在着题材单一的倾向。

毛泽东在 1956 年提出了"百花齐放、百家争鸣"的方针。为了贯彻这一方针，电影局从指导思想、领导、体制等方面进行改革，取得了一定的积极成果。但在三年困难时期，胶片、器材等严重短缺，即便人们不畏困难，竭力贯彻不浪费每一寸胶片的原则，电影必需的拍摄设备也严重匮乏，电影生产力和质量逐步下降。

三年困难时期过去后，文化部和中共中央宣传部重申了坚决贯彻"双百"方针，制定了改善文艺工作和电影工作的管理条例，使电影走入正轨。1965年形成了新中国成立后的第二个电影创作高潮，产生了《甲午风云》《舞台姐妹》等优秀影片，以及《大闹天宫》《小蝌蚪找妈妈》等优秀美术片。电影产业也日渐庞大起来，电影放映单位从新中国刚成立时的400多个发展到1965年的20 363个，电影发行放映公司共发行了1 213部影片。我国的电影工业已具备相当规模，可以生产洗印、录音、摄影、放映机等各种设备和器材，并基本达到自给。

（2）基本陷于瘫痪状态

"文化大革命"时期，中国文艺界不可避免地受到时代的影响以及客观条件的限制，创造出的英雄人物往往是"高大全"。同时，这一时期的电影内容过于突出阶级斗争。"文革"期间，中国的电影事业受到时代的强烈冲击，一大批电影工作者无法继续电影的拍摄工作，我国的电影事业基本陷于瘫痪状态，影视行业萧条，只有几部老电影能反复播放。直到"四人帮"被粉碎后，电影事业才迎来了发展的新局面。

（3）黄金岁月中的影视神话

20世纪70年代是香港电影的黄金岁月。同时，它因电视的普及，社会经济的发展，香港人心态的转变而受到种种影响。此时，李小龙依托邹文怀的"嘉禾电影公司"的崛起而叱咤一时。从首部作品《唐山大兄》到之后两年间拍摄的《精武门》《猛龙过江》，李小龙进入国际影坛，创造出香港电影事业的神话。

随着内地文化的普及，香港观众逐渐对反映社会现状、讽刺现实的电影青睐有加。这一时期也出现了大量喜剧电影。1978年袁和平执导的《蛇形刁手》和《醉拳》奠定了功夫喜剧的地位，使其成为20世纪70年代末最具代表性的电影类型。香港电影也成功从功夫片转型为喜剧、讽刺电影。后大批电视幕后工作者转投电影圈，包括徐克、许鞍华、章国明、谭家明等。他们本着对电影的热忱，凭着年轻人特有的创意和社会触觉，拍出了不少充满个人色彩的电影作品，为香港电影打开了崭新的一页。

2. 反思突破后的"百花齐放"格局（1978—2005）

1978—2005年是国产电影高度发展的时期，随着改革开放的到来，大量涌入的国外电影刺激着我国民众的内需以及电影产业的变革，人们开始注重对重大历史事件的总结与再现。于是伟大的民族英雄形象一一登上了银幕。第五代国产电影人登上历史舞台，他们将我国优秀的电影作品带到了国际上，使我国电影的文化产业概念正式形成。同时，科技的进步也使得人们观看影片的方式变得多元，无论是电影频道的诞生，还是VCD（影音光碟）的普及，都使得电影为更多的人所熟知。国产电影市场进一步扩大，电影的票房表现越来越好，中国电影行业的市场化与商业化基本完成。

(1) 反思与突破

随着党的十一届三中全会的召开，拨乱反正的旗帜在中国社会张扬，电影事业也获得二次解放。改革开放后，观众不再满足于一些电影里的假、大、空，电影创作者也在寻求突破之路，不再一味追求宏大的历史叙事，开始转向对人性的观照和情感的诉求，同时也对前十年的历史创伤进行全面的反思。这时的中国电影人在拨乱反正的旗帜下，用电影进行着可贵的思考。

长期的禁锢造成了内心的郁结和创新的冲动，呼唤着电影观念的变革，一个多彩的电影表现时代即将来临。1980年4月5日，20多位中青年导演在北京的北海集结，他们立下誓言："发扬刻苦学艺的咬牙精神，为我们的民族电影事业做出贡献，志在攀登世界电影高峰。"于是，这个后来被称作"第四代导演"的群体，开始了电影语言的革新。

(2) "第五代"力量

1982年，北京电影学院1978级的四个毕业生被分配到广西电影制片厂工作，他们是张军钊、张艺谋、肖风、何群。一年后，他们与同班同学陈凯歌一起，先后拍摄了"第五代"的宣言之作——《一个和八个》和《黄土地》。这两部在电影语言上与以往中国电影有着"断代"般的巨大差异的影片，震撼了中外影坛。而后一部充满生命力量的《红高粱》也收获了"金熊奖"。一时间，"第五代"电影人将中国电影的影响力扩展到西方。

(3) 历史事件与个人生活

1978年出品的《大河奔流》，是新中国首部出现毛泽东、周恩来等领袖人物形象的电影。这是领袖人物在银幕上第一次出现，具有里程碑式的意义。1989年元旦，广电部、财政部联合下文，为每部耗资200万元以上的重大革命历史题材影片和每部耗资150万元以上的重大现实题材影片提供重大故事片资助基金，由此重大革命历史题材影片出现了前所未有的高潮。

1992年，张艺谋导演隐藏起他的摄影机，以"偷拍"的方式完成了影片《秋菊打官司》。这部影片将乡土社会中的习惯与现代法制社会的冲突，以极端执拗的方式表现了出来。随后，越来越多的电影人将"老百姓自己的故事"搬上了银幕，向观众展现了各类小人物的真实生活。现实主义题材成为这一时期银幕的主旋律。

(4) 产业化的道路

从20世纪90年代开始，以VCD为代表的影碟技术普遍流行，由此带来的资讯快速流通和个人化欣赏模式的转变，使得观众的欣赏需求变得难以捉摸。但是，电影放映始终寻求着市场的春天。

1994年11月12日，美国影片《亡命天涯》在中国的六大城市率先公映，中国观众与世界同步看到了最新的国外大片。1996年，中国第一个专业电影频道CCTV-6开播，为电影创造了一种新形式——电视电影。同时，紫禁城公司与冯小刚合作，在内地打出了贺岁片的招牌，《甲方乙方》《不见不散》《大腕》在电影市场上连年取得超过进口大片的票房佳绩，也为吸引观众重返影院做出了重要贡献。

随着社会主义市场经济体制的不断完善，作为市场经济的重要组成部分，电影的产业属性不断加强，从计划经济下的电影业衍生出了市场经济下的电影产业，从封闭的电影系统衍变为开放的电影行业。在电影集团全面转制的基础上，一批新兴企业和民营企业迅速崛起，形成了国有、民营和海外资本共同投资国产电影的新格局，彻底改变了国有企业独撑国产电影生产的历史困境。多主体投资带来了国产电影的多样化发展。中国电影呈现出千山林立、百花齐放的崭新局面。

3. 多元发展、接轨世界的新时代发展（2005年至今）

自2005年起，电影作为我国的文化产业开始在庞大的文化画卷上泼墨挥毫并占有重要地位，迄今已画上了浓墨重彩的一笔。在国家政策的引导下，中国电影在短短的十几年间，从单调单薄的回忆式电影走向了以主旋律为主、多种类型共同发展的良好态势，极大地丰富了人民群众的精神世界，提高了人民群众的生活品质。

2006年9月，《国家"十一五"时期文化发展规划纲要》出台。2009年7月，国务院常务会议审议通过《文化产业振兴规划》，这是我国第一部文化产业专项规划。2005年之后，国家便不断尝试推进电影行业的发展，包括加强电影制作基地的建设工作和对电影文化产业的规划落实，这标志着文化产业已经上升为国家的战略性产业。立足当代电影事业，关于电影发展的具体措施也对电影行业产生了深远影响，随后便涌现出许多好评如潮、富有时代特征的优秀影片。

2009年《建国大业》开启了中影集团新中国成立三部曲的篇章，随后《建党伟业》《建军大业》都以重大历史事件为主题展开创作。同时自《建国大业》开始，当红流量明星参演主旋律影片、带领更多观众走入电影院成为常态。三部曲创新了主旋律电影的表达方式，获得了观众的热烈好评，实现了社会效益和经济效益双丰收。

从2013年开始，原国家新闻出版广电总局电影局与美国电影协会共同发起"中美电影人才交流计划"，旨在增进中美两国电影产业间的合作交流。几年间，一批中国新生导演赴好莱坞完成观摩学习及业务交流。回国之后，他们不约而同地创作出了近年来国产电影中值得称道的一批作品。这些作品开始具有较高的工业美学理念与水准。这是中国电影市场从粗放式前进向规范式发展的必然，也是中国电影创作质量和新意突破式的里程碑。

2015年11月，在习近平总书记带领下，党中央吹响了脱贫攻坚战的冲锋号。新时代的电影工作者深刻感受到在脱贫攻坚的火热实践中共产党人彰显出的使命担当，创作出了《天上的菊美》《十八洞村》《大路朝天》等反映人民对美好生活向往与期盼的脱贫攻坚题材影片。此外，《西游记之大圣归来》《哪吒》《港珠澳大桥》等一大批各具特色的影片，则体现出电影工业水准的突飞猛进和创作制作的工匠精神，给观众带来更加丰富精彩的观影体验。

为避免电影过于娱乐化、轻浮化，2018年3月，中共中央印发了《深化党和国家机构改革方案》，表明电影将负起文化宣传责任，引导民众深度思考电影意蕴，做优秀的"观众"，看"优质"的电影。国家和人民对于电影有了更清晰的认知：电影具有文化属性，电影行业的蓬勃发展，在一定程度上提升了我国的文化实力、影响力；让中国文化走向世界，和世界和谐相处的重要部分便是让中国电影走出国门；为塑造电影强国，中国电影发展也将始终坚持"引进来，走出去"，树立文化自信，弘扬中华文化。

2020年是非常特殊的一年，突如其来的疫情给电影行业带来巨大打击。面对新冠疫情的严重冲击，我国迅速调整政策，积极防疫，使疫情得到有效的控制。中国电影市场在全球电影市场中率先复苏、持续回暖，主要产业指标名列前茅。根据国家电影局发布的数据，2021年1月1日至3日（元旦档）全国电影票房达12.99亿元，打破了2018年创造的12.71亿元档期票房历史纪录，其中元旦当日票房6.01亿元，同比增长107.12%，刷新了2018年创造的3.68亿元元旦单日票房纪录。

这些被社会高度关注的作品无一不切中时代脉搏、反映人民生活、积极介入现实、传达最真诚的希望和最动人的力量，因此它们成了人们心中的好电影，引起观众共鸣，给予观众强大的精神力量。

二、调查意义与目的

随着中国经济水平的不断增长和国际地位的提高，国产电影呈现出良好的发展势头：一方面，国产电影在产量和社会效益两方面都越来越好，重新赢得国内观众的信任；另一方面，它在海外市场的拓展范围也持续扩大，对于推广我国文化价值体系及展示软实力起到了重要作用。

本次调查的目的在于了解大众对国产电影的认知情况以及对于国产电影的态度，并在此基础上深入研究国产电影目前存在的问题，以及如何发挥其文化传播作用，弘扬优秀传统文化，更好地满足人民文化需求、增强人民精神力量。

三、调查方法

本次调查采取问卷调查与文献查阅相结合的方法。调查问卷采取线上随机发放方式，总共发放468份，收回468份，回收率100%，其中有效问卷432份。本次调查内容的时间跨度比较大，问卷调查对象难以实现全覆盖，因此我们采取查阅文献资料等方式对其进行补充完善，形成最终的调查报告。

四、调查结果与分析

此次调查是为了了解大众对国产电影的看法及态度,通过大众对国产电影发展趋势的态度探讨国产电影的改进方向,并在此基础上研究如何通过电影来加强中国人民的文化自信。大学生群体是我们的主要调查对象,因为在校大学生是一个数量众多、象征着新生、充满蓬勃朝气的群体,对他们的调查与分析更有助于我们掌握大众对国产电影的态度,从而为国产电影的发展做出自己的一份贡献,推进文化强国建设。

1. 您的性别

在该问卷的被调查者中,58.3%为男性,41.7%为女性,比例较为科学。

2. 您的年龄

调查显示,84.72%的被调查者年龄在14～22岁。23～40岁的占比10.88%,14岁以下和40岁以上的人较少。一方面,说明青年人接触网络较多,更容易接触到这份问卷;另一方面,可以看出青年人是看电影的主力军,他们对国产电影也有着更深刻的看法。

3. 您目前的学历

调查显示,80.79%的被调查者目前学历为本科和大专,8.80%的人目前学历为高中,初中及以下学历和硕士及以上学历分别占比5.79%和4.63%。由此可以看出,本次调查以大学生这一年轻的群体为主,他们对国产电影有着自己的看法,同时他们正处于人生观、价值观形成的关键期,国产电影所折射的文化和精神对他们人生观、价值观的形成有重大影响。

4. 您是否经常看电影

调查显示,58.80%的被调查者经常看电影,37.50%的被调查者偶尔观看电影,只有3.70%的被调查者几乎不看电影。由此可见,超过半数的观众把电影当作日常生活中不可缺少的一部分,只有极少数人不关注电影。这也折射出近些年国产电影行业的快速发展,电影从时尚消费转为全民消费,消费升级,拓展了产业发展空间。消费习惯的改变也为未来电影产业的发展打开了新的空间。

5. 您喜欢的电影类型(多选)

在被调查者喜欢的电影类型中,喜剧电影和剧情电影分别占68.52%和53.94%,位列前两位。文艺电影、悬疑电影、爱情电影、科幻电影占比在42%～46%,相差不大。恐怖电影占21.06%,排名最后。电影根据观众的心理特点,在一定时期内以某一类型为制作重点,即采取所谓"热潮更替"方式。此项数据引起了我们关于国产电影类型的思考。制作更加优质的喜剧片和剧情片,对于推动我国电影行业的发展是极其有利的。其不仅仅可以创造高票房,也可以与我国的文化相融合,获得商业领域和文化领域的双赢。

6. 您看电影的主要目的（多选）

对于观看电影的目的，选择"纯粹按照兴趣爱好"的占 67.82%，比例最高，选择"消磨空闲时间"的占 59.49%，排在第二位。选择"支持喜欢的演员"的占 32.64%，占比最低。而"增长知识"和"提升审美"均未超过半数。由此可见，观众观看电影的主要目的是娱乐，他们将观看电影更多地作为一种放松方式，而不是为了学习或者追星。

7. 在观赏电影时，您通常更喜欢哪种方式

调查显示，56.25% 的被调查者更喜欢去电影院购票观看电影，26.85% 的被调查者选择等待上线用视频 App 观看，仅有 6.25% 的被调查者选择寻求枪版资源，还有 10.65% 的被调查者选择在电影频道观看电影。由此可见，其一，我国观众的版权意识越来越强，绝大部分人选择去电影院或者在正规的视频网站上观看电影。仅有少数观众会选择盗版资源。其二，我国影院数量和质量都有了飞速增长。调查显示，2012—2017 年全国影院数量的增长率维持在 20% 以上，总数量由 3 680 家增长到 10 176 家，我国成为世界上拥有电影银幕数量最多的国家。其三，国民消费能力有了很大提升。更多的人愿意在观看影片方面有所支出。其四，随着网络时代的到来，电视媒体已经失去了主导地位，网络和线下影院成为大众观影的主要渠道。

8. 您更愿意选择国产电影还是进口电影

在喜欢国产电影还是进口电影方面，67.36% 的被调查者选择"只要剧情精彩就喜欢"这一选项，充分显示出大多数被调查者在影片选择方面坚持"内容为王"的准则，而对于电影的来源并不太看重，这也体现出大部分被调查者对中西方电影抱着平等、客观的态度。选择"国产电影"的被调查者占总数的 19.91%，选择"进口电影"的占总数的 5.79%，可知被调查者更偏好于国产电影。6.94% 的被调查者选择"都喜欢"，可以看出这部分被调查者观看过一定数量的国产电影和进口电影，认为中西方电影都有值得称道的地方。

9. 以下电影您看过哪几部（多选）

调查显示，在给出的影片中，《哪吒》《流浪地球》《我不是药神》三部影片的观看度最高，看过的人数占比分别为 78.70%、75.69%、72.45%。这三部影片作为近年来电影界的重要代表作品受到广大消费者的喜爱有其原因：《哪吒》作为中华民族传统神话故事的现代化表达经典作品，吸引了众多观众；《流浪地球》是中国科幻电影的飞跃；《我不是药神》则表现了民生，是一部细腻之作。被调查者选择观看这些电影，无论是对于该类影片题材感兴趣，还是对影片高质量的追求，都不同程度地反映了观众观看电影的内在驱动力是心理上的需求——电影所蕴含的文化力量。文化起着引领电影、筛选市场影片的功能。看过《摔跤吧，爸爸》影片的人占比为 60.19%，这也充分说明被调查者在选择影片时不仅注重制片的精良程度，更注重影片所体现出来的精神力量、所流露出的真情实感。影片给人启迪的电影文化与观影者的认同文化相碰撞是其选择电影的一个重要原因。《我和我的祖国》和《复仇者联盟4》的观看人数相当，超过被调查者的半数，可见在电影市场中，两者所分别代表的主旋律电影和西方好莱坞电影仍是大众较为喜爱的。《复仇者联盟4》是好莱坞系列的大作之一，但其占比不如中国近几年的代表作品，可以看出在我国西方电影的受众不如国产电影的受众广而活跃，间接体现出西方电影文化对我国电影市场有所影响，但仍处于正常状态。《釜山行》属于关乎人性、偏恐怖的特色电影，观看人数占比为38.43%，拥有不错的观看度，但相比于其他电影占比少了很多。这说明，一方面该题材并不是很多人都能接受的，另一方面影片对于人性思考的深刻也获得了很多观影者的认同。《天气之子》的观看人数占比仅为19.68%。消费者的观影偏好对于电影票房以及整个电影产业是至关重要的，《哪吒》《流浪地球》《我不是药神》三部影片的高关注度反映了我国的电影产业正以蓬勃之势向前发展。

10. 您选择观看国产电影的原因（多选）

在选择观看国产电影的原因这一问题上，60.88%的被调查者选择"为国家电影产业贡献自己的一份力量"，体现出大部分人认为国产电影产业的发展需要大家共同努力，对国产电影怀着一种崇高的责任感。65.28%的被调查者选择"有相同的文化诉求和共鸣"，在所有选项中占比最大，正说明了观影者渴求电影所展现的文化价值观与自己认同的文化产生碰撞、交融或互补，文化作为内驱力在电影选择中作用巨大。47.45%的被调查者选择"电影角色有自己喜欢的明星"，说明明星出演作为提高票房的一种方式，可以更直接地使观影者在电影选择上产生偏移，明星对于电影行业的发展具有一定的推动作用。53.24%的被调查者选择"电影具有观赏性和拍摄技巧好"，即超过半数的人是从电影本身的审美角度来进行选择的，这说明观众的电影鉴赏能力在不断提高，对于电影的选择也更加科学。38.43%的被调查者选择"导演的知名度高，演员演技很到位"。只有6.48%的被调查者选择了"其他"，表明前五个选项对于"喜欢国产电影的原因"的概括较为全面，据此做结果分析是较为科学合理的。

11. 您认为国产电影在哪些方面还需要改进（多选）

70.60%的被调查者认为国产电影在剧情发展方面存在需要改进的地方，在一定程度上说明目前国产电影缺乏新颖的剧情、好剧本匮乏。随着人们鉴赏能力的提高，大众对这个问题也有了更清晰的认知。在电影内容方面，60.19%的被调查者认为"演员职业素养有待提高"，62.73%的被调查者认为"人物塑造和细节方面有待提高"，体现出在观众眼中演员的素养、技巧是十分重要的，直接影响到角色的塑造、细节的展现等。同时被调查者普遍希望看到"匠心独具"的剧情，尽管有很多人会因为对国产影片的支持、文化的共鸣而选择观看国产电影，但大多数人仍认为国产电影的发展空间很大，特别是在内容锤炼和演员表现上可以也应该做得更好。超过半数的被调查者认为国产电影的特效渲染还不够精美，此比例为52.31%。目前国产电影体量庞大、数目繁多，在未上映前难以预测最终的收益，在一定程度上导致经费投入不足。同时，电影制作时在很多情况下先保证角色到位、拍摄器材到位，电影的特效渲染之后再考虑，就可能出现经费中特效渲染所占比例相对较少的情况。特效渲染不足与我国电影行情息息相关，也是今后电影行业需要调整的一个方面。42.36%的被调查者表示在场景的选择上需要改进，体现出我国电影的拍摄取景地在观众看来可以有更好的选择，而不仅仅局限于目前较为热门的拍摄取景地。6.25%的被调查者表示还有其他需要改进的地方，说明上述选项对于可改进方面的概述总结较为全面，可较为真实全面地反映出观众对于国产电影需要改进之处的主要看法。

12. 最近国产电影中最让您感到自豪的进步方面（多选）

60.19%的被调查者认为中国出现了新的优秀电影人，42.82%的被调查者认为国产电影的剧情跳出了西方电影的传统框架，64.12%的被调查者认为国产电影制片比之前更加精良，60.42%的被调查者认为国产电影体现了应有的担当，展现了大国风采，35.19%的被调查者认为国产电影脱离了商业片的发展模式。根据数据分析，我国的电影体系已基本成型，在人才、制片等方面已取得长足进步，但自身特色仍不鲜明，例如在剧情方面容易落入俗套，无法引起观众的共鸣，这对于国产电影未来以自己独有特点走向国际并不利。同时，商业片的背后缺少其他类型电影的支撑，会导致国产电影的整体布局仿佛空中楼阁，无法取得长足的发展。

13. 近年来优秀国产电影越来越多，您认为这种现象是否只是昙花一现

78.24%的被调查者认为国产电影发展迅速且逐渐成熟，7.64%的被调查者认为国产电影的繁荣只是昙花一现，还有14.12%的被调查者认为国产电影距离成熟还有一段时间。结果显示，绝大多数人对于国产电影的未来持乐观态度，认为国产电影的春天已经到来。也有少部分人认为国产电影目前还不够成熟，虽已初具规模但仍需进一步发展。这足以看出国产电影的发展已促进了人们的文化自信。只有好的作品不断涌现，才会增强人们的文化认同感，这是最直接也是最有效的方式。同时这也意味着国产电影已初具规模且正朝着更为成熟的方向发展。

14. 您认为国产电影有哪些发展优势（多选）

42.82%的被调查者认为明星效应可以吸引观众，84.49%的被调查者认为国产电影的民族特色是一大优势，37.27%的被调查者认为相对于海外引进的电影其审核速度更快，63.43%的被调查者认为国家政策支持是国产电影的发展优势，2.55%的被调查者选择了"其他"。由此可见，民族文化与电影的融合是大多数人认为国产电影具有的优势，近年来出现的《哪吒》《大鱼海棠》等以中国传统文化为背景的电影取得了不错的成绩就是例证。这些影片同时也起到了传播中华优秀传统文化的作用。同时，国家政策对于国产电影的保护与支持也是国产电影具有的发展优势之一，政策的扶持会给越来越多的优秀国产电影以展示的平台。而对于明星效应，观众并不全都买账，《上海堡垒》的失败也给流量文化敲响了警钟。

15. 您如何看待近几年兴起的国产流量电影

19.21%的被调查者认为流量电影应该受到推崇，59.72%的被调查者认为流量电影对于国产电影会起到消极作用，21.06%的被调查者则认为流量电影对国产电影现状不会有影响。也就是说，半数以上的人对流量电影持抵制的态度，认为将流量文化带入电影产业并不会给我国电影行业带来积极影响。演员过高的片酬、不成熟的演技都是制造烂片的推手。这种只为了赚钱而催生出的电影形态已不被人看好，从近些年的市场表现也可以看出，没有内涵的流量电影必将被时代抛弃。

16. 您期待国产电影日后在哪些方面发展得更好（多选）

74.31%的被调查者选择体现人文关怀和社会责任，65.28%的被调查者选择有更好的画面感和特效，66.67%的被调查者选择中国传统文化的表达，80.09%的被调查者选择丰富饱满的人物刻画和引人入胜的剧情。四个选项的占比比较均衡，说明被调查者对于国产电影日后发展的期待方向比较多元。在人们生活水平日益提升的今天，人们对于精神世界的需求也日益提高，大家不再满足于爆米花电影带来的短暂的感官上的愉悦，而是更希望电影具有丰富的人物形象，蕴含深刻的哲理。

17. 您认为国产电影的发展与什么息息相关（多选）

除了"出口世界的国产电影流量"之外，其他选项占比较为均衡，说明人们对国产电影的发展有着相对一致的见解。67.36%的被调查者选择综合国力的提升，76.85%的被调查者选择国民独立的审美意识，69.91%的被调查者选择中国文化的现代化表达，62.73%的被调查者选择引进来、走出去，取长补短，不盲目模仿，59.72%的被调查者选择引领国家价值观的能力，35.19%的被调查者选择出口世界的国产电影流量。综合国力的提升给电影发展提供了机遇与保障，电影各项拍摄技术的提高、制片人眼界的开阔等对国产电影的发展产生了重要影响，国民审美意识的提高也让我们对电影所呈现的画面美感有了更多的要求，从而使电影精益求精。曾经很长一段时间，外国好莱坞电影冲击着我国的电影市场，导致我们对好莱坞影片存在"崇拜式"的模仿，但随着国产电影的发展，我们清楚地认识到不应该只是一味地模仿，要在吸取外国电影长处的同时融入自己的特色、自己的思考、我们的价值观和独特的表达方式。

18. 您认为电影在文化产业中的地位如何

调查发现，23.61%的人认为电影在文化产业中占主导地位，53.47%的人认为电影是文化产业的重要组成部分，15.74%的人认为电影只是文化中普通的一环，7.18%的人认为电影对于文化传播影响甚微。由此可见，在电影逐渐走入大众生活的当下，其已经成为文化传播的一种重要媒介。因此，电影所传播和弘扬的主题与价值观需要受到相关部门的监管，大众需要更多宣扬正确价值观的优秀电影出现。电影是文化发展道路上必不可少的关键一环。

19. 您认为电影对于塑造一个人的价值观有何影响

对于"电影对于塑造一个人的价值观有何影响"这一问题，78.2%的被调查者表明"有很大影响"，这说明电影在给大部分人带来享受的同时，或多或少地对人们的心中所想、信念所向有所影响；17.8%的被调查者表示"影响较小，几乎不改变人的价值观"，这部分人认为电影能对人的价值观产生一定影响，但总体上不大；3.9%的被调查者认为电影仅仅是一种娱乐方式，无法对人的价值观产生影响。在排除部分纯娱乐电影的影响后，3.9%的比例会出现下降，因此可以认为绝大多数观众在观看电影的体验中，价值观受到影响，其中多数对电影所体现出的价值观、文化理念等具有较高的认同度，甚至将其用于指导自己的日常生活。还有一部分人认为电影对价值观的影响甚微，可以看作没有。这也在一定程度上印证了电影作为一种文化载体对人产生的影响是潜移默化的，且不同的人效果不同。电影不仅是大众娱乐的一种方式，更是文化展示的平台，对于人们价值观的形成、转变具有不可小觑的力量。

20. 您认为中国传统文化和国产电影如何实现更好的融合

32.2%的被调查者认为中国传统文化本身是一个文化共同体，电影是传统文化的一部分，国产电影与中国传统文化密不可分。52.5%的被调查者认为中国传统文化是国产电影很好的素材来源，国产电影在与中国传统文化相结合时应当"取其精华，去其糟粕"，只有这样，才能让国产电影与传统文化完美结合。15.3%的被调查者认为，中国传统文化对于国产电影来说无可取性，现代电影应当注重创新。传统文化与电影相结合一直是国产电影的特点之一，很多人都认为国产电影不能拘泥于传统形式，应当注重创新，这样才能产生飞跃式发展。中国文化源远流长，是我们民族发展的基石。电影作为建设文化强国的重要一环，与中华优秀传统文化的融合至关重要。这不仅是电影对文化的传承，也是我们民族文化自信的彰显。

21. 您认为外国电影进入中国对本土文化的影响程度如何

27.3%的被调查者认为"有很大影响，甚至会让人变得崇洋媚外"。这是一种具有危机感的判断，选择者对于本土文化有着强烈的责任感，因此内心的担忧会更加强烈。67.8%的被调查者认为外来电影所体现的价值观终究不是主流，本土文化对其的吸收应具有选择性，融合好的，摒弃不好的，因此外国电影的引入并不是一件糟糕的事情。4.9%的被调查者选择"没有影响，电影只是电影"，他们认为电影与文化是独立开来的。就现实情况来看，这种看法是不正确的，我们不列入分析之列。对于我国民众来说，外国电影"走进来"的好坏最终落到我们对待其内涵价值，包括西方文化、理念、传统等的态度上。可以通过"引进来"的策略，采取"取长补短、坚持自我"的方法使本土文化更加丰富、繁荣发展。

22. 相比于外国电影易于进入中国市场，国产电影为什么难"走出去"（多选）

74.31%的被调查者认为我国生产的系列电影过少，缺乏像好莱坞推出的漫威、DC、

《速度与激情》等数量众多的系列电影，部分国产电影只能拍三季。61.11%的被调查者认为很多国产电影剧本是在迎合市场，部分烂片阻碍了国产电影的发展，从而导致国产电影走向世界变得困难。27.78%的被调查者认为国产电影好剧本匮乏、素材陈旧，相似度高，这是国产电影面临的一大问题。22.22%的被调查者认为演员片酬占电影成本比例高，随着"流量为王"现象的出现，越来越多的电影在选角方面更倾向于"小鲜肉"等流量明星，而没有重视演员的职业素养和专业能力，由此阻碍了国产电影的发展，同时也是国产电影难以走出国门的重要原因。33.33%的被调查者认为国产电影在国际舞台上展示的机会太少是国产电影难以走出国门的原因。世界主要影展、电影评奖大多在戛纳、柏林等电影产业发达城市举办，每年入选电影节的作品和演员均不多，国产电影在国际电影文化节上的亮相和传播都受到了限制。86.57%的被调查者认为国产电影难以走出国门是中西方文化、价值观差异造成的。电影作为国家文化输出的重要途径，是传播文化价值观、展现文化多样性的重要媒介载体，因此让国产电影走出中国、走向世界，发出中国的声音，提高中国的文化影响力是电影行业的重大使命。

23. 你认为哪些措施可以帮助国产电影走出国门（多选）

88.43%的被调查者认为国产电影中需要融入独特的中国元素。优秀的中国传统文化和元素可以有效地丰富国产电影的文化内涵，这不仅能使电影在国内引起巨大反响，也能让外国人了解并喜爱中国的文化。85.88%的被调查者认为应提高我国电影的质量。如何打造电影品牌、提高电影品质是国产电影自身要解决的最紧要问题。从剧本到拍摄技巧再到后期制作，思想的创新和技术的成熟是提高电影质量的好方法。66.44%的被调查者认为应当加强与国外电影行业的联系和交流，国产电影在积极参加国内优秀电影评选的同时，也应该走出国门，与国外的优秀电影制作组交流，向国外的优秀电影学习，这样才能有所进步。62.73%的被调查者认为国家对外开放政策有助于国产电影走出国门，加强文化输出是建成文化强国的必经之路。国产电影想要走出国门，最重要的还是要具有中国特色，提高电影质量。

五、调查结果总论

基于此次问卷调查，我们得出以下结论。

（一）国产电影发展现状

1. 国产电影发展迅速

从调查中可以看出，目前有58.80%的大众会经常观看电影，且有56.25%的人更倾向于去电影院观看电影。这一方面说明随着国民经济水平的提升，越来越多的人有时间也有金钱将观看电影作为娱乐的一种方式，而不是一直忙于生计；另一方面也体现了国产电影的发展。电影票房持续增长，这是观众的自主选择。调查显示，有68.52%的人喜欢看喜剧电影，如爆火的"唐人街探案"系列。这也折射出当下部分网民的娱乐方式：从文以载道、笑中带泪到娱乐第一，从追求讽刺与幽默到追求脑洞与滑稽。总而言之，国产电影在各方面都得到了迅速发展。

2. 国产电影质量越来越高

近年来，更多的国产电影选择引进国外优秀电影版权并进行本土化改编。如《情圣》《来电狂响》《大人物》《找到你》等，这些电影都是翻拍于国外已取得良好口碑的电影，对其进行符合中国国情的改编，充分利用国际化和本土化的双重优势，取得了口碑和票房的双丰收。另外，通过系列电影来形成电影品牌，品牌效应带来的风险降低和分销优势可以吸引更大规模的投资来提高电影的质量。中国已经有《战狼》《唐人街探案》《盗墓笔记》《湄公河行动》等系列电影，这些电影都取得了很好的票房成绩和口碑，有望形成电影品牌，提升电影整体质量。

3. 越发重视在国际舞台上展现自己

近年来，国产电影通过在国内外电影节上展映或者获奖来增加自身登上院线的机会。国产电影在国际上获奖或提名的次数有所增加就是证明。此外，中国经济的发展及其在全球地位的提升也提升了其他国家对中国文化和产品的关注度。

（二）国产电影发展中存在的一些问题

1. 国产电影发展仍处于初级阶段

高度发达的电影工业机制需要高效成熟的产业链条、庞大的电影市场规模、广阔的海内外市场、高度发达的投融资模式、充足的专业化人才以及精细的分层与分工。当前我国电影产业发展还处于初级阶段，具体来说有以下几点。

第一，跨越式的市场增长与正在构建的市场规范体系尚不匹配。第二，大部分电影企业仍缺乏整体性发展战略，缺乏电影技术、经营与管理领域的复合型、专业型人才。第三，一些国产电影从业者没有成熟、负责的创作态度及正确的价值取向。第四，电影行业没有建立起与产业化实践相适应的电影观念体系及动态评估体系，难以形成切中时弊的战略性判断。

2. 国产电影在一定程度上过度注重票房而忽视了文化价值和文化创意

自2010年国产电影迈入"百亿时代"，各路资本加速涌入，影院建设急速扩张，观影人次一路飙升，单片票房屡创新高，过亿影片集体崛起力压进口影片，但调查发现还有很多国产电影几乎无人问津。国产电影上映率不高。

第一，国产电影盈利模式单一又不甚清晰，投产回报收益过度依赖影院市场票房收入。第二，国产电影过度依赖档期，从而形成热门月份"一拥而上"与传统淡季"门前冷落"的巨大反差。第三，国产电影在某种程度上对"保护"过度依赖。可以说，政策利好与保护是巩固国产电影份额的必要手段，有利于国产电影的发展，但也在一定程度上使国产电影远离了国际市场。

3. 国产电影海外传播：票房惨淡、渠道稀缺、文化影响力小

第一，由于不同国家间文化背景、价值观念与生活方式存在差异，加上营销不到位，一些海外观众很多时候难以产生情感共鸣。第二，国产电影的质量、制作技术水平有待提升，工业化程度不够，口碑与票房不成正比，与成熟发达的好莱坞电影工业体系相比，略显捉襟见肘。第三，发行渠道稀缺，做电影海外发行业务的公司不多且影片过度依赖国内影院市场，在素材选择、价值理念、制作技术与营销能力等层面尚缺乏与国际电影市场妥善衔接的运营模式。

六、对策和建议

新时代，以习近平同志为核心的党中央高度重视、亲切关怀文艺工作和电影事业。如何以习近平总书记关于文艺工作的重要论述为指引，从更高站位上准确把握中国电影事业在中华民族伟大复兴中的独特地位与作用，是我国电影事业发展面临的重大战略课题。

（一）以文化自信提升国产电影内在价值

1. 尊重历史、立足传统、创新发展

中国有着五千年的历史，其文化资源的丰富性自不待言，关键在于如何以更加智慧、灵活、开放的态度对其进行现代性阐释。首先，必须尊重历史。电影创作必须坚持正确的历史观，如此才能经得起时间检验，才能立于当世、传之后人。要在史实、史材、史德中树立文化自觉、提升文化自信，从而使国产电影文化的影响力和传播力得到强化。其次，尊重历史并不意味着照搬传统、盲目复古。国产电影要进行批判性审视和反思，推陈出新、古为今用，取其精华、去其糟粕，创造性转化、创新性发展。我们要善于借鉴一切有益的工业经验和艺术经验，同时要根据国产电影的发展需要，不断开拓属于我们自己的发展道路，走出一条有中国特色、从电影大国到电影强国的道路，为世界电影艺术的进步做出更多贡献。这种建立在历史和传统之上的创造性转化和创新性发展，正是中国从电影大国迈向电影强国的关键。

2. 本土化

国产电影最重要的文艺创作方法就是深入生活、扎根人民。任何一个时代的经典电影作品，都是那个时代社会生活和民族精神状态的写照，都有着时代的印记。在喧嚣的市场环境中，有不少电影创作依然浮于生活的表层，没有真正深入生活去寻找有内涵、有质感的故事。因此，秉承现实主义精神，用正义之光、温暖之光照亮人们的生活，直面当下中国人民的生活现实，不断提升电影创作的精神高度、文化内涵和艺术价值，认真锤炼电影语言，善于将历史大事、家国情怀融入普通人的生活，润物无声地讲好温情温暖的故事，展现美好、积极、健康、向上的情感，并在此基础上探寻人类的精神世界，是国产电影应当坚持的发展目标和前进方向。

（二）提升国产电影的核心竞争力

1. 核心竞争力来自人物精神

讲好中国故事，关键点是讲什么人的故事，传递什么样的精神。影视作品中的人物精神会对国民精神产生深远影响。国产电影需要创造出自己的人物形象，做出自己的文化口碑，才能使核心竞争力有质的提升。要让充满正能量的人物形象深深扎根于观众脑海，同时要认识到除了伟人与英雄，普通大众同样具有美好的品质与崇高的精神。

2. 核心竞争力来自艺术表达

中国不乏生动的故事，关键要有讲好故事的能力。要讲好中国故事，还要看怎样讲。怎样讲，事关艺术表达。首先要抓好剧本，加大对优秀编剧的发掘培养力度，让编剧获得更大的话语权和更多的经济报酬。只有被观众观看和欣赏，电影的价值才能得以体现。好莱坞"大兵压境"，国产电影应追求有效表达，就是要把中国故事讲得更动人、更感人。艺术表达要走心，观众接受时才入心。艺术表达既要坚持国产电影的民族文化身份，用大众喜闻乐见的形式讲好中国故事，又要采用具有人类意义的艺术表达方式，把中国故事讲给世界听。艺术表达提倡创新——不墨守成规，不拘泥于定式，告别陈旧感、机械化。艺术表达的基本要义是类型确定、风格定位、情节设置、角度与结构的选择。分众化的电影市场，意味着不同年龄、不同教育背景、不同审美爱好，决定了观众对电影有不同的选择，因而国产电影必须走类型化道路。

3. 核心竞争力来自作品深度

提升国产电影的核心竞争力，电影内容还要向生活纵深处递进，题旨向深度开掘。有思想深度才能有思想力度。时下有一个误识，认为电影艺术进入了小时代、轻时代、微时代，于是快餐文化电影和速食文化电影盛行。误识带来创作上的误区，不少创作者回避深邃，拒绝意蕴，追求浅白，误认为现在是读图时代、读题时代、颜值时代和感官时代，笃定这些才是时尚，如此创作才会受到青年观众欢迎。然而，生活的本质是我们处在一个新时代，处于全民族践行中国梦的伟大新时代，我们需要有生活深度和思想深度的作品，表现生活本质和社会发展趋势，抵制腐朽与没落观念的侵蚀，展现新时代的风貌。要大力提倡电影题材多样化，提升革命历史题材创作，深耕细作，开掘其蕴含的宝贵精神财富；对少儿、农村、少数民族等题材创作要大力扶持，鼓励尝试采用科幻、动画、戏曲、纪录等多种类型，推出更多感知国运、讴歌时代、激励人心的扛鼎之作。这样的作品才能传之久远。深入生活、扎根人民是新时代电影创作者需要做的功课。国产电影只有提升作品深度才能走得更远。

（三）政府需要建立市场规范

国产电影市场保持高速发展和旺盛生命力的根本是优质作品的不断供给，这就需要建立一个公平、公正、透明、健康、规范的市场环境。一方面，全国电影市场秩序专项治理活动启动，通过自查整改、各省巡查及全国抽查的方式，尝试建立规范化的长效监管机制，实现集中治理和长效机制的有机结合，双管齐下保障票房利益、放映质量和市场秩序；另一方面，《中华人民共和国电影产业促进法》为建立统一开放、公平竞争的市场格局提供了有力的法制保障，加强电影产业链条运行的日常监管，依法保护电影版权、知识产权，促进电影行业组织的自律规范，依法严惩违反电影市场秩序的行为，并对电影从业人员加以有效引导和规范，推动电影公益服务，维护消费者合法权益。

（四）走出国门，进入海外市场

在国际电影市场上，我国电影所占的份额还很少，缺乏具有世界影响力的优秀影片。这些问题都属于发展中的问题，必须依靠进一步推动电影事业繁荣发展来解决。

1. 寻求民族性和世界性的完美契合

国产电影要借助民族题材的稀缺性，展现民族文化的独特魅力。东西方电影的文化适应是相互的、平衡式的适应。国产电影要走向世界，必须寻求"民族性"与"世界性"的契合。"走出去"的国产电影，不仅要深入挖掘弥足珍贵的民族资源，也要学会"嫁接"世界性的题材资源。将中国传统文化置于全球化语境，更容易引起海外观众对国产电影的关注与喜爱。也就是说要善于寻找东西方观众都能理解的，既有共性又有"距离感"的文化资源，进而找到民族性与世界性的契合点。

2. 完善宣传策略，寻求文化共通

宣传推广也是决定一部电影成功与否的关键要素。在制定国际宣传策略时，要确保电影的内容与所要传递出的价值观念真正立足于全人类共同愿景，符合人类普遍的主流价值观，彰显出人类对于自由、平等、公正等理想的追求，并在电影选景、宣传策划中融入更多的国际化元素，有效激发世界各国观影者的民族自信心与情感共鸣，从而依托文化价值观的输出提升宣传效用，进一步推动国产电影的国际化发展。

3. 在文化多样性下做到"和而不同"

文化多样性是世界的基本特征，也是人类进步的不竭动力。电影作为跨文化传播媒介，不仅根植于一个国家或民族的自身文化，而且需要共享其他文化的成果，吸收更加广泛的人类文明。一方面，国产电影要学会用开放包容、真诚自信的话语姿态塑造国家文化形象，用"世界话语"而非单一的"中国话语"来讲述人类共通的价值理念，以寻求世界范围内的文化共识。另一方面，中国提出的"一带一路"倡议为国产电影"走出去"提供了重要平台。"一带一路"沿线国家形态不同、风格各异的文明，是人类文明宝库的重要组成部分。只有具备了吸收不同文化的能力，才能为全世界所接受。从这个意义上说，只有民族的，才是世界的。

（五）立足自我，当代大学生为国产电影助力

1. 理性对待，给国产电影一些发展的时间

随着改革开放，国产电影用几年时间走过了其他国家几十年才完成的历史进程，必会相应地出现较为严重的瓶颈问题。当我们遇到不好看的国产电影时，不要一味地指责国产电影技术落后，甚至动不动就拿好莱坞来进行对比，从而贬低国产电影。看电影是大众一种休闲娱乐的方式，每个人希望看到自己喜爱的电影。在面对与自己预期相差较大的国产电影时，同学们要理性对待，要为中国文化传承和经济发展做出一份贡献。

2. 树立正确价值观，弘扬爱国精神

以美国好莱坞为首的西方电影因其巨大的影响力，一度雄踞世界电影市场，成为西方国家传播其国家价值观的工具。观看这些电影时，我们面临着西方文化的冲击，我们一定要树立正确的价值观，取长补短。

3. 多观看优秀的国产电影

一些国产电影剧本很好，也蕴含优秀的中华文化传统，但因制作技术水平不高、演员演技不够等而少有人问津。作为一名当代大学生，要学会甄别，多观看优秀的国产电影。

新中国已经走过70多年的发展历程，中国电影事业与我们国家一起，经历了重大的转折与巨大的发展。中国社会文化在这70多年发生了惊人巨变，电影既是记录者，也是参与者。中国电影始终与新中国政治经济的巨大变革一道，以影像书写着中国革命的经验与想象，刻画着中国社会主义的历史进程。电影是一种娱乐和休闲的形式，同时也是一种具有象征意义的想象，是一个国家重要的文化形态。回顾电影发展的历程，既是对新中国70多年历史进程的反思与再审视，也是对建构国家民族认同、弘扬文化自信的一种探讨。

在当今电影全球性对话与生产的基础上，中国电影表现出一种新的态势，即在打开与世界相互沟通渠道、建立对话关系的同时，做好中国自己的本土电影，讲好中国故事、弘扬民族文化。电影观念、电影功能认知的不断变迁和电影艺术、美学、文化价值与市场发展息息相关，与民族国家想象和建构紧密相连。

乡村民众信息源结构现状与优化策略研究
——基于乡村民众疫情信息行为的调研

一、研究背景

伴随着互联网的深入发展，移动通信设备和智能化终端日益普及，全程媒体、全息媒体、全员媒体、全效媒体等新型样态出现。全媒体时代信息无处不在，无所不及，无人不用。新冠疫情下，社交网站等信息存储和共享平台成为新兴的信息源，舆论生态、媒体格局、传播方式也随之发生深刻变化。乡村民众作为特定群体，在信息接收的数量和质量上处于相对被动甚至弱势的地位，信息源的接收上"贫富分化"特点突出，"数字鸿沟""信息茧房""信息流行病"等问题在乡村中愈发突出。本研究分析疫情防控期间乡村民众的信息接收状况、困境与出路，以重塑乡村民众信息源结构，使全体人民在理想信念、价值理念、道德观念上紧紧团结在一起，让正能量更强劲、主旋律更高昂。

二、研究方法与调查对象

本次调研主要采用的研究方法有文献研究法、半结构式访谈法、问卷调查法。

三、数据预处理

本次调研以"乡村民众信息源与信息渠道调查问卷"所得数据为主，以11份半结构化访谈记录为辅，使用SPSS V21.0作为数据分析工具。问卷内容包括五个部分：基本信息、信息需求调查、信息渠道调查、信息源信任感知、信息能力测试。其中，信息能力测试包括谣言辨识、信息掌握、信息行为、自我打分四项，并通过赋值计算总得分。

1. 数据信度分析

问卷信度系数主要被用来评价问卷数据的稳定性和可靠性，简而言之即答卷者所给出的答案是否真实可靠。计算结果为，信息需求 0.867，信任感知 0.720，信息能力 0.776，整体量表可靠性达到 0.852，条目之间的一致性较好，问卷信度可接受度高。

2. 效度分析

问卷效度指的是问卷设计的有效性、准确性。相较于信度分析，效度分析更侧重于考察问卷自身的设计效果。在因子分析中，通过 KMO 和 Bartlett 球形度检验判断是否可以做因子分析，结果如表 1 所示。Bartlett 球形度检验相应的概率 Sig. 为 0.000，因此可以认为相关系数矩阵与单位阵有显著差异，KMO 检验值为 0.717，基本符合一般因子分析研究的标准，所以选取的指标做因子分析具有一定的合理性。

表 1

取样足够度的 Kaiser-Meyer-Olkin 度量		0.717
Bartlett 球形度检验	近似卡方	3 157.855
	df	406
	Sig.	0.000

四、乡村民众信息源结构现状

在调查的 310 份问卷中，对"信息渠道"多选题进行多重响应处理，结果如表 2 所示。广播电视（51.9%）、人际交流（50.3%）一类传统媒介仍然是乡村民众获取信息的主要途径，而在科学技术日益发达的当下，短视频平台（50.0%）、新闻 App（44.8%）等新媒体亦来势迅猛，冲击着大多数乡村民众的信源结构。

表 2

		响应		个案百分比
		N	百分比	
信息渠道	报纸杂志	61	6.5%	19.7%
	广播电视	161	17.2%	51.9%
	人际交流	156	16.6%	50.3%
	短视频平台	155	16.5%	50.0%
	政府文件	109	11.6%	35.2%
	微博微信	107	11.4%	34.5%
	新闻 App	139	14.8%	44.8%
	网络论坛	30	3.2%	9.7%
	其他	20	2.1%	6.5%
总计		938	100.0%	302.6%

(一) 信源选择的相关因素分析

不同地区的乡村民众所选择的信息渠道是否有所不同？不同职业、不同年龄段的人群对于不同信源的看法和依赖又呈现出什么样的状况？这就涉及乡村民众信源选择的相关因素分析。

1. 职业

将职业与渠道选择进行交叉分析，试图探寻不同职业的信息源差异。结果显示，个体户使用人际交流（51.5%）、新闻 App（51.5%）及短视频平台（57.4%）的频率较高；工厂职工、建筑工人对于短视频平台（＞70%）、新闻 App（＞60%）的使用远多于其他媒介；村干部在"政府文件"的渠道选择上，数值远高于其他职业；服务员在渠道选择上则没有突出特征，在此不做分析；学生群体对微博微信（71.4%）的使用频率远高于其他媒介。

对此，我们的理解是：乡村的个体户基于生意往来的需要，尤其是在乡村"熟人社会"中，往往要编织更加紧密的社会关系网络，他们的日常交流、信息渠道也更加依赖人际交流；工厂职工、建筑工人等重体力劳动者在空闲之余则可能更加注重渠道所带来的放松感与娱乐度，短视频平台更加契合他们的需求；因工作需要，政府文件不可避免地成为村干部的主要信息渠道。此外值得注意的是，村干部在"人际交流"选项中的比重也达到了 63.3%，这可能是因为村干部需要通过家访、基层走访等活动来掌握乡村民众的基本情况，"人际交流"也就悄无声息地成为村干部信息源结构的重要组成部分。学生群体作为"网络原住民"，在互联网的使用上具有其他群体不可比拟的天然优势。在 Web 3.0 的个人门户时代下，他们已经形成了相当程度的亚文化社区，对于微博微信此类分散式内容生产端口的使用率远远高于其他媒介，微博微信自然而然地成为他们舞台表演、相互交流的主信道[①]。

2. 年龄

不同年龄段群体对渠道选择的偏好也呈现出信息源结构的差异。将年龄与渠道选择进行交叉分析，结果显示，19 岁及以下群体使用人际交流（11.1%）获取信息的比例远低于其他年龄层，对微博微信（63.0%）、新闻 App（48.1%）的使用频率较高，采取政府文件（0.0%）这一信息渠道的频率是所有年龄段中最低的；20～29 岁的群体使用微博微信（62.3%）和新闻 App（50.9%）的频率与 19 岁及以下群体较为接近，信息来源较为多样化，在广播电视（47.2%）、人际交流（52.8%）、短视频平台（43.4%）这几种渠道的使用频率上比例较为均衡，通过政府文件（26.4%）和报纸杂志（22.6%）获取信息的频率

---

① 彭兰：《新媒体用户研究：节点化、媒介化、赛博格化的人》，中国人民大学出版社，2020 年，第 62-70 页。

相比 19 岁及以下群体也有所增加；30~39 岁群体通过微博微信（28.0%）获取信息的频率相比更为年轻的群体呈现出显著下降的趋势，成为微博微信这一信息渠道选择中明显的年龄分界线；40~49 岁年龄群体对短视频平台（73.1%）的使用频率是所有年龄段中最高的；50 岁及以上年龄群体在信息渠道选择中则更倾向于广播电视（74.0%）、人际交流（64.9%）、政府文件（48.1%）、短视频平台（35.1%）、报纸杂志（33.8%）等方面。除了短视频平台，其他几种方式的使用频率均高于其他年龄层。

对此，我们认为有以下几种可能的原因：随着经济发展和网络的大面积普及，因着消息精练、阅读便捷的巨大优势，通过手机软件获取信息的方式几乎受到各个年龄段群体的青睐，其中，短视频平台更是因其短、平、快兼具娱乐功能的特征契合工作忙碌、生活压力较大的 30~49 岁群体利用碎片化时间浏览信息的需求，同时在一定程度上满足了他们休息间隙亟待放松的消遣心理。而 19 岁及以下群体作为"网络原住民"一代，相比于现实生活中的人际交流，更偏好于网络中的虚拟社交；思想上或许仍处于一个主要着眼于个体生活与自身利益的阶段，对于官方文件"事事关心"的意识仍未完全建立起来，因而在信息渠道选择中倾向与侧重较为明显。对于人际交流，除了 19 岁及以下群体，其他年龄段群体的使用比例均较高，说明随着社会化的不断加深，人际交流成为人们工作和生活中满足社交需求的方式，无形之中也构成了他们信息源结构的重要板块。对于 50 岁及以上群体来说，习惯了传统"熟人社会"的信息获取方式和对官方信息高信任度的思维模式共同作用于广播电视、人际交流、政府文件、报纸杂志等信息渠道的偏好选择。

3. 地区

调研预设不同地区因其经济、政策、乡风民俗等一系列因素影响，当地居民所呈现出来的信息源结构亦不同。将使用率较高的广播电视、人际交流、短视频平台及新闻 App 四类媒介进行比较，其中传统媒介在湖南、河北等内陆乡村使用率明显高于新媒体[①]媒介，相反上海、福建等沿海乡村对于新媒体的使用率高于传统媒介。随后使用卡方检验对地区与媒介选择进行交叉分析，结果显示，广播电视（P=0）、人际交流（P=0.032）、短视频平台（P=0.048）呈现出显著性差异，因此认为地区与传播渠道的选择存在关联性。

此项运算结果符合我们的基本常识：经济较为发达的地区在人均 GDP、基础设施（尤其是通信设施）、教育普及率、地区开放程度等方面整体上优于经济欠发达地区。相应的，村民对于新媒体的学习、使用及习惯上存在地区差异。

在本次问卷数据分析中，为了排除其他非地区因素（主要是职业和年龄）对最终结果准确性的干扰——如是否存在福建地区调研所得数据年轻人偏多而老年人偏少，而河北地

---

① 新媒体是相对于传统媒体的概念，其特征是以数字压缩和无线网络技术为支撑，如手机、互联网、灯箱等。

区所得数据年轻人偏少而老年人偏多的情况，导致信息渠道的地区代沟实际是取样过程中年龄差异引起的问题，而非单纯的地区差异——我们对这三个要素进行了进一步的分析。由于地区自变量只能视为定类数据，无法进行偏相关分析，我们进行了职业与地区的卡方检验、地区和年龄的方差分析以及职业、年龄与地区的交叉表分析以剔除其他非地区因素的干扰。结果显示，在信息渠道选择上，确实存在地区代沟。但应当指出的是，这种间接的分析方式是不严谨的，所得结果可能与实际存在一定的偏差。

（二）不同信息的来源渠道分析

为了探明不同类型的信息分别来自何种信息渠道，将信息类型与信息渠道进行交叉表分析，结果如下：

从传播内容上看，疫情实况信息主要来源渠道是短视频平台与新闻 App；政府决策信息主要来源渠道是新闻 App、广播电视与短视频平台；卫生知识主要来源渠道是新闻 App 与短视频平台；社会奖惩信息主要来源渠道是新闻 App 与广播电视；英雄事迹的主要来源渠道是广播电视。

从传播媒介上看，报纸杂志和网络论坛在各类信息的传递上没有突出的表现，呈现出无所不包、无所不传的特点；广播电视主要传递的是英雄事迹信息；人际交流主要传递的是政府决策信息；短视频平台和新闻 App 主要传递的是卫生知识、政府决策与疫情实况信息；政府文件主要传递的是政府决策信息；微博微信主要传递的是社会奖惩与卫生知识。

不同的信息渠道会倾向于承载不同类型的信息，如"政府文件"是我们获取政府决策信息的主要来源，英雄事迹在"广播电视"中的传播更为频繁……这可能会给我们对于乡村民众信息源结构的强化或控制具有一定的启发。此外，应当指明的是，本次问卷调查设计并没有太多地关注积极信息、消极信息的区别，在此无法作进一步分析，实属可惜。

（三）乡村民众信息需求矩阵

为了对乡村民众在疫情期间的信息需求状况有一个直观的观察，问卷还设计了需求-关注李克特量表，按照公式综合需求值 $=\frac{ny}{15}$（n 为频率，y 为关注值 $N\in[1,5]$）对李克特量表进行加权计算。需求度由高到低依次是政府决策（21.4%）、疫情实况（21.2%）、防疫知识（20.8%）、英雄事迹（19.0%）、社会奖惩（17.6%）。

而在需求-关注原因调查中，关注社会动态的习惯（32.4%）、工作的需要（21.3%）、生产活动的需要（13.5%）占据前三，并且累计百分比超过60%，情感需要（3.2%）、日常谈资的需要（8.4%）、其他原因（8.7%）则处于后三。结合11人访谈资料与学界的研究成果，不难发现在重大突发公共事件中，社会主义国家表现出强大的凝聚力和对集体权力行为的高度关注。

然而，乡村信息源结构现状与村民信息需求矩阵之间仍存在不同程度的错位。在访谈中，除部分村委会工作人员外，绝大多数普通村民都表示政府行为部分信息不透明，如某红十字会的捐款去向谜题、某系医院口罩事件等问题，政府的态度如何、后续追责处置如何、调查进度如何……往小了说便是镇政府、村组人员都在忙什么，我的农作物滞销是否有补贴、什么时候补贴……这些都是民众想知而不知的。问卷数据显示，约11%的受访者对疫情期间的信息掌握情况"十分不满意"，仅有20%的人表示"十分满意"。

（四）信息源结构效用

1. 理论基础

当下学界存在媒介去意识形态化、价值悬置、价值无涉等论调，然而事实上，媒介作为一种工具，作为一种通道，它的本质就是一种"喉舌"。麦克卢汉说"媒介即讯息"（The medium is the message），不同的媒介选择构成了乡村民众独特的信源结构，而结构决定了功能，不同的信息源结构构成便决定了人们在获取信息过程中的具体内容、效率、价值导向等。对广州市南沙区B村[①]村委会工作人员的访谈也进一步佐证了这点，作为村委会干部，他拥有普通村民所不具有的会议信息通道、行政通知通道、人脉网络通道等，其信息表现得分远高于访谈采集的平均分。

关于媒介选择效用，或者说信息源结构的观念影响效果，目前在国内研究较少，与之相关的讨论集中于"政治传播"领域。然而在国外学界，20世纪六七十年代便开始对相关理论进行细致的研究，其中以议程设置（agenda setting）、启动（priming）和框架（framing）三大理论为核心。概括来说，一是媒体并不能决定受众如何思考，但能决定受众接收什么，媒体通过掌握社会信息的"开关"，引导公众关注特定的话题。二是人在接收信息过程中表现出一种心理：受到某一刺激的影响之后，对今后相似刺激的接收和加工会变得更加容易。三是公众在面对同一客观问题时，不同的描述可能会导致两种不同的判断决策。

我们不难得出结论：不同的人有着不同的媒介选择，哪怕媒介种类相同，对不同媒介的使用频率也会有所不同，这大概率会导致信息源结构在立面上存在差异，从而导致每个人都有属于自己的信息源结构。因此，信息源结构会更加多元复杂。

2. 信源选择的分析

为了进一步证明不同的媒介选择对于个人的信息综合能力影响的假设，将信息渠道的多选题设置成是否题录入，通过正态分布检验后，将"否"赋值为"0"，将"是"赋值为"1"，进行独立样本T检验。其中，报纸杂志、人际交流、短视频平台、政府文件、新闻

[①] 应当地要求将真实地名隐去。

App与网络论坛得分情况存在显著差异（P<0.05），具有统计学意义，以前五项为基础进一步展开分析，计算各项信源下信息表现量表得分的均值、中值，结果如表3所示。

表3 信息渠道均值、中值计算

	均值	中值		均值	中值
报纸杂志—否	12.73	12.50	政府文件—否	12.57	12.50
报纸杂志—是	13.75	13.61	政府文件—是	13.61	13.50
人际交流—否	12.99	13.00	新闻App—否	11.71	11.50
人际交流—是	12.48	12.75	新闻App—是	14.44	15.00
短视频平台—否	12.70	12.50			
短视频平台—是	13.16	13.00			

不论是均值排名还是中值排名，得分排名依次是新闻App（14.44/15.00）、报纸杂志（13.75/13.61）、政府文件（13.61/13.50）、短视频平台（13.16/13.00）、人际交流（12.48/12.75）。

新闻App在信息发布、审查、反馈等传播环节中皆有一套较为完善的多重检测系统，信息来源多为党媒头部账号，同时依托于互联网平台体现出信息速递、实时更新的强大优势，信息质量高。

报纸杂志作为老牌的传统媒介，在刊号"只减不增"、日益稀缺的当下，其在政治立场、信息真实性等方面亦能有所保障。

政府文件则处于一个较为尴尬的境地。问卷数据显示，受访者对于政府发布的信息信任度均分仅为4.16（满分5），略高于专家所提供的信息（4.01），低于受访者的"所见所闻"（4.21），政府公信力下降，政府发布信息受到部分信宿怀疑，影响传播效果。此外，在访谈的11人中，多数人表示政府文件"太远"，仍然停留于"公告栏张贴"，信息传递效果差。

人际交流是唯一一项"否"得分高于"是"得分的。在访谈过程中出现了一个出人意料的情况：绝大多数受访者认为村中谣言主要不是互联网普及所带来的大量虚假信息，而是村民在"熟人网络"交流过程中流言信息的增殖和谣言的扩散。滞留乡村的多为年龄较大的居民，囿于辨识能力较低，他们容易被谣言所迷惑并成为谣言传播链中的一环，从信宿转变成信源，进一步扩大了不实消息的传播范围。人际交流过程中的"谣言传播链分裂"毫无疑问会污染乡村民众的信息池，导致主流的"正声"短暂失声，对乡村民众的认知和价值观产生短期无法澄清的二次污染。

（五）接收信息的困境

全媒体时代建构着新的信息格局，新媒体的强势介入也给乡村民众带来了新的信息挑战。在对受访者信息接收过程中所遇困境的调查中，乡村民众认为信息真实性低与信息重复率高是其面临的两大困境。事实上，这不仅仅是乡村民众所面临的问题，更是每一个在全媒体时代的人所面临的信息困境——在全媒体时代，每个人都是发声者，有用的信息与"噪声"在信道中同时传播，在愈发聒噪的信息环境下，信息的真实性降低，信息的重复率上升。更进一步说，信息真实性低和信息重复率高，反映了一个更为严肃的问题：我们只听我们选择和愉悦我们的东西①。乡村民众正由于信息获取和交流的封闭，在大量的重复性垃圾讯息中作茧自缚，囿于一个更大的"信息茧房"中。

从客观的信息传播模式上看，乡村相对封闭的信息环境也进一步让乡村民众在"信息回音壁②"中迷失了自我。借用施拉姆的大众传播过程模式来进一步说明这点：在社会传播过程中，每一个信息受众同时扮演着译码、释码和编码的角色，个体同时又属于群体，个人与个人、个人与群体之间都保持着特定的传播关系。而在上面提到的乡村人际交流"谣言传播链分裂"作用下，信息在群体中进一步被扭曲和错误加工，用受访者的话来说就是"村头的话到了村尾就不是话了"。

在问卷调查与访谈之前，我们的假设是：囿于乡村民众的信息识别能力较弱，在新媒体的强大冲击面前，乡村民众往往容易沦陷于碎片化信息浪潮，在大量不实信息面前丧失判断力，互联网这个新型信息端口的接入可能会成为乡村流言谣言的"泄洪口"。然而不管是从问卷数据分析，还是从11人访谈结果来看，当下乡村民众所面临的问题，主要还是集中于乡村信息闭环：内部信息在口耳交谈中存在被误传、被夸大、被扭曲的趋势，内外部信息交流迟缓，内部对外部的信息敏感度低，反应周期长；外部信息难以突破乡村的社区防线，同时外部信息进入乡村后，在内部流动中缺乏可靠的传播链，在后现象时代，迟到的外部信息也难以在乡村中得到高度关注。

五、优化策略

（一）塑造意见领袖

乡村的自我封闭性不可避免地带来了"回音壁效应"，乡村民众的信息窄化、自造"茧房"问题是当下乡村民众在接收信息过程中面临的最大问题。因此在乡村内部，应当先塑造社区权威角色，从信源重构维度引导乡村群体信息关注倾向，传播正确的社会价值

---

① （美）凯斯·R. 桑斯坦：《信息乌托邦——众人如何生产知识》，毕竞悦译，法律出版社，2008年，第8页。
② 回音壁通常是指，在一个封闭系统内，一种信息、观念或信念经由反复传播而得到加强或放大，从而导致与之不同的或者具有竞争性的信息、观念或信念受到审查、被加以否定或无法得到充分表达。桑斯坦在《信息乌托邦——众人如何生产知识》中认为："具有近似想法的人将自己归入他们的回音室里，制造偏激的错误、过度自信和没道理的极端主义。"

观;通过意见领袖实现谣言熔断的应急机制,对信道中的杂音、噪声进行清洗。

1. 制造:意见领袖谁来扮演

在访谈过程中,我们发现当下乡村的意见领袖主要为二元分治制,即乡村长者及村干部共同扮演意见领袖。意见领袖,从本质上而言是一种社区权威,在中国乡村环境中,这种社区权威一定程度上体现为特殊的教化性权力。这种教化性权力在亲子关系、族人关系、社区关系中表现最为突出,而权力的中心往往是乡村的长者①。

而在国家基层民主自治的推进过程中,村干部被赋予"代理人"身份,拥有了"高音喇叭"。这是完全不同于长者型意见领袖的生成路径,国家通过制度设计赋予了村干部型意见领袖的合法性地位,并通过"代理-发包"的形式将国家意识形态渗透到社会基层。

当然,有学者认为当下乡村的社区权威正由"一元化向多元化、封闭性向开放性、单向型向多维型"转变,如改革开放后,个人财富的大量积累有可能使商人在乡村中的话语分量增加;教育进一步普及有可能使知识分子的建议得到乡村民众的尊重;互联网端口的接入有可能加速开放性进程。但这些情况过于复杂,也非本次调研的核心内容,而从数据采样的五个地区看来,长者型意见领袖与村干部型意见领袖的二元分治制仍是主流,以下的讨论仍然集中于这两种类型的意见领袖。

2. 插入磁带:科学信息如何保障

意见领袖发声应有导向性、科学性、真实性。作为乡村信息环境中的"高音喇叭",如果不能保证广播的内容是健康科学的,那么可能会适得其反。首先应建立长效对话机制,对其进行正确引导,一方面可以最大限度地发挥其正面作用,另一方面可以避免和抑制因其发展偏离正确的方向而导致的负面影响。这里所提到的长效对话机制,是指政府宣传部等上级部门建立起与意见领袖长期的、经常的、平等的交流沟通机制,及时了解他们的思想动态,积极为其释疑解惑。其次要完善舆情监测和评估体系,及时了解意见领袖在哪儿说、说什么、怎样说,为意见领袖科学发声提供有效帮助和指导。

针对不同类型的意见领袖,提出的建议也不一样。针对村支书这种官方渠道的意见领袖,要加大官方信息的辐射范围、科学准确地传递信息,因为此类意见领袖的影响范围广、对信息的控制力强,更要合理发挥意见领袖的作用。针对消息灵通的意见领袖类,要规范其意见推广和控制,确保传递信息的科学性和真实性。对职业优势类的意见领袖,要结合其职业特点,更好地控制和推广信息。

3. 播放:意见领袖的发声机制

意见领袖发声的渠道应当不断拓宽、方式不断多元化,才能更好地满足乡村民众的信

---

① 戴锐:《社区权威的生成机制变迁与社区思想政治教育的机制重建》,《河海大学学报(哲学社会科学版)》,2010年第2期。

息需求。乡村长者作为"熟人网络"中传递信息的较为权威、关键的一环,可以依托于乡村民众从人际交流中获取信息的习惯心理,定期开展"乡村茶话会",在一种"话家常"的充满亲切感的轻松氛围中传递权威且具备真实性和时效性的重要信息。而村干部的发声,不仅需要提高村委会广播的利用效率,而且还应在提升所提供的信息服务质量的过程中,创造性地使用融媒体,将村干部的声音打包处理后在"两微一端"立体、直观地呈现出来,方便民众便捷、及时地获取与回顾信息。值得注意的是,采用二元分治制的意见领袖进行发声,需要特别把关二者传递信息过程中的统一性,避免出现表达过程中口径不统一和立场摇摆所造成的信宿的信息混沌甚至是思想混乱的情况。意见领袖作为交互主体之一,主要起到信息取舍、整合、控制和推广的作用。这种角色不同于一般的主体角色,更多地表现出了控制者的特质,判断共享信息的价值,将认为有价值的信息进行处理,利用交互平台以及媒体等载体,引起更大范围的关注,从而产生更大影响,达到更好的传播效果。

(二) 打造融媒体"中央厨房"

在以往的讨论中,乡村信息环境以其封闭性、排外性、低敏性形成了信息闭环。然而在全媒体时代,互联网、移动终端的普及使乡村信息开放成为可能,融媒体的新方法也应运而生。所谓融媒体,指的是咨询统一采集、统一处理、多种生成、多元传播。

1. 站稳主流舆论阵地,维护社会稳定

乡村融媒体是与基层群众接触最密切的主流媒体,义不容辞地肩负着传递正确信息的任务,承担着澄清谣言的职责。通过传递正确的信息,可以快速及时地辟谣,以正确的、权威的信息占领舆论主场。受接收信息习惯和文化水平等因素的影响,县城及乡村民众对信息的甄别能力相对较弱,且县城和乡村民众对家庭亲友关系更为依赖,亲友群中的信息交汇更容易让人轻易相信和转发。这些都使得对谣言的澄清和处置成为一项艰巨的工作。因此,乡村融媒体应让真相先于谣言快速传播,极力压缩谣言产生的空间,如此才能营造良好的舆论氛围,打好群众基础。

厘清不同类型的融媒体,有利于更好地发挥融媒体的作用。按照时间划分,可以将融媒体平台分为常规性融媒体平台和临时性融媒体平台。常规性融媒体平台包括微博、微信公众号、学习强国等长期使用的融媒体平台。此类融媒体平台模式成熟、受众使用群固定并且影响力广泛,对疫情期间的信息传播和推广发挥着重要作用。此外,临时性交互平台是短期为特定事件建立的,针对性强、专业性高。此类融媒体平台表现出创新性、快速性和独家性。按照内容划分,可分为开放性融媒体平台和闭合性融媒体平台。开放性融媒体平台的特点表现为以文字输入、文件上传等形式参与交互行为,此类平台包括在线交流、直播以及给部委、地方政府留言等交互平台。它可以成为新闻的来源地,专家发布的信息都可以作为最新的资讯编辑公布,从而成为独家新闻,形成广泛的影响力，官方性的特点也较为明显。闭合性融媒体平台的鲜明特色是让乡村民众通过点击特定选项的形式参与交互行为，包括调查、意见收集等形式。按照功能划分，可分为信息搜索类平台和信息联结类平台。信息搜索类平台可以通过阅读、查询标签进行同类信息的收集和阅读，使信息的共享和整合更加便捷。社会联结类交互平台如论坛、博客、播客、掘客等，极大地丰富了乡村民众的虚拟社会生活，使网友能够交流思想、共享信息。

乡村融媒体中心可以以乡音乡情打动民众，从而实现宣传动员、说服劝阻的作用。相较于传统媒体，融媒体的一大优势便是使用最新的移动通信技术将信息第一时间发送。在信息化时代，融媒体中心借助新的技术手段和之前"两微（微博和微信）一端（手机客户端）"的布局，可以迅速传播相关信息，并能起到联结社会资源的作用。但融媒体发布信息要提升及时性，提高信息传播效率。

2. 以信息服务民众，助力社会治理

乡村作为社会治理的末端，人力物力财力相对较弱，对信息现代化的敏感程度不如大城市；但乡村同时又是深入群众的第一线，每个社区管理员、网格工作者所掌握的乡村民众的信息具有极为重要的价值，在移动互联网已经高度普及的今天，乡村的数字化触达，可以为当地村委提供更好的社会治理路径依据。在后疫情时代，乡村融媒体中心可以采用数字化录入相关信息的方法，实现社区融合和网格融合，通过数据实时掌握人员流动状况。具体而言，可以整合广播电视线路和大数据信息互联共享平台，作为防控建设指挥中枢，实现"指令通村、筛检到人、资源共享"，同时开发手机客户端，信息掌握到位，为乡村管理建立良好的数据基础。

通过数据分析可以发现，后疫情时代，乡村民众对经济发展的需求会比以前更强烈，融媒体也应充分贴近群众，通过大量数据采集分析和融媒体渠道优势，为群众提供急需的生产生活服务。比如可以通过后台数据分析，了解到中央、省级媒体对复工复产的关注以及乡村民众外出务工的迫切心愿，结合本地实际，通过乡村大数据平台，推出外出务工人员电子健康码和健康通行证，以切实解决外出务工人员面临的难题。融媒体中心还可以围绕复工复产和产品销售，利用互联网数据平台、电商平台，多方联动，及时搜集生产一线信息和相关动态，通过推动信息流动和对接，助推工农业生产复工复产。

3. 融入温暖情怀，实现信息的软着陆

有的融媒体中心使用无人机拍摄村民居家隔离情况，将拍摄内容做成小视频，并根据画面配上本地方言，进行防疫宣讲；一些地方通过村口大喇叭喊话、宣传板报等方式用乡音乡情宣传特殊时期国家政策和村规民约，"方言"和"糙话"讲出实在的道理；有的部门还利用当地的传统戏曲编排一些宣传类小节目，用娱乐的方式传播科学防控知识。通过对"硬核"信息的"软着陆"，让刚性政策体现出温暖的情怀，取得了很好的防疫宣传效果。这些接地气的"硬核"传播，有的虽过于直白或稍有夸张，但也体现了融媒体中心具备打通信息传播"最后一公里"的能力[①]。

（三）建立受众导向型的信息结构源

1. 职业

针对不同职业者的信息选择渠道，我们提出相关建议：对于乡村个体户，结合他们的信息源选择偏好，我们可以继续完善信息服务，帮助他们建立起更利于人际交流的平台，比如微信群、QQ群等，通过在线上聚集起乡村个体户群体，日常交流及消息流通可以打破时间、空间的限制，提升个体户交流及信息获取的效率；对于村干部群体，结合他们的工作需要，我们可以通过创设相关网站，或者开通政务服务相关公众号，开辟村民与村干部线上联通的渠道，村民的意见、疑虑、需求都可以在平台上及时反映，村干部也能及时做出回应，进而提高工作效率和服务质量。

2. 年龄

研究表明，信息源结构越多元的人，信息优势就越强，独立思考的能力也越强；信息分析处理能力越强的人，洞察真相、取得选择优势的能力也越强。针对不同年龄段的乡村民众，我们要结合他们的信息源选择偏好，"因年龄制宜"地优化他们的信息源结构。比如，19岁及以下群体和20~29岁群体都对微博微信和新闻App偏好程度高，我们在优化信源结构时，应注重提升这些信息源的质量。尤其是对于19岁及以下的群体，微博微信具有信息传播类型广泛、信息传播效率高的特点，谣言、不良信息也容易在这些平台上滋生蔓延，因此要加大对这些平台的监管力度，及时打击谣言。政府文件这一信源也能和微博微信、新闻App结合起来，提升其生动性、普及性。同时在学校教育、家庭教育中也要注重培养这类群体的信息鉴别能力，提高信息素养，学会综合利用各种信息源满足自己的信息需求。对于年龄较大的群体，传统媒介类和互联网等信息提供者、服务方应从现状出发，设计出适合他们的线上社区（论坛）、搜索引擎或界面，开发个性化信息服务，提高其满意度，同时通过建立"信息滤网"，对信息质量进行严格把控，提升信息准确性，尽可能消除其对虚假信息的担忧。

3. 地区

因疫情影响，本次研究所选取的地区均为团队成员居住地，集中在经济发达的东部地区及经济欠发达的中部地区。由于地区的差异，乡村民众对信息源的选择也会有所不同，在结合现状进行分析的基础上，我们建议，经济较为发达的东部地区应该注重对新媒体平台的建设，注重提升短视频平台的信息质量，通过大数据分析精准匹配用户需求，为他们

---

① 许静、江思雨：《信息战"疫"：县级融媒体助力基层社会治理的实践》，《中国广播》，2020年第8期。

提供所需要的信息。对于经济欠发达的中部地区，我们可以助力新媒体平台在该地区的建设，同时对传统媒体及时进行创新换代，例如广播电视播报的内容可以转至相应的微信公众号平台进行播报，这样可大大提升乡村民众接收信息的效率。

（四）建立渠道特性导向型的信息源结构

根据上面的分析，我们发现不同类型的信息渠道在信息传递上存在不同的倾向性；在信息综合能力考察上，不同的信息源结构表现出来的信息综合能力也不同，因此在乡村民众信息源结构优化策略上，还须注重建立渠道特性导向型的信息源结构。

1. 实现积极信息渠道多元化

目前，部分媒介平台可能由于缺乏把关人、信息门槛低等，难以保证推送的信息的质量。而报纸杂志、新闻 App 等渠道虽然信息质量较高，但也存在信息传播影响面较窄、信息渠道较单一等问题，因此应当推进积极信息渠道多元化。

我们可以从两方面入手：一是通过设立"把关人"、建立统一的智能审查机制、严惩部分不良信息渠道等方式，封杀或改良不良信息的主要渠道，严控信息渠道；二是建立新的"党的喉舌"，如学习强国 App、青年大学习小程序开发等便是很好的例子。应当注意的是，学习强国 App 对应的受众是党员，青年大学习小程序对应的是青年群体，而本次讨论的主体受众是乡村民众，在这方面还缺少相配套的专属媒介，这也是今后可以思考的一个方向。

2. 实现积极信息渠道专业化

在拓宽积极信息渠道的同时，还需要关注积极信息渠道的专业化，坚持以精取胜而非以量取胜的原则。在全媒体时代，个体在信息洪水面前容易对某类反复出现的信息产生心理免疫，甚至产生抗拒心理。

实现积极信息渠道专业化，也可以从两方面入手：一是要加强对信息的生产人、管理人、把关人的培训，提高信息推送质量；二是要对多余的信息渠道进行精简、合并、收缩，实现统一发声。

第二篇 思想观念

社会的发展往往以思想的解放与观念的更新为先导，思想观念的改变可以深刻反映出时代进步的历史轨迹。本篇以人们在出国、婚恋、版权保护、志愿服务和戏曲文化等方面的思想观念变化为切入点，体悟社会的发展进步。

经济基础决定上层建筑，随着中国综合国力的提升和人民生活水平的改善，人们对于出国的看法从"遥不可及的梦"变为"普适化、生活化的行为"，这一思想观念的转变充分体现出新中国从积贫积弱到繁荣富强的完美蜕变，中国人能够以更加自信的姿态走出国门。

婚恋观不仅是个人在婚恋方面的主观态度和价值倾向的反映，更是国家政治、经济、文化等方面在思想上的投影，正确的婚恋观对于构建和谐稳定的社会有着重要意义。过去受传统观念的影响，人们对待婚恋的态度较保守、谨慎。近些年来受外来文化等影响，人们的婚恋观则更趋于开放、平等，崇尚自由和个性化。

版权保护意识的提升不仅彰显出人们对知识和劳动的日益尊重与保护，更是人们法律意识不断增强的体现。越来越多的人尤其是高学历人群开始关注盗版侵权问题，对版权保护的重视能在很大程度上保障人们的基本文化权益，激发全民创作的热情，进而促进社会科学文化事业的发展与繁荣。

志愿服务精神是中国精神的缩影，在增强人们理想信念和提高道德素质方面发挥着举足轻重的作用。大学生作为时代精神的坚定践行者和弘扬者，在后疫情时代走出校园、深入社会、投身一线，以坚定不移的信念、不畏辛劳的精神诠释了新时代奉献、友爱、互助、进步的志愿精神，展现出青年学子的责任担当意识。

作为中华优秀传统文化的重要载体，地方戏曲保存着当地语言和世俗风情，是一方水土的文化记忆。如何在"新"与"旧"的交替中传承和保护好戏曲艺术的文化精髓，是当今社会需要思考的问题。

新中国成立以来人们出国观念的变化

新中国成立以来，人们经历了从勤俭节约到追求品质消费的消费观念的变迁。伴随着消费观念的变迁，人们的消费行为发生了翻天覆地的变化。而出国作为人们一项特殊的消费行为，不仅与经济因素相关，也与政治因素、文化因素密切相关。本文以人们出国观念的变化为分析新中国成立以来我们伟大祖国发展历程的切入点，采用资料分析与问卷调查相结合的方式进行社会实践调查，得出结论。

一、调查目的和意义

1949—1978年，出国对于普通民众来说是遥不可及的梦；1978—2001年，随着改革开放的不断深入，有少数人开始出国学习、旅行；2001年以后，人们的生活水平进一步提高，出国这一观念逐渐走入千家万户，成为一项普适化、生活化的行为。出国主要有三大需求：医疗需求、留学需求和移民需求。在调查"人们出国观念的变化"过程中，我们希望每位公民，包括青少年都能深刻体会到新中国成立以来我们祖国的蓬勃发展、伟大复兴，从而增强荣誉意识、责任意识和爱国意识。

二、调查方法

本次社会实践调查采用文献资料分析、问卷调查和个案访谈相结合的方法。问卷在线上与线下同时发放，对不同年龄段人群出国观念的变化进行调查，并全部采用有选项的题目，以提高问卷有效性。共发放相关问卷324份，其中有效问卷324份，回收有效率100%。之后我们小组具体分工，对调查结果进行统计并分析总结，形成问卷调查报告。另外，本调查小组还进行了个案访谈，一是为了补充问卷调查中遗漏的信息，二是通过鲜活的案例直接了解人们出国观念的变化。

三、问卷调查结果与分析

不同年龄段的调查对象代表了不同时代人们的出国观念。通过问卷调查，一方面可了解到人们出国的现状及面临的问题，并提供相应建议；另一方面通过人们出国观念的变化来体现我国社会的发展，激励我们不断前行，为祖国做贡献。以下为问卷调查结果与分析。

1. 受访者基本信息

所有受访者中，56.17%为男性，43.83%为女性，男女比例较为均衡。"20岁及以下""21~30岁""31~40岁""41~50岁""50岁以上"五个年龄段人群占比分别为13.27%、41.67%、15.43%、17.59%、12.04%，每个年龄段都有一定数量的受访者，数据具有较强的可靠性和科学性。58.33%的受访者学历为本科，学历为专科的受访者占比25.00%，学历为高中及以下的占比12.04%，有4.63%的受访者学历为硕士及以上。高达44.44%的受访者来自华东地区，东北地区的受访者占比7.10%，华北地区占比11.42%，华中地区占比12.04%，华南地区占比4.32%，西南地区占比8.95%，西北地区占比11.73%。

2. 受访者出国经历

调查数据显示，高达80.56%的受访者没有出国经历，只有19.44%的受访者有出国经历。在50岁以上的受访者中，没有出国经历的人在本年龄段中达到了压倒性的94.87%，在41~50岁和20岁及以下的受访者中，没有出国经历的人也在本年龄段中占据绝对优势，分别超过78%和83%。在另外两个年龄段中，没有出国经历的受访者比例明显下降，特别是21~30岁的受访者中，没有出国经历的人的比例已经降至46%左右，这是唯一有出国经历的受访者占据优势的年龄段。可见，40岁以上的受访者在很大程度上受制于当时的社会经济发展水平，出国的机会较少，20岁及以下的受访者则受制于年龄等因素，同样鲜有出国的机会，而21~30岁的受访者逐渐成长为社会的支柱，精力、资金充足，机会兼而有之，故有出国经历的占据优势比。

3. 受访者出国意愿

调查结果显示，39.51%的受访者有出国意愿，而60.49%的受访者没有出国意愿。50岁以上的受访者中，没有出国意愿的人在本年龄段中达到了压倒性的92%，在31~40岁和41~50岁的受访者中，没有出国意愿的人仍然占据多数，分别为80%和62%，但在21~30岁和20岁及以下两个年龄段中，没有出国意愿的受访者占比分别为46%和52%，比例出现了明显的下降。由此可见，年轻人在出国这件事上表现得更加开放。

4. 受访者出国或想出国的原因

调查结果显示，在有出国经历和出国意愿的受访者中，超过82%的受访者出国的原因是旅游，选择留学和出差的比例分别为36.14%和41.57%，仅有7.23%的受访者想要移民，2.41%的受访者选择其他原因。在每个年龄段，旅游均为受访者选择出国的第一大原因。另外，在20岁及以下的受访者中，留学是其出国的第二大原因，高达75%的受访者选择了此项。在21~30岁的受访者中，选择留学和出差的受访者比例均较大，分别为48.19%和37.35%。在31~40岁的受访者中，出差成为受访者出国的第二大原因，占比61.54%。在41~50岁的受访者中，选择出差的受访者同样占到了65.52%。在50岁以上年龄段中，有25%的受访者选择了出差。值得注意的是，同样有接近25%的受访者选择了移民，为各个年龄段最高。由此可见，30岁及以下的年轻人中，旅游和留学是其出国的主要原因；30岁以上的受访者中，旅游和出差是其出国的主要原因。另外，在几十年前，在50岁以上的受访者中，出国移民同样具有一定的吸引力。

5. 受访者没有出国或不想出国的原因

调查结果显示，在所有没有出国经历和没有出国打算的受访者中，有超过60%的人选择了资金限制，超过59%的受访者选择目前没需求，对出国没有兴趣的受访者接近半数。另外，39%的受访者选择了家庭原因。在20岁及以下的受访者中，36.84%的受访者选择对出国没有兴趣，为各年龄段最低。在50岁以上的受访者中，54.29%的受访者选择对出国没有兴趣，为各年龄段最高。另外三个年龄段的受访者选择此项的比例接近平均值。可见，年轻人对出国的兴致较高，与高年龄段的受访者形成了鲜明对比。另外，在20岁及以下的受访者中，选择资金限制的高达73.68%，为各年龄段最高，这也与其年龄特征相符合。值得一提的是，在31~40岁的受访者中，有接近50%的受访者选择了家庭原因，为各年龄段最高。小组成员认为，这个年龄段受访者的子女大多较小，且处于学业繁重的时期，个人也处于事业发展的关键期，所以很多受访者希望家庭生活稳定。

6. 受访者倾向的出国地区

调查结果显示，在所有有出国经历和有出国意愿的受访者中，选择世界上发达的地区，也就是欧洲和北美的人数分别占59.26%和47.53%；由于距离和文化等因素，东亚和东南亚同样是热门选择。另有34.26%的受访者选择了大洋洲。相比较之下，选择其他几个地区的受访者所占比例并不大。在各年龄段中，选择东亚和东南亚的受访者所占比例均在平均值上下波动，可见东亚和东南亚是一个老少皆宜的出国地点。在20岁及以下的受访者中，选择欧洲的受访者高达72.09%，为各年龄段最高，21~30岁的受访者选择欧洲的比例同样高达68.89%。

7. 受访者选择该地区的原因

调查结果显示，在所有有出国经历和有出国意愿的受访者中，地区发达程度是影响受访者选择出国地区的第一大原因，有47.22%的受访者选择了此项。这与上一题中的地区选择相吻合。语言文化、资金预算、便利程度、学术发达程度也是主要原因。另外，分别有16.05%和4.32%的受访者选择了就业前景和工作需求，会考虑网红推荐地区的受访者占比为 19.75%。在 20 岁及以下和 21~30 岁的受访者中，发达程度均是影响其选择的第一原因，分别有 65.12% 和 57.04% 的受访者选择了此项。在这两个年龄段中，会考虑学术发达程度的受访者分别占比 34.88% 和 41.48%，明显高于 30 岁以上年龄段人群。但在另外三个年龄段中，资金预算均超过了地区发达程度和学术情况，成为第一大原因，特别是 31~40 岁的受访者中，有 48% 的受访者选择了此项。究其原因，我们认为，30 岁以上的受访者已经进入工作单位，对资金因素的考虑也会更多，30 岁及以下的受访者仍以学业为主，所以会优先考虑地区发达程度和学术情况。在 41~50 岁和 50 岁以上这两个年龄段中，便利程度成为第一大因素，分别占比 42.11% 和 41.03%，这也与受访者的年龄特征相吻合。

8. 受访者对出国流程的了解程度

调查结果显示，在所有受访者中有接近一半的受访者对出国流程有所了解但不多，26.54% 的受访者对出国流程比较了解，21.60% 的受访者对出国流程完全不了解，仅有 2.47% 的受访者对出国流程十分了解。在不同年龄段的受访者中，对出国流程非常了解的人都占据绝对少数，对出国流程有所了解但不多的人均占比最大。另外，在 20 岁及以下的受访者中，选择"完全不了解"的受访者占比 41.86%，为各年龄段中最高。我们认为，该年龄段的受访者仍以学业为主，且受制于年龄因素，出国机会较少，因此对流程的了解程度也最低。

9. 受访者的出国预算

调查结果显示，在有出国经历和出国意愿的受访者中，有 23.77% 的受访者出国预算选择 5 000 元以下，42.89% 的受访者选择 5 000~10 000 元，27.78% 的受访者选择 10 000~50 000 元，还有 5.56% 的受访者选择 50 000 元以上。在问卷所调查的五个年龄段中，选择 5 000~10 000 元的受访者均占据了最大比例，在 30 岁及以下的受访者中，选择 10 000~50 000 元的位列第二，但在 30 岁以上的受访者中，位列第二的选项为 5 000 元以下。由此可见，年龄较大的受访者在出国花费预算上相对保守，年轻人的预算较多。这种情况与出国目的地的选择、人们出国欲望的增长等因素有关。

10. 受访者倾向出国的时间长度

调查结果显示，在有出国经历和出国意愿的受访者中，有 30.96% 的受访者出国时间选择一周左右，43.93% 的受访者选择 10~15 天，16.42% 的受访者选择一个月左右，4.37% 的受访者选择半年左右，4.32% 的受访者选择一年及以上。在 21~50 岁年龄段的受访者中，选择 10~15 天的占据了最大比例；在 20 岁及以下年龄段中，选择一周左右的最多，但也仅比 10~15 天的选项高 2%；在 50 岁以上年龄段中，选择一周左右的比例超过了 41%。由此可见，关于在国外停留的时间，绝大多数受访者不希望太久，这一点在年龄偏大的受访者身上体现得更加明显。

11. 受访者认为出国的益处

调查结果显示，在所有受访者中，有72.22%的受访者选择开阔眼界，68.52%的受访者选择了解不同国家的风俗，62.04%的受访者选择学习新知识，39.20%的受访者选择结交新朋友，38.27%的受访者选择购买国外的产品，只有1.85%的受访者选择了其他。在不同年龄段的受访者中，"开阔眼界""了解不同国家的风俗""学习新知识"均占据了前三的比例。可见，对于出国所能得到的收获，不同年龄段的受访者的观点基本一致。

12. 受访者认为出国可能会面临的困难

调查结果显示，在所有受访者中，有66.98%的受访者担心语言不通，64.51%的受访者选择对当地法律不熟悉，62.96%的受访者选择风俗习惯不同，34.57%的受访者担心当地对中国人的态度不友好，4.01%的受访者选择其他。可见，"语言""法律""风俗"是所有受访者最为担心的三个方面。值得一提的是，选择"语言不通"的受访者的比例随着受访者年龄段的增加逐级递减，这可能与年龄越小，受访者的出国目的地越趋多样化有关。另外，在20岁及以下和21~30岁年龄段中，分别有超过80%和70%的受访者选择了"对当地法律不熟悉"，可见年轻人的法制观念明显增强。

13. 受访者对身边人选择出国的看法

调查结果显示，有40.43%的受访者认为他们能够凭自己的努力出国，非常优秀；33.64%的受访者认为出国的人家庭富裕，经济条件好；24.07%的受访者认为出国的人懂得享受生活；1.85%的受访者有其他态度。不同年龄段的受访者对此问题选项比例相差不大，可见多数受访者对周围出国的人的看法比较正面。另外，在20岁及以下年龄段中，仅有13.95%的受访者认为出国的人懂得享受生活，相较于其他年龄段，明显低于平均水平，可见在20岁及以下的年轻人心中，出国与享受生活两方面的关联不是很大。

14. 受访者对家人或朋友选择出国的态度

调查结果显示，有51.54%的受访者表示支持家人或朋友出国，37.65%的受访者持中立态度，10.80%的受访者表示不支持。不同年龄段的受访者对于该问题的选择差别较大。在20岁及以下和21~30岁年龄段中，选择支持的人均超过了60%；但在50岁以上年龄段中，持中立态度的人超过61%，同时选择不支持的比例超过了选择支持的比例。由此可见，年龄较大的受访者在该问题上表现得相对保守，与年轻人的观念相差较大。值得一提的是，在31~40岁年龄段中，有20%的受访者选择不支持，明显高于平均比例。我们认为，这个阶段的受访者子女年龄大多较小，很多父母并不希望子女远游，因此不支持的比例出现了反弹。

15. 影响受访者选择出国的条件

调查结果显示，在所有受访者中，有83.02%的受访者选择资产，43.21%的受访者选择学历，42.90%的受访者选择对流程的熟悉程度，42.59%的受访者选择政策的便捷程度，41.05%的受访者选择个人眼界，仅有2.47%的受访者选择其他。无论在哪个年龄段，资产均为第一大因素且比例远高于其他选项，尤其是在 20 岁及以下和 21～30 岁的受访者中，比例均超过了 90%。另外，分别有超过 67% 的 20 岁及以下受访者和 52% 的 21～30 岁受访者认为学历也是出国必备的条件，但在另外三个年龄段的受访者中，选择学历的人比例均小于 32%，由此可见，年轻一代对学历的重视程度较高。

16. 受访者认为新中国成立以来人们出国数量总体呈上升态势的原因

调查结果显示，在所有受访者中，有 69.44% 的受访者选择人们经济水平日益提高，65.74% 的受访者选择我国实行改革开放以来出国政策越来越好，57.10% 的受访者选择人们对美好生活的不断追求，23.46% 的受访者选择因网红等引起的社会潮流，1.23% 的受访者选择了其他。

17. 受访者对于"出国后个人所代表的形象就是国家的形象"这个观点的看法

调查结果显示，有高达 86.42% 的受访者认同"出国后个人所代表的形象就是国家的形象"这一观点，13.58% 的受访者表示不认同。在不同年龄段的受访者中，认同此观点的人数均占据了压倒性的比例，特别是在 20 岁及以下的受访者中，比例超过了 90%。由此可见，"出国后个人所代表的形象就是国家的形象"是受访者的共识。在所有选择认同的受访者中，有 66.07% 的受访者认为由小见大，个人修养是其所处环境的反映；65.71% 的受访者认为国家良好形象的建立离不开每个人的努力；58.93% 的受访者认为中国游客是当地人了解中国的渠道；36.07% 的受访者则担心国外媒体可能借机炒作；还有 0.36% 的受访者选择其他。在所有选择不认同的受访者中，有 81.82% 的受访者认为每个人习惯不同，个人行为无法代表全体中国人；61.36% 的受访者选择出国的人鱼龙混杂，素质高低不同；54.55% 的受访者则认为出国的人很多，无法规范每个人的行为；另有 2.27% 的受访者选择了其他。

四、调查结果总论

围绕"新中国成立以来人们出国观念的转变"这一主题，通过本次问卷调查及个案访谈，我们得出了以下结论。

1. 与个人经济、能力有关

调查结果表明，有 80.56% 的人没有出过国，将近 40% 的人想出国，已经有越来越多的人将出国当成一项普适化、生活化的行为。在限制出国的因素里，经济因素占比达 60% 以上，不少人表示只有在自己的资产达到一定程度后才会选择出国。

2. 公民素质有待进一步提高

调查结果表明，有 86.24% 的人认同"出国后个人所代表的形象就是国家的形象"，表明大多数人有着强烈的民族荣誉感与责任感。近些年来，一些中国游客在海外旅游时做出不文明之举，影响恶劣，给国家形象造成了损害，如不尊重他国文化习俗、无视公共场所的提示等。

3. 进一步培育民族凝聚力

无论是资料分析还是问卷调查，均显示我国的出国人群以富裕阶层和知识精英为主，有一些出国留学者选择留在国外，我国顶尖人才流失率仍较高。我国的爱国教育须进一步加强，民族自豪感、凝聚力还须进一步提升。

4. 出国行为中体现的民族自豪感

根据对大学生的随机采访，我们可以欣慰地看出，人们对于外国的态度早就从曾经的一味羡慕、崇洋媚外，转变为开阔眼界，见识不同国家的文化与制度；而出国留学的人则深切地感受到伟大祖国的发展与进步，爱国之情更加强烈。尤其是新冠疫情发生后，中外政府的应对措施以及结果对比，更加深了我国人民的民族自豪感。

5. 在中国的外国留学人员的出国观念

在本次社会实践调查中，我们还对在中国的外国留学人员进行了采访，可以看出随着交通的便利以及经济的发展，出国已经渐渐由追求个人美好生活的一种行为变成了交流学习从而为祖国做贡献的伟大壮举。留学生们克服语言、生活习惯等方面的困难，只为了学习相关的技术知识以报效自己的祖国。这种观念也正是当今世界的主流出国观念之一。

6. 从观念的转变见证我国的繁荣富强

从调查可知，50岁以上的受访者未出过国的比例达94.87%，而21～30岁这个年龄段中未出过国的比例约为46%。随着年龄段的下降，人们对出国所需花费的资金预算逐渐增多，越来越倾向于旅游化、休闲化。这种观念的转变正体现了我国的不断强大。在国际交流方面，自改革开放以来，我国强调交融互通、走向世界，人们出国不再受到很多限制，仅2018年，普通护照的签发就达3008万本。截至2019年，持有效普通护照的内地居民有1.8亿人。改革是一个国家、一个民族的生存发展之道。没有改革开放，就没有当代中国的发展进步。在经济方面，我国从新中国成立初期的一穷二白一跃成为世界第二大经济体，人们的腰包鼓起来了，出国旅游、出国医疗、出国留学不再是天方夜谭，而成为越来越多人的选择。在文化方面，越来越多的中国优秀文化向外输出，人们的素质水平、担当意识也有了很大提升。

通过对人们出国观念的调研，我们深刻认识到了新中国成立以来我国发生的巨大变化，而作为新时代青年，我们必须坚定理想信念，把握正确的政治方向，牢固树立正确的人生观、价值观和世界观，切实增强道路自信、理论自信、制度自信和文化自信。在任何情况下，都要把忠诚忠实于党的伟大事业和人民的根本利益放在首要位置，把人生志向转化为奋斗动力，发扬不怕苦、肯吃苦的良好作风，耐得住寂寞、经得住风雨，勇敢战胜前进道路上的一切困难。我们要坚定不移走中国特色社会主义道路，不断树立为共产主义远大理想和中国特色社会主义共同理想而奋斗的信念和信心，在顺境中不骄傲不急躁，在逆境时不消沉不动摇，抵得住风浪的冲击、经得起实践的考验，坚决抵制任何妄想破坏民族团结和阻碍我国社会主义发展的阴谋诡计。

现代人的婚恋观调查

婚恋观的变化与社会的发展紧密相连，它真实地反映出社会政治、经济和人们思想观念的变化，体现了社会的发展水平与文明程度，具有鲜明的时代特征。每一种婚恋观都无一例外地打上了时代的烙印。正确的婚恋观有利于青年身心健康的发展、家庭的和谐与社会的稳定。由此，当代青年树立正确的婚恋观有着重大的意义。

一、调查目的和意义

婚恋观是人生价值观的重要组成部分，是考察社会变化的主要角度之一。婚恋观积极与否、合理与否，不仅直接关系到青年身心健康与否、学业工作成功与否等，而且在某种程度上预示着国家未来社会婚姻家庭的发展趋势，影响着未来社会发展的稳定性、国民素质的整体提高以及和谐社会的构建。因此，分析研究婚恋观的变化意义重大。本次实践的主要目的在于通过调研不同年龄段、不同性别的人们对恋爱、婚姻、生育及离婚现象的看法，了解新中国成立以来人们婚恋观的变化与发展，探讨这些变化与当前社会现实的内在联系。

二、调查方法

本次调研采取了问卷调查和个案访谈两种调查方法。我们主要通过社交软件线上发放调查问卷，调查对象主要是"70后"至"90后"的社会群体，总共随机发放调查问卷403份，收回403份，回收率100%，其中有效问卷403份。之后小组通过具体分工对调查结果进行了统计并精心分析总结，形成调查报告。为使样本更具代表性，我们选择了有较多相亲人士聚集的凯瑟琳广场作为采访地点，依据不同性别、不同年龄段对过往行人有选择性地进行采访*。

---

* 实地采访人数较少，不计入后面的"调查结果与分析"中，对调查结果几乎没有影响。

三、调查结果与分析

此次调查通过大众恋爱观、婚姻观、生育观及对离婚现象的看法,了解不同时代、不同性别人们的婚恋观,分析婚恋观的变化与发展,了解不同年代的人之间、男性与女性之间婚恋观存在的差异,并探讨其中折射出来的一些社会问题。本次调查中,25 岁以下受访者比例超过 50%。跨世纪的青年的婚恋观,不仅折射出这个时代婚姻价值取向的基本特征,而且在某种程度上也反映出未来一段时间内中国民众婚姻家庭的状况。通过对不同年龄段人的婚恋观的调查,为当代青年提供一些建议、经验,并更好地解决社会中存在的一些婚姻问题。

(一) 调查结果

1. 从年龄层次上

(1) 受访者基本信息

受访者中,年龄在 25 岁以下的有 225 人,占 55.83%,25～34 岁的有 82 人,占 20.35%,35～44 岁的有 49 人,占 12.16%,45 岁及以上的有 47 人,占 11.66%。

(2) 受访者的恋爱观

在恋爱次数方面,25 岁以下年龄段的受访者中,34.22% 从未有过恋爱经历,24% 有过 1 次恋爱经历,37.78% 有过 2～4 次恋爱经历,4% 有过 5 次及以上恋爱经历;25～34 岁年龄段的受访者中,1.22% 从未有过恋爱经历,37.80% 有过 1 次恋爱经历,54.88% 有过 2～4 次恋爱经历,6.10% 有过 5 次及以上恋爱经历;35～44 岁年龄段的受访者中,2.04% 从未有过恋爱经历,48.98% 有过 1 次恋爱经历,46.94% 有过 2～4 次恋爱经历,2.04% 有过 5 次及以上恋爱经历;45 岁及以上年龄段的受访者中,0% 从未有过恋爱经历,48.93% 有过 1 次恋爱经历,40.43% 有过 2～4 次恋爱经历,10.64% 有过 5 次及以上恋爱经历。

在选择恋爱对象影响因素方面,25 岁以下年龄段的受访者中,选择"性格"的人数是最多的,占比 88.44%,其次是"外貌身高",占比 59.56%,选择"感觉/眼缘"的人占比 54.22%;25～34 岁年龄段的受访者中,选择"性格"的人数是最多的,占比 80.49%,其次是"感觉/眼缘",占比 43.90%,选择"工作能力和未来潜力"的占比约 38%;35～44 岁年龄段的受访者中,选择"性格"的人数是最多的,占比 73.47%,其次是"感觉/眼缘",占比 53.06%,选择"工作能力和未来潜力"的占比 36.73%;45 岁及以上年龄段的受访者中,选择"性格"的人数是最多的,占比 68.09%,其次是"感觉/眼缘",占比 44.68%,选择"外貌身高"的占比 42.55%。

不论哪个年龄段，希望"通过自由恋爱选择对象"的人数占比均最大。父母亲戚介绍、朋友同事介绍在25岁以下年龄段的受访者中占比是最小的；不论在哪个年龄段，婚介公司的占比均很少，最少的出现在25~34岁这一年龄段中，占比2.44%，最多的出现在35~44岁这一年龄段，占比16.33%；网络媒体在25岁以下和35~44岁年龄段的受访者中占比均较高，分别为27.56%、28.57%，在45岁及以上年龄段的受访者中是最少的，为6.38%。

在对婚姻和恋爱关系的看法方面，四个年龄段对于"恋爱是婚姻的基础，婚姻是恋爱的延续"这一观点，选择的人数均是最多的，分别占比60.00%、65.85%、67.35%和70.21%；而对于"婚姻是爱情的坟墓，只想恋爱不想结婚"，四个年龄段的选择人数均较少，相比较来说，在25岁以下年龄段的受访者中占比最大，为6.67%，其余年龄段都只有2%左右。对于"任何不以结婚为目的的恋爱都是耍流氓"这一观点，35~44岁年龄段选择人数占比最大，达36.73%，25岁以下年龄段占比最小，为15.11%。"恋爱是恋爱，结婚是结婚，爱到一定程度自然会结婚"这一观点在25岁以下年龄段的受访者中赞成人数占比最多，达61.33%，35~44岁年龄段的受访者中赞成人数占比最少，为36.73%。各个年龄段都存在少数人没有想过恋爱与婚姻的关系，大多数人认为恋爱是婚姻的基础，婚姻是恋爱的延续，但婚姻包含了更多责任，需要相互理解、珍惜，需要用心经营。

（3）受访者的婚姻观

在结婚是否必要的问题上，25岁以下年龄段的受访者中，66.67%认为是必要的，33.33%认为不必要；25~34岁年龄段的受访者中，74.39%认为是必要的，25.61%持相反态度；35~44岁年龄段的受访者中，95.92%认为必要，只有4.08%认为没有必要；45岁及以上年龄段的受访者中，89.36%认为有必要，10.64%认为没必要。

数据显示，在四个年龄段受访者认为结婚有必要的理由中，"真心相爱"的占比最大，均达到了80%以上，分别是84.44%、90.24%、81.63%和82.98%；其次是"年龄大了，想要安定"，分别占比27.11%、25.61%、38.78%和23.40%；"繁衍后代"的选择人数均位列第三。"经济利益"和"其他"在四个年龄段中选择都较少，均不足10%。

在选择结婚对象的影响因素方面，25岁以下年龄段的受访者中，选择"性格"的人数是最多的，占比78.67%，其次是"工作能力与未来潜力"，占比45.33%，选择"外貌身高"的约占44%；25~34岁年龄段的受访者中，选择"性格"的人数是最多的，占比73.17%，其次是"工作能力与未来潜力"，占比45.12%，选择"外貌身高"的约占38%；35~44岁年龄段的受访者中，选择"性格"的人数是最多的，占比71.43%，其次是"工作能力与未来潜力"，占比61.22%，选择"感觉/眼缘"的占比40.82%；45岁及以上年龄段的受访者中，选择"性格"的人数也是最多的，占比70.21%，其次是"外貌身高"，占比44.68%，选择"工作能力与未来潜力"占比38.30%。四个年龄段中选择"地理位置"的人数近乎是递减的，分别占 15.11%、13.41%、4.08%和 4.26%。

在希望自己在哪个年龄段结婚的问题上，四个年龄段的受访者中，选择"25～30 岁"结婚的均占比最大。选择"25 岁以下"结婚的，占比最大的出现在 45 岁及以上年龄段的受访者群体中，为 14.89%，其次是 25～34 岁和 35～44 岁的受访者群体，分别占 8.54%和 8.16%，出现在 25 岁以下年龄段的受访者群体中的比例最少，为 6.67%。选择"30～35 岁"结婚的，占比最大的出现在 25 岁以下年龄段的受访者群体中，为 9.33%，其次是 35～44 岁和 25～34 岁的受访者群体，分别占 8.16%和 7.32%，出现在 45 岁及以上年龄段的受访者群体中的比例最少，仅 2.13%。数据显示，四个年龄段中选择"35～40 岁"及"45 岁以上"结婚的人数占比都非常小，接近 0%。

在受访者认为结婚没有必要所持理由方面，25 岁以下年龄段的受访者中，认为"一个人也很好"的人数是最多的，占比 74.67%，其次是"找到合适的很难"，占比 37.33%，"怕婚后带来更多的家庭责任与经济压力"约占 25%；25～34 岁年龄段的受访者中，认为"一个人也很好"的人数是最多的，占比 60.98%，其次是"找到合适的很难"，占比 37.80%，"怕婚后带来更多的家庭责任与经济压力"约占 30%；35～44 岁年龄段的受访者中，大多选择了"怕婚后生育、抚养小孩"，另有接近一半的人认为"找到合适的很难"；45 岁及以上年龄段的受访者中，有 60%的人选择了"其他"，40%选择了"一个人也很好"，20%选择了"找到合适的很难"。

在经济条件对于结婚的重要程度方面，四个年龄段的受访者选择"重要"的占比都是最大的，分别为 52.00%、58.54%、42.86%和 40.43%。25 岁以下年龄段的受访者中，33.78%认为"非常重要"，13.78%认为"一般重要"，0.44%认为"不重要"；25～34 岁年龄段的受访者中，32.93%认为"非常重要"，8.54%认为"一般重要"，没有受访者认为不重要；35～44 岁年龄段的受访者中，约 40%认为"非常重要"，12.24%认为"一般重要"，4.08%认为"不重要"；45 岁及以上年龄段的受访者中，36.17%认为"非常重要"，17.02%认为"一般重要"，6.38%认为"不重要"。

在婚前同居方面，四个年龄段的受访者选择"可以接受，只要双方同意"的占比都是最大的，分别是 92.44%、86.59%、83.67%和 82.98%。认为"不能接受"的人数占比在四个年龄段中逐步递增，依次为 7.56%、13.41%、16.33%和 17.02%。

在裸婚、网恋、一夜情、闪婚、忘年恋等行为的接受度方面，四个年龄段的受访者选择"不能接受"的占比都是最大的，依次为 41.33%、53.66%、36.73%和 44.68%。关于裸婚行为，接受度最大的出现在 35～44 岁年龄段的受访者群体中，占比为 30.61%；25～34 岁年龄段的受访者接受度最低，为 17.07%。网恋行为在 25 岁以下年龄段的受访者中占比是最大的，为 28.89%；在 45 岁及以上年龄段的受访者中占比最小，为 6.38%。一夜情行为在 25 岁以下年龄段的受访者中占比最大，为 20%；在 35～44 岁年龄段的受访者中占比最小，几乎为0%。闪婚行为在35～44岁年龄段的受访者群体中占比是最大的，为24.49%；在45岁及以上年龄段的受访者中占比是最小的，为6.38%。忘年恋行为在45岁及以上年龄段的受访者中占比是最大的，为34.04%；在25～34岁年龄段的受访者中占比是最小的，为18.29%。

（4）受访者的生育观

在是否有必要生养孩子方面，25岁以下年龄段的受访者中，持否定态度和肯定态度的人数差不多，分别占比51.11%、48.89%；25～34岁年龄段的受访者中，74.39%认为有必要，25.61%认为没必要；35～44岁年龄段的受访者中，93.88%认为有必要，6.12%认为没必要；45岁及以上年龄段的受访者中，89.36%认为有必要，10.64%认为没必要。

在有必要生养孩子的原因方面，不论是哪个年龄段，选择"孩子是一个家庭的纽带"的比例都是最大的，依次为79.11%、92.68%、83.67%及82.98%。25岁以下年龄段的受访者中，选择"老有所养"的占28.44%，选择"不孝有三，无后为大"的占20.00%；25～34岁年龄段的受访者中，选择"老有所养"和"不孝有三，无后为大"的比例差不多，分别为10.98%和9.76%；45岁及以上年龄段的受访者中，选择"其他"的占23.40%，选择"老有所养"的占8.51%。

在没有必要生养孩子的原因方面，25岁以下年龄段的受访者中，选择"分娩或养育子女艰辛，压力大"的占60.00%，选择"担心无法适应孩子出生带来的家庭结构、夫妻关系的变化"的占46.22%，选择"追求没有子女的自由生活"的占28.89%，选择"不喜欢孩子"的占13.78%；25～34岁年龄段的受访者中，选择"担心无法适应孩子出生带来的家庭结构、夫妻关系的变化"的占52.44%，选择"分娩或养育子女艰辛，压力大"的约占50%；选择"不喜欢孩子"的占14.63%，选择"其他"和"追求没有子女的自由生活"的均约占10%；35～44岁年龄段的受访者大多选择"分娩或养育子女艰辛，压力大"，选择"追求没有子女的自由生活"的占65.31%；45岁及以上年龄段的受访者中，选择"担心无法适应孩子出生带来的家庭结构、夫妻关系的变化""追求没有子女的自由生活"与选择"其他"的人数差不多，均约占40%，选择"分娩或养育子女艰辛，压力大"的约占20%。

（5）受访者对于离婚问题的看法

四个年龄段的受访者中，认为"离婚最大的受害者是孩子"的比例均最大，分别为60.89%、65.85%、77.55%和65.96%。在四个年龄段中，认为"我认为离婚是不幸的"在35～44岁年龄段的受访者中占比最大，为30.61%，在45岁及以上年龄段的受访者中占比最少，为10.64%。选择"为了孩子勉强维持不幸的婚姻"，在45岁及以上年龄段的受访者中占比最大，为21.28%，在25岁以下年龄段的受访者中占比最少，为6.67%。选择"不到万不得已不该离婚"，在45岁及以上年龄段的受访者中占比最大，约为55%，在

25 岁以下年龄段的受访者中占比最少，为 22.22%。选择"离婚很正常"，在 25 岁以下年龄段的受访者中占比最大，达 48.44%，在 35~44 岁年龄段的受访者中占比最少，为 10.20%。选择"如果没有爱情，勉强维持婚姻也没有意义"，在 25 岁以下年龄段的受访者中占比最大，达 60.44%，在 35~44 岁年龄段的受访者中占比最少，为 34.69%。

2. 从性别差异上

（1）受访者基本信息

受访者中女性有 243 人，占 60.3%，男性有 160 人，占 39.7%。

（2）受访者的恋爱观

女性受访者中，16.46% 从未有过恋爱经历，32.92% 有过 1 次恋爱经历，46.09% 有过 2~4 次恋爱经历，4.53% 有过 5 次以上恋爱经历。男性受访者中，24.38% 从未有过恋爱经历，32.50% 有过 1 次恋爱经历，37.50% 有过 2~4 次恋爱经历，5.63% 有过 5 次以上恋爱经历。

在选择恋爱对象影响因素方面，男性受访者中，选择"性格"的人数是最多的，占比 85%，其次是"感觉/眼缘"，占比 58.13%，选择"外貌身高"的占比 53.75%；女性受访者中，选择"性格"的人数也是最多的，占比 81.07%，其次是"感觉/眼缘""工作能力和未来潜力"，占比 46.09%，选择"外貌身高"的占比 43.62%。

不论男性还是女性，希望通过自由恋爱选择对象的人数占比都是最大的，婚介公司占比很少，男性受访者选择网络媒体找对象的占比大于女性受访者。

在对婚姻和恋爱关系的看法上，男性和女性受访者中选择"恋爱是婚姻的基础，婚姻是恋爱的延续"这一观点的人数都是最多的，分别占比 70% 和 58.85%；而对于"婚姻是爱情的坟墓，只想恋爱不想结婚"，两个群体的选择人数均为少数，男性占比 3.75%，女性占比 5.35%。对于"任何不以结婚为目的的恋爱都是耍流氓"这一观点，男性受访者选择人数占比 22.5%，女性受访者选择人数占比 19.75%。对于"恋爱是恋爱，结婚是结婚，爱到一定程度自然会结婚"这一观点，两个群体的选择人数都超过 50%。两个群体中都存在少数人没想过恋爱与婚姻的关系。

（3）受访者的婚姻观

在结婚是否必要问题上，男性受访者中 81.25% 认为是必要的，18.75% 认为不必要；女性受访者中认为必要的占比 69.96%，持相反态度的占比 30.04%。

数据显示，男性和女性受访者关于结婚有必要的理由中，"真心相爱"的占比最大，且都达到了 80% 以上，其中男性占比 81.25%，女性占比 87.65%；"年龄大了，想要安定"的占比都接近 30%，其中男性占比 29.38%，女性占比 27.06%；赞同"结婚是为了繁衍后代"这一观点的，男性占比 42.31%，明显高于女性（11.18%）；"长辈逼婚"和"其他"在两个群体中选择都较少，不足 10%。

在选择结婚对象影响因素方面，男性受访者中，选择"性格"的人数是最多的，占比 77.50%，其次是"感觉/眼缘"，占比 44.38%，选择"外貌身高"的占比 43.75%；女性受访者中，选择"性格"的人数也是最多的，占比 74.07%，其次是"工作能力和未来潜力"，占比 60.08%，选择"外貌身高"的占比 34.57%。

在希望自己在哪个年龄段结婚的问题上，两种性别群体中，"25～30 岁"的占比均最大，其中男性占比 62.50%，女性占比 54.73%；选择"25 岁以下"这一选项的，女性占比 10.29%，而男性占比只有 5.00%；选择"35～40 岁"及"45 岁以上"结婚的人数都不多。

在认为结婚没有必要所持理由方面，男性受访者中，选择"一个人也很好"的人数是最多的，占比 70.00%，其次是"找到合适的很难"，占比 30.00%，"怕婚后生育、抚养小孩"的占比 23.13%，认为"婚姻不能带来任何好处"的约占 13%；女性受访者中，选择"一个人也很好"的人数也是最多的，占比 68.31%，其次是"找到合适的很难"，占比 39.51%，"怕婚后带来更多的家庭责任与经济压力"的约占 30%。

在经济条件对于结婚的重要程度方面，男性和女性受访者群体中，选择"重要"的占比均最大，分别为 51.25% 和 50.62%。男性受访者中，30.63% 认为"非常重要"，15.63% 认为"一般重要"，2.50% 认为"不重要"；女性受访者中，37.45% 认为"非常重要"，11.11% 认为"一般重要"，仅极个别人认为不重要。

在婚前同居问题上，男性和女性受访者中，认为"可以接受，只要双方同意"的占比都是最大的，分别为 92.50% 和 86.83%。

在裸婚、网恋、一夜情、闪婚、忘年恋等行为的接受度方面，不论是在男性受访者中还是在女性受访者中，"不能接受"的占比都是最大的。对于裸婚行为，男性受访者接受度占比大于女性，前者为 31.88%，后者为 20.16%。对于一夜情行为，男性接受度占比远大于女性，前者为 20.63%，后者为 8.23%。对于忘年恋行为，男女接受度占比相差不大，分别是 27.50%、24.28%。对于网恋行为，男性接受度占比约为 30%，女性约为 16%。对于闪婚行为，男性接受度占比约为 17%，女性接受度占比约为 15%。

（4）受访者的生育观

在生养孩子是否必要问题上，男性受访者中，认为"有必要"的占比 74.38%，而持否定态度的仅占 25.63%；女性受访者中，认为"有必要"的占比 59.67%，而持否定态度的占比 40.33%。

在有必要生养孩子的原因方面，不论是男性受访者还是女性受访者，选择"孩子是一个家庭的纽带"选项的人数均比其他选项选择人数多，其中男性受访者中占比 83.19%，女性受访者中占比 84.83%。男性受访者中选择"其他"这一选项的人数最少，占比 12.61%，选择"不孝有三，无后为大"的人数与选择"老有所养"的人数大致相当。而女性受访者中，选择"不孝有三，无后为大"的人数最少，比例为6.21%，选择"老有所养"的比例为15.17%，约有20%的人有其他不同的见解。

在没有必要生养孩子的原因方面，不论是男性受访者还是女性受访者，选择最多的都是"分娩或养育子女艰辛，压力大"，分别占比46.34%、62.24%。在男性受访者中，第二大原因是"担心无法适应孩子出生带来的家庭结构、夫妻关系的变化"，占比46.33%；在女性受访者中，第二大原因也是"担心无法适应孩子出生带来的家庭结构、夫妻关系的变化"，占比45.92%。"追求没有子女的自由生活"在男女受访者中分别占比36.59%、23.47%；"不喜欢孩子"在男女受访者中占比都不高，约为15%。

(5) 受访者对于离婚问题的看法

男性受访者中，认为"离婚最大的受害者是孩子"的比例最大，为75.00%；其次是"我认为离婚是不幸的"和"如果没有爱情，勉强维持婚姻也没有意义"，两者均占比43.75%。女性受访者中，认为"如果没有爱情，勉强维持婚姻也没有意义"占比最大，为59.67%；其次是"离婚最大的受害者是孩子"，占比为57.61%；"我认为离婚很正常"占比为45.68%。不论是男性还是女性，选择"为了孩子勉强维持不幸的婚姻"的比例都是最小的，分别是10.63%、10.70%。

(二) 问卷结果分析

1. 从年龄层次上分析

通过以上数据可以看出，婚恋观存在着多元化、多维度的特征，不同年龄段群体的恋爱观、婚姻观、生育观和对离婚现象的看法是不同的，当然也存在一些一致的地方。

在恋爱观上，不论哪个年龄段群体都十分看重对方的性格，但是25岁以下年龄段群体并没有像25~34岁和35~44岁这两个年龄段群体那样看重工作能力与未来潜力，大学生在选择恋爱对象上更注重内在品质。在恋爱次数上，35岁及以上年龄段群体中只谈过一次恋爱的占比最大，这与35岁以下年龄段群体略有不同。随着时代的发展，大众对恋爱的态度更加开放。在恋爱与婚姻的关系上，不论哪个年龄段，赞同"恋爱是婚姻的基础，婚姻是恋爱的延续"这个观点的人数是最多的，但是在"只谈恋爱不结婚"观点上，25岁以下年龄段群体赞同人数比例最多，大众对结婚的态度也越来越开放。

在婚姻观上，不论哪个年龄段群体，都认为结婚必要多于不必要。对于婚前同居行为，四个年龄段群体选择"可以接受，双方同意就行"居多，但年龄越大，不接受的占比也越来越高。随着时代的发展，大众对于婚姻的态度越来越开放，对不婚主义者也越来越包容。

在生育观上，不论哪个年龄段群体，都认为生养孩子必要多于不必要。25岁以下年龄段群体选择"必要"和"不必要"的人数相当，但在其他年龄段群体中，"必要"选择人数均远多于"不必要"选择人数。随着时代的发展，人们的生育观发生了显著的变化。传宗接代的传统思想受到冲击，在一定程度上也引发了一些社会问题。

对于离婚现象的看法，25 岁以下年龄段群体中对于"如果没有爱情，勉强维持婚姻也没有意义"的赞同人数占比是最大的，对于"不到万不得已不该离婚"观点表示赞同的人数占比最大的是 45 岁及以上年龄段群体，但不论哪个年龄段群体都认为离婚最大的受害者是孩子。调查发现，年轻人对于离婚的包容性比较大，反映出人们对离婚行为的接受程度越来越高。

2. 从性别差异上分析

在恋爱观上，不论是男性受访者还是女性受访者，在选择恋爱对象时普遍看重对方的性格，但女性受访者会更加在意对方的工作能力与未来潜力；在恋爱次数上，男性受访者和女性受访者大致相当；在恋爱与婚姻的关系上，双方都偏向于"恋爱是婚姻的基础，婚姻是爱情的延续"的观点，但女性会比男性更赞同"爱情是婚姻的坟墓"的观点。总体看来，男性与女性在恋爱观上存在较多相似的地方。

在婚姻观上，不论是男性受访者还是女性受访者，认为结婚"有必要"的占比都大于"不必要"的占比，在女性受访者中的比例略高于男性；在有必要结婚的原因方面，男性受访者选择"繁衍后代"的比例远大于女性，说明男性比女性更加重视传宗接代、家族延续性；在选择结婚对象方面，女性对对方的工作能力与未来潜力的重视程度大于男性，男性和女性对经济条件的要求大致相当；对于婚前同居行为，女性不接受的比例多于男性，说明男性在性爱方面比女性更为开放。

在生育观上，不论是男性受访者还是女性受访者，认为有必要生养孩子的比例均大于不必要的比例，但女性受访者中认为不必要的比例是大于男性受访者的，这可能与女性分娩的艰辛以及传统家庭中女性为了孩子更多地改变原来的工作与生活相关。女性在生育观念上比男性更为开放，更加追求自我。

对于离婚现象的看法，不论是男性受访者还是女性受访者，大多都认为"离婚最大的受害者是孩子"；更多男性认为"离婚是不幸的"，女性对待离婚现象心态更加开放包容；男女受访者中都有较大比例认为"没有爱情的婚姻是没有意义的"，说明大家普遍认为婚姻需要爱情。

四、调查结果总论

本次调查主题是 20～60 岁群体的婚恋观，反映出不同年龄段男性、女性对于恋爱、婚姻、生育和离婚现象的看法，从而展现了中国社会婚恋观的变迁。

(一) 对于恋爱、婚姻对象的选择，从注重物质条件到更在意精神共鸣

从社会发展来看，经济发展迅速，人民生活水平大幅提高，就业形式多样化，人们在追求幸福生活的道路上不局限于物质的满足，更有精神上的追求。选择婚姻或者恋爱对象时除了考虑性格，还注重对方是否有稳定的工作，是否有较好的收入。而现在的年轻男女除了考虑性格、收入外，更注重的是对方的内在，包括道德素养、爱好、与自己是否有共同语言、是否有精神上的交流等。除了一些固有条件，女性也更加注重另一半的工作能力和未来的发展前景。

(二) 对于婚姻问题越来越开放

中国实行改革开放后，西方各种思潮不断涌入，我国社会和科技不断发展，人们更加注重自我，突出自己的个性。

婚姻，从父母之命媒妁之言到自由恋爱，再到现在出现的网恋、闪婚，人们的思想逐渐开放，对婚姻的态度更加包容。年轻人恋爱交友不再局限于工作圈、同学圈，以及通过相亲，网络也成为年轻人相识相恋的主要方式。男性对网络恋爱的接受度普遍比女性更高。

婚前同居行为在以前可以说是未婚男女关系的禁区，现在逐渐被大家接受。从调查数据中可以看出，男性对于婚前同居的接受度更高，对于性行为的接受度和开放度也更大。随着社会的发展，大家对不婚主义逐渐包容和接受。在过去的年代里，到了一定年龄不结婚，周围的人总会用异样的眼光看你，但是在思想开放的年代里，不结婚也只是个人选择，无可非议，人们更加注重自我。现在很多女性更关注婚姻自由，对于不婚、不育的接受度也更高，更加独立。

(三) 对于生育问题，从传宗接代、老有所养到注重生活品质

社会快速发展带来的一大问题是生活成本越来越高，现在大部分家长并不认为孩子只是为了传宗接代或者充当家庭劳动力，而是对子女寄予深切期望，大力培养。通过问卷、采访可知，不论哪个年龄段群体，普遍认为生养孩子成本较高，不仅仅要"养"，还要"教"。

近年来，很多人的生育观念发生了很大的变化，从少生到不生，丁克家庭也屡见不鲜。老年人还是普遍认为孩子是家庭的必需，不生孩子，人类无法繁衍、国家无法发展；而年轻人的看法就有所不同，他们认为并不是非生不可，如果没有一定的经济能力和家庭责任感，不生或许更合适。

总的来看，传宗接代的思想依然在男性对于生育的看法中占主导地位，而或许因为女

性更能体会到分娩的痛苦和养育孩子的艰辛，又或许是因为社会对于女性生育的支持和保护力度还不够大，女性对待生育问题显得更加理性，更有追求自我的意识。

从以上调查中可以窥见近年来全国生育率下降的原因，国家也在努力改善这一局面。自2011年始，中国的生育政策开始从计划生育到鼓励生育，从"单独二孩""双独二孩""全面二孩"再到如今的"三孩"政策，并采取生育补贴、延长产假等方式来缓解生育压力，努力营造良好的生育环境。婚恋观的变化与当今社会环境密不可分，同时，婚恋观的变化也会在一定程度上引发新的社会问题，导致社会环境的变化。

（四）对于离婚现象，从万不得已到理解接受

过去受传统思想的影响，离婚在很多人眼中是一件不太能接受、不太好的事情。离婚在老一辈人眼中似乎是对一个人的否定，尤其是对女性来说，离婚仿佛是一个污点。随着思想的开放和男女社会地位的平等，离婚在某种意义上是一种自我幸福追求的体现。离婚也是婚姻自由的一种体现。调查显示，女性对离婚的接受程度普遍比男性更高，这也体现出女性不再是婚姻中的弱者，她们具有自我的追求和对于婚姻的选择。但不论哪个年龄段、哪个性别群体，都认为婚内出轨不能接受，这涉及法律、道德问题。

近十多年来，我国离婚率持续攀升。通过问卷数据和采访分析可知，其原因有以下几个方面：第一，无论是从社会舆论还是从法律程序上来说，现今离婚比以前离婚容易得多；第二，快生活节奏下，有的年轻人还没有深入了解对方就选择结婚，婚后缺点、矛盾暴露出来，在无法协调的情况下离婚或许是更好的选择；第三，有的年轻人过于关注自我，缺乏耐心、宽容以及家庭责任感，容易冲动，缺少对婚姻的敬畏之心。国家在离婚程序中设置了"离婚冷静期"，为了避免因一时冲动而造成家庭悲剧，同时给予当事人充足的时间思考、反省自己的婚姻，并考虑后续财产分割、孩子抚养问题等。婚恋观影响着人们的恋爱、婚姻、生育行为，折射出当下社会存在的一些问题，同时又给我们提供了解决这些问题的契机。

（五）女性更加独立，社会地位提高

中华人民共和国成立以来，女性的家庭地位、社会地位发生了巨大的变化，她们不再是家庭中处于弱势的一方，而是有自己独立的爱情观、独立的经济来源，不再依附于男性。现在很多女性有自己的事业，有选择爱情、婚姻、生育的权利和主见，更加注重对自我幸福的追求。女性婚恋观的变化反映出女性思想的解放以及社会地位的变迁。

为引导社会形成积极、正确的恋爱婚恋观，本文提出以下几点建议：

第一，国家应进一步完善恋爱及婚姻方面的法律法规。婚恋观的形成离不开社会的影响，社会及政府应该为当代青年营造一个良好健康、积极向上的氛围，并帮助引导他们树

立正确的婚恋观。

第二，学校应对青少年进行恋爱心理的健康教育。从某种程度上讲，婚恋观是人生观的反映，有什么样的人生观，就会有什么样的婚恋观。学校应加强教育和管理，帮助青少年树立正确的婚恋观，正确看待爱情，正确处理爱情与学业的关系，最终成为建设社会主义伟大事业的接班人。

第三，青年应从自身做起，正确看待爱情并处理好爱情与学习的关系。当代青年应端正恋爱动机，对爱情和婚姻怀有敬畏之心。当代青年的思想较为开放与活跃，他们中的部分人可能出于好奇、不考虑后果而做出了遗憾终生的事。因此，当代青年要把持住自己，严格规范和约束自己的行为，按章办事，依法做人。当代青年还应该懂得：爱不仅仅是拥有，是得到，更重要的是一种责任，包括对自身的责任、对家庭的责任和对社会的责任。爱情是建立在共同基础上的心灵沟通，是理想、道德、义务、事业和性爱的有机结合。

第四，无论是男性还是女性，在恋爱和婚姻中要有自己独立的人格、独立的思想。只有独立，才能在爱情中获得平等，在婚姻中得到尊重。

不同学历人群的版权意识调研

自媒体时代来临，使得文化产品传播更为多样、迅速、便捷。自媒体的蓬勃发展使言论自由化程度大大提高，但同时也产生了许多问题，诸如对著作权的侵犯。本课题以版权意识为切入点，以南京市鼓楼区为调查范围，将调研对象按不同学历进行划分，了解人们的版权意识现状；了解不同学历人群对国家版权保护政策的了解程度、支持程度以及对社会上保护版权活动或侵占版权案件的关注程度；分析影响版权意识强弱的原因；呼吁大家重视版权意识，关注版权的重要性，并提出建设性意见，为社会上保护版权的活动贡献自己的一份力量。

一、调查目的与意义

国家主席习近平在博鳌亚洲论坛开幕式上发表主旨演讲时提出加强知识产权保护是中国扩大开放重大举措之一，从而将知识产权保护提升到新的战略高度。2008 年 6 月国务院发布《国家知识产权战略纲要》（以下简称《纲要》）以来，我国知识产权保护工作取得了长足进步，对经济社会发展发挥了应有作用，但从更高的标准来看，仍存在诸多亟待研究解决的问题。随着互联网的崛起，盗版有了更隐蔽、更多样的方式，取证也更为困难，打击盗版任重道远。版权问题逐渐为全民所关注，那么对人们版权意识及行动力的调查正反映了当下的热点。

本课题通过了解不同学历人群的版权意识现状，对他们关于盗版与保护版权的态度进行深入分析，并有针对性地提出改进措施，希望以此提高人们的版权意识，从而带动人们支持正版，改善人们版权意识淡薄、盗版猖獗的状况。

二、调查方法

本调研采取问卷调查和个案访谈两种调查方法。问卷调查的主要对象是江苏省南京市鼓楼区的人群，线上、线下共回收问卷 381 份，其中线下 170 份，线上 211 份，以网络调查为主。线下问卷的发放由小组成员完成，在明确问卷填写的要领及调查目的后，在鼓楼区进行实体问卷发放。同时，利用图书馆纸质资料及网上文献，搜集相关的调查资料，汲取经验，综合现有的观点对结论进行分析。

三、调查结果与分析

（一）调查对象基本情况分析

本次调查问卷共涉及381人，其中女性156人，男性225人，在性别上分布较均匀，使得结果更加客观，可靠性较高。调查对象主要为河海大学师生及周围居民，因此本科学历占相当比例，有170人，硕士及以上学历47人，专科学历79人，高中中专及技校学历52人，初中及以下学历33人。线上调查对象中学生占比较多，因此在线下有意识地避开大学生群体，最终学生144人，占比37.8%；农民31人，占比8.1%；工人及从事服务、商业人员17人，占比4.5%；专业技术人员及教师、医生54人，占比14.2%；企业员工29人，占比7.6%；私营及个体劳动者20人，占比5.2%；机关及事业单位人员54人，占比14.2%；无固定职业或待业15人，占比3.9%；退休17人，占比4.5%。

（二）问卷内容分析

1. 信息获取渠道

通过调查可知，人们的版权知识和相关信息主要来源于媒体与专业学习，其中通过媒体了解到版权知识的比例超过50%，媒体对于版权的宣传体现了我国对于版权的日渐重视。在人们版权意识的觉醒过程中，媒体是重中之重。调查对象中近20%的人表示通过专业学习来获取版权知识。可喜的是，表示从不关注版权问题的人只占8%。再具体到不同学历人群对版权的关注，学历为初中及以下的有近40%的人从来不关注版权相关问题，这种现象随着学历的逐步提升而不断减少，在硕士及以上学历的群体中已完全消失。高中学历的人群主要通过与人交谈来获取版权的相关知识，这也在我们的预期之内。专科及以上学历人群获取版权知识主要是通过专业学习和媒体。我们可以得出结论：初高中与大学的教育中已经时时渗透着版权意识，且随着学历升高，人们接受到更多的版权教育，对版权的获取方式也从原来的与人交谈转变为专业学习与媒体学习。通过这种方式获取版权知识更加高效、准确，可见学历在一定程度上影响了人们的版权知识获取方式。

2. 消费意愿

调查对象中约有三分之二的人支持网上资料的收费，当然不同学历的人表达出了不同的想法。学历越高,支持网上资料收费的人就越多,可以看出他们对版权的重视程度。这一方面与其自身的受教育程度有关,另一方面也与其职业相关。学生、商业/服务业人员和机关事业单位人员多数赞同收费,学生赞成收费是源于其对版权保护的重视,后两者除了这一原因,还因为其有稳定的经济收入来源。而对于农民和无固定职业或待业人员来说,很显然能看出其不赞同的态度也是由其经济收入状况决定的。总的来说,版权收费已经获得大部分人尤其大学及以上学历人群的肯定,版权收费问题在较低学历人群中仍需做好教育工作。

在进行会购买哪些版权产品的调查时发现,调查对象中约有75%的人选择了购买书籍,不同学历人群对书籍的重视程度都很高。我们分析出以下原因:第一,书籍是人们平时接触最多的版权产品,比如我们的课本、专业用书等,拥有较多的付费用户;第二,相较其他选项如音乐、影视、游戏等,书籍大多具有实体,可以看出实体的版权产品更容易让人付费,而人们关于互联网虚拟空间的版权意识较低,极易出现网络空间的版权侵权行为。

从整体来看,绝大多数调查对象的版权消费水平在0～500元,相较于调查对象的收入来说,这个数据是偏低的。具体到不同学历和职业方面,不同学历的人都选择了0～500元,私营/个体劳动者、机关和事业单位人员以及部分学生选择了1 500元以上的消费。调查发现,在精神消费占比日渐增大的当下,购买正规版权产品的花费却跟不上来,大多数人可能还是会选择免费或者盗版的资源来满足精神生活需求。但不可否认的是,本科及以上学历人群在拥有了一定经济收入的情况下,愿意花更多的钱去购买正版产品。

3. 版权自觉

对于因价格便宜而购买盗版或假冒产品这一问题,从调查结果来看,超过60%的人认为这是违法行为或是不道德的。对于购买盗版是否违法这一问题,应具体问题具体分析,如购买盗版书用于自己阅读,不构成违法,但以营利为目的录制转售则构成侵权,侵犯了作者的版权,甚至是知识产权。总而言之,一定要意识到购买盗版是不正确的行为。调查对象中仍有约12%的人采取无所谓的态度,这一点引发我们深思。再从不同学历人群方面进行观察,学历层次越高,越清晰地知道"购买盗版是不对的",但仍然存在着对盗版行为认识不全面的现象。不同学历层次的人群中都有持"无所谓"态度的,这让我们尤为震惊。我们应该要知道,盗版产品横行会危害正版产品市场的发育和发展,损害合法经营,阻碍文化市场的发展、创新,会对我国的文化发展产生一定的冲击,因此,应强调盗版的危害性及正版的可靠性,让大家支持正版,抵制盗版。

从整体来看,对于版权自觉问题,调查对象中约有47%的人表示转载资料时会标明出处,35%的人表示偶尔会标注来源,18%的人表示从不标注来源,也就是说超过50%的人在转载资料时可能存在侵犯版权的行为。再结合学历来看,学历层次越高,越多的人会选择标注转载资料的出处。初中及以下学历人群中有高达60%的人选择不标注资料的出处,由此可以看出学历对于版权重视的影响程度。当我们的问题转化为"若您自己是内容产出者并以此获利时,您介意他人无偿使用您的成果吗"时,调查对象中约有90%的人认为别人使用自己提供的资源即使不付费,但至少应标明出处。随着学历层次的提升,认为"不介意,随便怎么样都行"的人所占比例越来越少,到硕士学历几乎没有了。这两个问题显示出人们对于自己原创作品的版权与他人作品的版权的态度区别,涉及自身利益的时候绝大部分人都认为自己的版权应该得到尊重,但是涉及他人时这个比重就会下降很多。这说明相较于他人的利益,大多数人普遍更重视自身利益。但是我们也可以看出大多数人觉得自己的版权作为一种合法权利应该得到尊重,这是好事。

4. 版权行为

关于盗版书籍、音乐、电影的使用频率,调查对象中选择"偶尔"选项的占比65.4%。无论是哪个学历层次人群,选择"偶尔"的人数都占据了很大一部分比例,说明不论学历层次高低,人们对盗版资源的使用行为是较为普遍的。这在一定程度上反映出我国目前盗版现象还比较普遍,绝大多数资源都可以在平台上获得。值得注意的是,随着学历层次的提升,选择"从不"的人数明显减少,初中及以下学历占比50%,硕士及以上学历占比为0%。这可能是因为学历层次越高,相应对资源的需求越大,在落后的版权意识影响下,对盗版资源的使用行为也更多。

对于想下载的作品,当面对付费获取正版资源和免费获取盗版资源两种情况时,调查对象中超过一半的人表示会视喜欢程度来决定是否付费,接近四成的人表示会在免费的共享平台下载以阅读观看。具体来说,随着学历层次的提升,选择在免费平台下载的人数略微有所下降,付费下载的人数略微有所增加。大部分人尊重法律法规,知道保护、尊重版权,但有时难免会从自身利益角度,期望免费获得自己想要的资源。

5. 版权现状产生的原因和影响

对于盗版资源使用原因进行探究,可以发现,不同学历人群的调查结果体现了一致性,多数人是根据自身需求,基于资源获取的无偿性来下载使用盗版资源的。在线下调查的过程中,一位阿姨说的一段话让小组成员印象深刻:"那时候没钱,不知道什么是盗版什么是正版,只知道免费的东西就是好的。现在看来,那就是盗版。"在经济水平较为落后的时期,普通大众对于版权并没有很重视,而随着我国经济的不断发展,越来越多的人意识到版权的重要性,但仍然存在选择盗版的行为。这部分人尊重版权和付费的意识均有待提高。

在对侵权行为的影响调查中,除初中及以下学历外,其余学历群体的调查结果基本一致。整体来看,调查对象中选择"盗版资源会挫伤个人创作的积极性,甚至会摧毁整个产业"的人数占比为60.6%,可见很大一部分人能意识到保护版权的重要性。而27.3%的人认为盗版资源在某种程度上促进了传播。虽然这是不可否认的事实，但总体看来弊大于利。

6. 对盗版采取措施的态度

初中及以下学历人群中有 33.3% 选择"任其发展，不希望改善"，24.2% 选择"采取措施，抑制盗版"，42.4% 选择"采取强硬手段，根除各类盗版"；而高中、中专及技校的群体选择"采取强硬手段，根除各类盗版"的占比 76.9%，说明他们更偏好采取强制手段，对盗版问题的解决有强烈的意愿。大学专科、本科和硕士及以上群体中有超过半数人群选择"采取措施，抑制盗版"，尤其是硕士及以上占比高达 91.5%，说明他们有一定的版权意识，能认识到版权的重要性，但对盗版采取的措施较为温和。这一方面源于他们对盗版资源有一定的需求，另一方面可能是意识到解决盗版问题的难度大，不能光靠强制措施，而应多方面着手抑制盗版。

四、调查结果总论

从以上调查问卷的分析中不难看出：一方面，学历与人们对版权的重视程度呈明显的正相关关系，整体来说，学历越高，对版权的重视程度也越高；另一方面，不论学历层次高低，盗版资源的使用行为是十分普遍的。

另外，各学历层次人群对版权这一概念都有一定的认知，对保护版权也有一定的重视，但是这种认知度和重视程度还远远不够。人们对于盗版产品已经形成了消费偏好，版权保护意识并没有在大众的脑海中清晰地建立；人们大多认为购买盗版的行为无关紧要，侵权盗版行为容易被社会宽容；等等。这些问题在我们此次调查中都有所体现。

（一）版权意识淡薄的原因

1. 版权制度起步较晚

尽管随着经济的发展和文化教育水平的提高，大众版权意识慢慢觉醒，越来越多的人尤其是高学历人群开始关注版权，尊重版权，但是版权意识强烈、版权制度健全的社会氛围还没有完全形成，使用盗版资源的现象还较为普遍。

2. 不同学历人群对版权知识的获取途径不同

通过对问卷调查结果的分析，我们得出了如下结论：高学历人群相对于低学历人群，有更高效和准确的知识获取途径。低学历人群对于版权重视程度不高的一个重要原因是他们获取版权知识的途径狭隘，接受到的版权方面的教育不足，对版权缺乏必要的认识。

3. 不同学历人群经济条件存在差距

高学历人群对于版权的付费意愿普遍高于低学历人群，其中一大原因在于他们的收入相对较高，因而对于版权的付费能力也较高。这使得高学历人群赞成版权收费的比例要高于低学历人群。

4. 版权产品价格偏高

问卷调查结果显示，对各学历人群来说，他们不考虑版权问题进行非法下载的很大一部分原因是资源免费。对于"每年为购买正版产品额外花费多少"这一问题，大部分人都选择了500元以内，可以看出价格因素会影响人们对于正版资源购买的意愿。此外，2010年《中国青年报》社会调查中心公布了一项公民版权意识的调查报告，报告指出，88.4%的人将价格太高视为推广正版最大的阻碍；95.3%的人表示如果想要推广正版，就必须降低产品的价格。版权产品的价格越高，在一定程度上盗版产品的市场就越大，合理的市场定价将在很大程度上减少人们的盗版行为。价格始终是消费者最关心的问题，也是版权保护中的一个重要因素。

5. 缺乏成熟的版权保护的市场环境

国内很多网站一直经营并向公众免费提供盗版软件的下载，但是很少被调查裁撤。大众可以轻易地获得盗版图书和音像制品，这无疑挤压了正版产品的市场生存空间，无形中大大削弱了大众的版权意识。

（二）提高版权保护意识的建议

1. 完善版权法律制度，端正版权执法态度

从文化层面来看，版权保护是人们专有权利的重要内容，有利于文化的传承和发展；从经济层面来看，版权保护提供了一个良好的制度环境，从而可以鼓励人们推陈出新以推动文化产业的发展；从文化战略角度来看，面对发达国家的文化扩张和侵略，利用完善的版权法律制度，可以有效地保护民族文化安全。因此，加快完善版权法律制度是我国发展文化产业、提高国民版权意识的基础和必然。只有用制度来约束规范人们的文化经济行为，减少盗版侵权事件的发生，才有可能形成健康的版权市场。

2. 加大版权保护的宣传力度，形成浓厚的尊重版权的社会氛围

在当今世界经济全球化的时代，外来图书、电影大肆涌入中国市场，此时我们应加大版权保护宣传力度，形成全社会浓厚的版权保护意识。加大版权保护宣传力度，应当从青少年阶段开始。青少年是国家的未来和希望，是祖国未来的建设者，应提早养成良好的版权意识，从而形成尊重知识、尊重版权的社会氛围。

3. 鼓励科技创新，从根本上打击盗版行为

科技创新将为一个国家的文化产业版权保护提供巨大的技术支持。以游戏软件为例，在美国一个游戏软件的价格通常高达60美元，大多数人会选择购买正版而不是去寻找盗版软件，因为游戏运营商会采用特殊的技术使盗版游戏无法参与线上对战或者采用特殊的加密方式使正版游戏不能被破解，从而消弭了盗版游戏的市场。我国在版权问题上也应当重视科技创新，在政策上加大对创新的支持力度，或者利用创新技术打击盗版行为，使盗版行为无利可图，那么盗版市场无疑就失去了立足之基。我国应在创新中宣传版权意识的重要性，积极探寻适合中国国情的版权发展道路。

4. 合理定价，建立良好的版权市场体制

大多数消费者认为正版产品价格过高是我国去盗版化无法顺利推行的重要因素之一。因此，针对我国版权产业现状，结合国民收入水平，我国应从最基本的产品定价出发，有效地发挥经济杠杆的作用，在保证商家利润的情况下，将产品价格设置在合理的、大众可接受的水平上，或者采取价格分层策略，根据不同用户的要求生产不同价位的产品，从而激发消费者的购买欲望。

总而言之，学历影响着版权知识的获取方式，在人们版权意识觉醒过程中，媒体是十分重要的一环。版权收费已获得大部分人尤其是高学历人群的认可。无论是哪个学历层次群体，版权意识和行为都需要提升和加强，我国大众版权重视度的提高还有很长的路要走。

抗疫背景下大学生志愿服务精神调研

志愿服务精神是中国精神的缩影，在增强人民群众理想信念与道德素质方面发挥着举足轻重的作用。在新冠疫情期间，我国疫情防控体系面临较大的现实压力，大学生在疫情期间大批涌入志愿服务领域，缓解了我国医疗物资调配、社区秩序管理、灾区群众安抚等多方面工作压力，以实际行动证明并彰显了青年一代的精神与力量。本次调研内容主要包括志愿服务精神的内涵、抗疫中大学生弘扬志愿服务精神的价值意蕴、抗疫中大学生弘扬志愿服务精神现状、抗疫背景下大学生志愿服务精神培育路径四个方面，以期在实践中挖掘和弘扬大学生热情高涨、不畏辛劳的志愿服务精神，鼓舞更多的大学生真正成为时代精神的坚定践行者和建设者。

一、调查目的与意义

疫情防控是一场特殊的人民战争，彰显出了我国人民众志成城的磅礴力量。在抗击疫情的过程中，有一支不容忽视的力量，即大学生志愿者。他们不断深入基层，将所学所感所知与扶助疫情受灾群体相联结，在践行青年使命与时代责任的同时，展现了以"友爱、奉献、互助"等为核心的志愿服务精神。但我国当前志愿服务精神培育体系尚不完备，仍存在志愿者对于志愿服务精神认知不清晰、志愿服务精神难以与实际需求相契合的现实问题。结合抗疫背景，志愿服务精神的弘扬与推广也面临着培育形式受限、投入资源不足等问题。在现阶段，对大学生志愿服务精神的弘扬状况进行研究，以期形成优质合理的志愿服务精神培育和弘扬路径显得更加重要和紧迫。为了更深入地了解抗疫背景下大学生对志愿服务精神的弘扬状况，进而总结经验教训，探索大学生志愿服务精神的培育路径，本研究主要以江苏省高校大学生为调研对象，通过问卷调查、线下和线上访谈等方式，开展了具体的实证调研。

二、调查方法

此次调研采取多样性研究方法，主要有文献法、问卷法和访谈法。通过学术期刊、网站及图书馆等平台搜集并整理有关志愿服务精神的文献资料，在研读相关文献资料的基础上，合理考虑大学生群体特征，制作并发布针对江苏省高校大学生的线上调查问卷，并对小组成员所在家乡的部分社会民众进行线下访谈，了解其对于向大学生展开志愿服务精神培育行为的期待与建议等。通过以上方式来获取全面翔实的调研数据，同时增加实证研究的比重，以保证调查结果的真实有效性。

三、调查结果与分析

线上调查问卷共收集271份，其中有效问卷271份，调查问卷有效回收率为100%。线下采访120人，共整理采访记录120份，其中有效采访记录120份。线上访谈12人，共整理访谈记录12份，其中有效访谈记录12份。调查结果分析如下。

(一) 调查对象的基本情况

该部分主要介绍此次调查对象的基本构成情况，为后续相关数据的分析及结论路径整合提供基础的数据支撑。

1. 线上调查问卷填写者基本情况（见表1）

表1 线上调查问卷填写者基本情况

		人数（人）	占比（%）
性别	男	100	36.90
	女	171	63.10
高校类型	文史类	34	12.55
	理工类	163	60.15
	综合类	65	23.99
	其他	9	3.32
政治面貌	中共党员（含中共预备党员）	33	12.18
	共青团员	227	83.76
	群众	11	4.06

2. 线下采访对象基本情况（见表2）

表2 线下采访对象基本情况

		人数（人）	占比（%）
性别	男	67	55.83
	女	53	44.17

续表

		人数（人）	占比（%）
身份	教师	5	4.17
	医生	8	6.67
	务农	5	4.17
	保安	6	5.00
	店员	14	11.67
	程序员	9	7.50
	财务人员	11	9.17
	文职人员	7	5.83
	出租车司机	9	7.50
	自由职业者	14	11.67
	在校大学生	16	13.33
	退休老人	16	13.33

3. 线上访谈对象基本情况（见表3）

表3 线上访谈对象基本情况

		人数（人）	占比（%）
性别	男	3	25.00
	女	9	75.00
高校类型	理工类	7	58.33
	医药类	1	8.33
	农林类	2	16.67
	综合类	1	8.33
	财经类	1	8.33
专业门类	人文社科类	9	75.00
	理工类	3	25.00

（二）抗疫背景下大学生参与志愿服务活动的情况及分析

该部分主要是对在校大学生在抗疫期间参与志愿服务活动情况，参与志愿服务活动的次数、类型、原因和初衷，志愿服务活动带来的收获以及未能参与志愿服务的原因进行线上调查分析。

1. 参与志愿服务活动情况

调查结果显示，此次疫情期间，参与志愿服务活动的大学生人数远少于未参与的人数。调研对象中有24.72%的大学生参加过志愿服务活动，75.28%的大学生没有参加过。由此可见，疫情期间实际参与志愿服务的大学生人群占比较少，但因为我国拥有较为庞大的大学生人口总数，大学生抗疫志愿服务者还是有一定规模的。

2. 参与志愿服务活动的次数

在参与志愿服务活动的调研对象中，参与志愿服务活动次数为1次的占比37.31%，参与次数为2次的占比25.37%，参与次数为3次及以上的占比37.31%。以上数据分布较为均匀，但大多集中在1~2次，这一现象体现了志愿者主观能动性及自身意愿对其参与次数存在影响的可能性。

3. 参与志愿服务活动的类型

在参与志愿服务活动的调研对象中，8.96%的人选择为医疗机构输送物资等，44.78%的人为学生提供教育援助，62.69%的人为社区提供疫情防控工作支持，37.31%的人主动为疫情灾区群众送去温暖与祝福（包括线上及线下），另有5.97%的人选择其他类型。同时，在参与线上访谈的抗疫大学生志愿者中，超过70%的志愿者所进行的志愿活动属于社区防疫援助类别，主要工作包括在社区出入口协助人员和来往车辆的排查、楼道内的消毒水喷洒等。志愿者们纷纷表示，期望通过力所能及的服务为家乡抗疫工作的开展提供支持和帮助。另有接近30%的志愿者选择在疫情期间为医务人员子女提供高质量的线上教学服务，为前线医护人员提供坚实的后方保障。志愿者们称，互联网授课的形式是疫情期间的合理选择，能够在遵守相关防疫规定的前提下为学生群体提供辅导及陪伴。调查中发现，社区防疫工作类志愿服务占较大比重。这说明，相对熟知且临近的环境，便于志愿者开展实践活动，更易成为大学生群体的志愿选择。另外，援助学生教育与为疫情灾区群众送温暖两类志愿服务活动均可通过线上形式开展，具有可操作性强且便捷高效的特点，因此成为大学生在此次疫情中参与志愿服务活动的优先选择。

4. 参与抗疫志愿服务活动的原因和初衷

关于"参与抗疫志愿服务活动的原因和初衷"，选择帮助弱势群体及需要人群、缓解社会防疫工作压力、积累经验以提升个人能力等选项的比例分别为58.21%、70.15%、73.13%，占较大比重。另外，把握较长的假期时间、充实生活也是较多大学生参与抗疫志愿服务的原因。同时，在参与访谈的抗疫大学生志愿者中，接近半数的调研对象表示其受到社会中抗疫英雄的影响，并期望在此背景下承担青年的时代责任与使命，为疫情灾区的群众送去温暖与祝福。且多于半数的调研对象称，其初衷是为国家贡献力量，在进行志愿服务的同时分担社会抗疫压力。以上数据显示，多数大学生群体投入志愿服务活动受援助社会与缓解国家防疫压力驱动较明显，大学生也同样渴望在贡献自身力量的同时获得个人能力的提升，同时，较为充裕的时间也成为此次疫情期间大学生参与志愿服务活动的重要前提。

5. 抗疫志愿服务活动给参与者带来的收获

关于"抗疫志愿服务活动给参与者带来的收获"，参与志愿服务的调研对象中有

56.72%的人选择了"对我国疫情形势与防控体系了解更为深入",67.16%的人选择了"对疫情中的受助群体需求认知更加全面",61.19%的人则选择了"坚定了团队奉献的思想信念",77.61%的人选择了"帮助他人获得内心满足",还有58.21%的人选择了"综合素质得到提升"。多数受访者表示,在志愿服务过程中会遇到各种各样的群体,通过这些群体他们能够逐步加深对我国现阶段发展形势的了解,从而丰富自身阅历。同时,调研发现,更多青年大学生不计金钱或个人得失积极投入志愿活动,获得所在高校的表扬与鼓励,也更加坚定了其参与抗疫志愿服务的决心,并将持续通过自身的志愿服务行为助力社会建设。以上信息均表明,参与志愿服务活动能够为大学生群体带来认知领域的扩展及自身价值的肯定等多方面收获,对于大学生实践能力的增强以及思想素质的提升具有重要意义。

6. 未能参与抗疫志愿服务活动的原因

关于"未能参与抗疫志愿服务活动的原因",调研对象中有204人回应了此问题。其中,79.90%的大学生表示不知道参与的方式与途径,43.14%的大学生认为在此期间外出对于自身来说安全有风险,48.53%的大学生表示没有熟悉的共同参与志愿服务活动的朋友。以上三类在所提供原因中占较大比重,由此可推断,当前志愿服务活动的参与途径宣传和信息提供,对于大学生参与志愿服务活动影响较大,参与渠道不清晰等因素成为当代大学生参与志愿服务活动的阻碍之一。同时,很多大学生对于自己安全的担忧,可能缘于此次疫情形势较为严峻,个人防护意识增强,但同样可能缘于其居住地、志愿者组织或是所在高校安全保障措施不到位以及志愿服务方式提供类型单一等现实因素。

(三)大学生对志愿服务精神的认知态度及分析

1. 关于大学生对志愿服务精神的了解程度

关于"大学生对志愿服务精神的了解程度",调研对象中有16.97%的人表示十分了解,73.07%的人表示有所了解,9.96%的人表示不了解。且参与线上访谈的志愿者中,超过85%的大学生志愿者表示对志愿服务精神有一定了解。其中,对志愿服务精神有所了解的群体占较大比重,反映出我国大部分大学生对志愿服务精神具备一定认知,志愿服务精神培育环境较为乐观。

2. 关于了解志愿服务精神的途径

关于"了解志愿服务精神的途径",调研对象的选择不尽相同。40.59%的大学生是通过与身边朋友或家人交谈获知,36.90%的大学生是通过自己主动搜集查阅资料得知,56.83%的大学生通过学校的志愿服务动员大会获知,47.23%的大学生通过学校举办的相关讲座获知,57.20%的大学生在志愿服务社团的介绍讲解中了解到,23.99%的大学生获取途径为老师授课时的有关讲述,54.24%的大学生通过媒体宣传获知,1.11%的大学生通过其他方式了解到志愿服务精神。同时,超过30%的大学生志愿者表示其在组织志愿服务前期，会以线上与线下同步的方式进行志愿服务动员，选取学生人员流动量较大的区域张贴海报、发放传单等，并在召集大学生志愿者的同时宣传志愿服务精神。以上数据显示，学校的志愿服务动员大会、志愿服务社团的介绍讲解以及媒体宣传成为当代大学生了解志愿服务精神的主要途径。像学校志愿服务动员大会这类便捷高效且影响范围较大的形式更易推广志愿服务精神，对大学生群体形成一定影响。

3. 关于志愿服务精神的具体内容

关于"志愿服务精神的具体内容"，调研对象中有70%~90%的大学生选择了"民主友爱的公共情怀""志愿服务主体具有人文关怀与友爱的道德初衷""自身与他人良好协作""志愿服务主体不断对其志愿服务精神进行创新的进步理念"，61.62%的大学生选择了"雷锋精神"，12.18%的大学生选择了"持续且单方面的付出"。80%的志愿者群体称其所理解的志愿服务精神即为"奉献精神"，且通过发挥团体的力量发挥价值，在自身能力允许的前提下为社会提供援助，并能够形成鼓舞人心的积极能量。大学生普遍选择的四类内容为志愿服务精神内涵"奉献、友爱、互助、进步"的延伸含义。通过以上数据可知，当代大学生群体对于志愿服务精神的本质及内涵认知较为清晰，且具备一定的判断能力，但仍有部分大学生对志愿服务精神的理解存在偏差，这也为当前志愿服务精神培育过程中改善大学生的主体认知提供了借鉴参考。

4. 关于志愿服务精神的培育对象

关于"志愿服务精神的培育对象"，调研对象中有34.69%的人认为只有参加志愿服务活动的人需要具备志愿服务精神，11.07%的人认为部分对此感兴趣的大学生群体应具备志愿服务精神，51.29%的人表示所有大学生都应具备志愿服务精神，另有2.95%的人对何种群体需要具备志愿服务精神这一问题表示不清楚。结合以上数据可以清楚看到，半数以上大学生对于具备志愿服务精神群体的广泛性具有一定认知，这也进一步证实了当前向大学生群体弘扬志愿服务精神的重要性。但仍会发现，接近半数的大学生对此问题的看法存在偏差，缩小或局限了志愿服务精神具备群体的范围。

5. 关于高校是否重视对大学生志愿服务精神的培育

关于"高校是否重视对大学生志愿服务精神的培育"，调研对象中有28.78%的人认为其所在高校十分重视志愿服务精神的培育，53.51%的人认为其所在高校较为重视，10.70%的人认为其所在高校不是很重视，0.37%的人认为其所在高校一点都不重视，还有6.64%的人不清楚其所在高校的志愿服务精神培育情况。此数据表明，江苏省多数高校对大学生志愿服务精神培育的重视程度较高，但仍有部分高校的培育效果不理想或缺乏相关培育行为。在对大学生志愿者进行访谈的过程中，半数群体称其所在高校的重视程度正在逐步提升，在校园内开展了较多具有实践性的培育活动，比如第二课堂中志愿服务学时等指向性较为明显的相关举措、有意增加志愿服务活动组织频率，同时为各类志愿服务活动提供较为完备的前期所需资源。但半数志愿者谈及，其所在高校存在培育力度较小与培育方式不当、在鼓励大学生践行志愿服务精神的过程中忽视为学生提供明确的参与途径和渠道等问题，且对于志愿服务学时的硬性要求，使得一些学生出现厌烦、排斥等心理。

6. 疫情期间，所在高校是否开展了志愿服务精神培育活动

关于"疫情期间，所在高校是否开展了志愿服务精神培育活动"，调研对象中有15.87%的人表示其所在高校开展过志愿服务精神培育活动，但仅在疫情期间开展了相关活动，40.96%的人称其所在高校在此前及此次疫情期间均开展过此类活动，15.87%的人称其所在高校在先前或是疫情期间从未开展过相关培育活动，还有27.31%的大学生不清楚其所在高校是否开展过此类活动。以上信息表明，疫情期间，多数高校的志愿服务精神培育意识较高，能够为学生提供良好的志愿服务精神培育环境，但仍有部分高校的日常培育意识较低，在无特殊情况的背景下缺乏相关培育举措，或在此方面支持力度不足，导致此类培育活动效果较差，无法使大学生形成相应认知。此外，在上述其所在高校未曾或不清楚是否开展过相关培育活动的大学生中，23.08%的大学生表示非常希望学校在疫情期间开展此类活动，43.59%的大学生表示"比较希望"，30.77%的大学生表示"一般希望"，1.71%的大学生表示"不太希望"，另有0.85%的学生表示"完全不希望"。通过以上数据可知，半数以上大学生群体对于疫情期间接受志愿服务精神培育、获悉志愿服务途径期望值较高，但其高校却未能在此期间满足其精神需求。

7. 关于志愿服务精神培育形式

绝大部分学生认为，线上讲座、志愿类组织或社团内部培训、优秀志愿者经验分享是高校较为常见的三种志愿服务精神培育形式，占比分别是73.38%、72.73%、68.83%。通过数据可推测，因疫情影响，高校的线下培育活动大多改为线上形式，故线上讲座类方式占比较多。另外，志愿组织中具有一定专业性与针对性的群体对于志愿服务精神的培育影响力较大，优秀志愿者分享交流志愿服务经验的互动性形式更易为大学生群体所接受。

8. 关于接受志愿服务精神培育的收获程度

在疫情期间接受志愿服务精神培育的大学生中，有37.01%的人认为自己非常有收获，51.30%的人表示比较有收获，11.69%的人表示收获一般，不存在认为没有收获的大学生。由此可知，疫情期间，江苏省各高校开展的志愿服务精神培育活动收效较好，能够给大学生带来收获。但仍存在认为自身收获一般的大学生，这也提醒各高校应适当对培育活动的形式与内容进行调整，以提升大学生的获得感。

9. 关于弘扬和培育大学生志愿服务精神必要性的问题

关于"弘扬和培育大学生志愿服务精神必要性的问题"，调研对象中有59.78%的人认为弘扬和培育大学生志愿服务精神是非常有必要的，可以使大学生群体更深入地了解志愿服务精神，提升其思想素质；35.42%的人认为有一定必要，能够使大学生更加了解时代精神需求，扩大自身知识面；3.69%的人认为针对普遍大学生的培育行为没有太大必要，仅对大学生志愿者展开即可，普通学生对此并不存在强烈需求；1.11%的人认为进行志愿服务精神培育是完全没有必要的，因其对日常生活帮助较小且浪费时间。在与抗疫大学生志愿者谈及这一问题时，有部分志愿者提到，培育志愿服务精神是使当代大学生体会到自身责任与担当的重要方式，能够使大学生在创造社会价值的过程中实现其个人价值，逐步将个人理想与国家建设需求联系起来，同时也是促进大学生发掘自身潜能的途径之一。由此可知，我国目前大多数大学生的精神培育意识较高，对于符合时代需求的价值观学习保持积极乐观的态度，但部分大学生仍存在懈怠与排斥的心态，这也对今后志愿服务精神的弘扬及培育造成了诸多阻碍。

（四）社会大众对大学生践行志愿服务精神的期待及建议

这部分内容主要是对线下访谈结果进行的分析。据统计，线下访谈对象中约有41.7%的人有过志愿者经历，58.3%的人没有志愿者经历。在当过志愿者的人中，其志愿服务类型主要为环保、公益性宣传、辅导教育、弱势群体关爱、活动义工等。其中，辅导教育以学生为主，具体包括支教、课外辅导、特长教育等；弱势群体关爱主要针对留守儿童、残障儿童、孤寡老人等展开；活动义工的具体项目较多，有导医、迎新、赛事志愿等。不管是否有过志愿服务活动经历，绝大多数受访者表示，对大学生弘扬和践行志愿服务精神有较多关注和较高期待。

1. 对大学生参与抗疫志愿服务活动的了解途径和了解程度

在"对大学生参与抗疫志愿服务活动的了解途径和了解程度"的调查中，约50.8%的受访者了解家乡或社会上大学生志愿者的志愿服务活动，49.2%的受访者表示"不了解"。通过部分受访者的主动分享，我们得知其了解渠道主要为新闻报道，以电视与网络视频两种形式为主，少部分人是来自同亲戚朋友的沟通交流及实际接触。

2. 对大学生践行志愿服务精神的意义认知

在"培育大学生志愿服务精神的必要性"的调查中，3.3%的受访者没有回答此问题，96.7%的受访者认为有必要，并紧接着补充了一系列对于必要性的看法，这说明社会大众普遍认同大学生践行志愿服务精神的意义。受访者主要从学生个体、社会等角度出发，认为践行志愿服务精神的意义有以下几点：一是有利于大学生提升综合素质，从而形成良好的人文关怀理念；二是能够发挥大学生自身的专业技能优势，体现大学生对国家的重要性；三是能够促进社会和谐进步，形成志愿服务的互助和谐的良好氛围；四是可以带动其他学生参与志愿服务等。

3. 对大学生志愿服务精神的内容定位

在问及"是否听说过志愿服务精神"时，53.3%的受访者表示没有听说过，46.7%的受访者表示听说过。在此基础上，在回答对志愿服务精神的理解时，"奉献""互助"成为高频词汇，"雷锋精神"的提及次数也较多。这些高频词汇与联合国前秘书长安南概括的志愿服务精神相比，少了"友爱""进步"，在一定程度上体现了群体之间的认知差异。

4. 对疫情期间大学生弘扬志愿服务精神的评价

前述了解大学生志愿服务活动的人群在回答"对疫情期间大学生弘扬志愿服务精神的评价"时都提到了"社会贡献"一词，普遍认为疫情中大学生志愿者为防疫工作人员减轻了压力，向社会展现了青年人的社会担当与责任精神，为疫情防控工作的顺利开展做出了自己的贡献；回答"您认为这些大学生志愿者应该具有什么样的品质"时，其关键词集中于"热心""无私奉献""乐于助人"，与前述对志愿服务精神的内容定位可谓相吻合。

5. 对进一步培育大学生志愿服务精神的建议

据了解，78.3%的受访者通过电视、新媒体等了解到大学生志愿服务精神培育的相关信息，21.7%的受访者没有听说过此类活动的开展。针对学校这一主体，在宣传方面，部分受访者认为学校应该继续加大宣传力度，创新宣传形式，使宣传有足够的吸引力，并适当结合实践，增强学生对志愿服务精神的认知；在组织动员方面，部分受访者认为学校应该充分开发利用志愿服务平台，鼓励扶持志愿服务组织与团队，协助志愿服务活动的开展，提供资源与机会，进而使学生在实践中感受志愿服务精神。针对社会这一主体，部分受访者认为应该通过加大宣传力度来形成社会重视志愿服务的氛围，通过加强对志愿服务组织的监管来保障志愿者的合法权益，同时还可以与学校一起抓好精神激励方面的工作。针对家庭这一主体，受访者大多认为家长应该在平时做好榜样，虽然不一定亲自参与各类志愿服务活动，但应注意平时的言行举止，在一些小事上发挥模范带头作用或者利用社会相关新闻，借机教育孩子。

四、调研结果总论

本研究通过线上发布问卷、线下走访调研、优秀大学生志愿者访谈等多种形式，积极探寻抗疫志愿途中的青春力量，搜集了很多宝贵的数据资料。在梳理整合资料的基础上，我们得出如下调研结论。

（一）大学生志愿服务精神的现状

1. 大学生对志愿服务精神有一定认知但不够深刻

积极参与志愿服务活动、深刻理解志愿服务精神，对新时代大学生有着极高的思想教育价值和重要意义。基于本次调研数据可以发现，当前大学生对志愿服务精神有一定程度的认知，但认知还不够深刻、全面，有待强化。

(1) 大学生对志愿服务精神的整体理解较为准确

参与志愿服务活动作为高校实现社会服务职能的重要手段和培养大学生公民意识、奉献精神的有效方式，越来越受到社会各界重视。在新时代背景下，大学生也日益认识到志愿服务的价值与意义，将更多的目光聚焦于此，开始认识与体会志愿服务精神的内涵与意蕴。从此次调查结果来看，通过高校教育、媒体宣传、自主学习等多种形式与渠道，多数大学生已经对"志愿服务精神"有了大概了解与认知，并具备了发扬和践行志愿服务精神的意识，努力将个人价值的实现置身于社会之中，提高自身的综合能力和精神境界，获得社会认同。

(2) 大学生对志愿服务精神内涵的认知程度不深刻

虽然大多数大学生对"志愿服务精神"一词有所了解，但对其实际内涵的认识却不够清晰。中国青年志愿者协会将志愿者精神概括为"奉献、友爱、互助、进步"四个方面，但很多学生将志愿服务精神简单描述为公共关怀和奉献意识，认为志愿服务活动就是学雷锋活动或义务劳动。除此之外，在志愿服务精神所需具备群体的认知方面，有许多学生认为仅需志愿者或部分感兴趣的大学生具备即可，甚至还有少部分学生对此表示不清楚。

由此可见，大学生对于"志愿服务精神"的理解还不够透彻，他们认为自身参与志愿服务活动是在为社会额外做贡献，并没有深刻认识到自己是国家的"主人"，每个人都有服务社会发展的义务。当大学生带着这种"奉献"意识去参加志愿服务活动时，就会不可避免地将自己的姿态放高，容易存在责任意识不强的现象，甚至出现消极心理。这也说明大学生的志愿服务意识和水平仍有待提升，相关志愿服务精神的培育与普及活动仍需要大力推动和开展。

2. 高校重视大学生志愿服务精神培育但保障机制有待完善

立德树人始终是高校承担的根本任务，学校作为大学生志愿服务精神培育的主要阵地和场所，是影响大学生参与志愿服务活动的重要因素，在大学生志愿服务精神的弘扬与培育过程中发挥着重要作用。从调研数据来看，江苏省许多高校对大学生志愿服务精神的培育工作比较重视，但在具体实施过程中仍有一些亟待改进的地方。

(1) 高校重视大学生志愿服务精神培育

根据调查，大多数学生认为自己所在学校较为重视志愿服务精神的培育。很多高校在疫情期间以线上讲座、通过志愿类组织或社团内部宣传普及相关知识、邀请优秀志愿者进行经验分享以及班会分享的形式开展志愿服务精神培育工作。同时，借助微信公众号、微博等社交平台对大学生参加志愿活动的事迹及优秀大学生志愿者进行线上宣传，扩大优秀大学生志愿者的影响力和号召力，增强学生对志愿服务活动的认同感，促进学生志愿服务素养的培育与形成。

不少学校为鼓励更多的大学生参与志愿服务活动，会对志愿服务活动中及志愿服务精神培育过程中的表现突出者授予荣誉称号。虽然志愿者参与各类志愿服务活动的初衷并非得到精神表彰或物质奖励，但这在很大程度上可以使其更好地体会到参与志愿服务的价值与意义，并由此产生自豪感，提高参与志愿服务的积极性。

另外，很多高校要求大学生在校期间必须完成一定的志愿服务学时，这一做法在某种程度上推动了大学生积极参加志愿服务活动，在通力合作中传播先进文化，团结互助，平等友爱，激励和引导青年学生积极投入和谐社会、和谐校园的创建工作，为自己和他人的学习及生活创造一个和谐、宽松、健康的良好环境，为服务社会、奉献社会贡献力量，促进了大学生志愿服务精神的形成和综合素质的提高。形式多样和内容丰富的活动有助于加强青年人的思想道德建设，培养青年树立强烈的社会责任感和崇高的理想，塑造良好的心理品格，提高道德修养、实践能力、创造能力等。

为鼓励大学生积极参与志愿服务活动，提高大学生的道德修养，坚定其理想信念，高校也设置了专门的志愿服务组织。根据线上问卷采集的数据，我们发现很多调查对象是通过志愿服务社团的介绍了解到"志愿服务精神"的，调查对象所在高校大多是以志愿类组织或社团内部培训的方式开展志愿服务精神培育活动的。这些组织、社团引导学生在潜移默化中了解、学习与践行志愿服务精神，将以"奉献、友爱、互助、进步"为核心的志愿服务精神与实践活动相结合，帮助大学生将志愿服务精神内化为自身思想的一部分，对大学生志愿服务精神的培育起着积极的推动和促进作用，为学校营造了良好的志愿服务氛围，为和谐校园、和谐社会的建设奉献了新思路、新形式。

（2）高校志愿服务保障机制有待完善

目前高校的志愿服务精神培育形式较为单一，很多高校的志愿服务精神教育仍旧沿用过去的说教式、灌输式，且多流于形式，重于理论说教，效果甚微，致使志愿服务精神的教育功能不断弱化。在志愿服务活动的宣传方面，当前高校相关部门的工作开展多限于文字和图片宣传，新媒体技术没有得到充分利用、功能未得到充分发挥。而线下采访中，更多群体表示生动和形象的视频等宣传方式更易为大学生群体所接受。单一的宣传方式难以吸引学生的关注，有的学生甚至在参与志愿服务活动后仍难以对志愿服务、志愿服务精神有正确、完整的认识。

在调查中我们发现，很多高校的志愿服务激励制度并不合理，有待完善。这些高校在评选省级优秀大学生、校级优秀大学生等时，没有将大学生的志愿服务活动参与度和积极性列入评选标准。在缺少社会广泛认可与合理激励措施的情况下，大学生志愿者的志愿服务热情很容易消退。在调查"疫情期间没有参加志愿服务活动的原因"时，1.47%的调查对象是因为参与志愿服务的后期奖励没有吸引力。志愿服务事业要想长期发展并不断引入新鲜血液，就必须建立合理有效的激励机制。另外，志愿服务学时的机制虽然出发点是好的，但具有一定的弊端。许多学生为了获取志愿学时，以便顺利毕业，把参与志愿服务活动当成某种任务去完成。这种功利性心理与机械化做法消磨了大学生参与志愿服务的主动性和积极性,不利于其志愿服务精神的弘扬与培育,弱化了志愿服务活动的正向效果和积极意义。

还有一些高校的志愿服务组织设计不完整。学校在组织和开展志愿服务活动时考虑不周全,完成预设任务后的活动多敷衍了事,而缺少进一步的服务设计,导致大学生难以真正领悟志愿服务活动的意义,体会志愿服务精神的真正内涵。在志愿服务的评价考察方面,一些学校在对学生志愿服务活动进行考察的过程中,仅仅关注学生的服务时长是否足够、服务出勤是否准时、服务装扮是否符合要求,而忽视了学生参与志愿服务的收获、被服务者的满意程度等方面。另外,高校志愿者保障机制不到位。在调查对象中,13.73%的人出于"为自己的健康考虑,担心有风险"的原因而没有参加志愿服务活动。大学生志愿者在参与志愿服务活动时的保险理应由组织机构购买,而有些高校却要求学生签署安全责任承诺书,承诺在志愿活动过程中出现一切安全问题由学生本人负责,以此避免学校承担相应责任。大学生志愿者的合法权利无法得到有效保护,也无法通过正规的渠道进行维权,导致大学生参与志愿服务活动的积极性不高。

3. 社会对大学生践行志愿服务精神的期待值高但支持度低

从此次调查结果尤其是线下访谈情况来看,社会大众对大学生弘扬志愿服务精神有很高的期待,寄希望于大学生带动整个社会面貌发生积极改变。但遗憾的是,人们对大学生志愿者的服务内容了解不多,对大学生的志愿服务活动支持度也偏低,一定程度上影响了大学生对志愿服务精神的弘扬和践行。

(1) 社会对大学生志愿服务精神培育与践行的期待值高

志愿服务是我们打造新时代共建共治共享的社会治理格局的重要手段之一。青年志愿服务通过"奉献、友爱、互助、进步"的志愿精神积聚各方力量,推动实现人民共享美好幸福生活。大学生志愿者志愿服务精神的内化与外行,不仅提升了社会成员的参与意识和公民意识,体现了青年一代的责任担当意识,更在引导社会成员普遍向善的基础上,彰显了人文关怀,提升了青年志愿者的社会认同感。

如今,大学生志愿者的影响力逐渐扩大,社会大众对志愿服务的关注度越来越高,对大学生弘扬志愿服务精神的期待也变得更高,对于更大规模及更为多样的大学生志愿活动需求逐步提高。34%的受访群众表示想要在观察和参与大学生志愿服务活动的过程中学习先进电子设备的使用方法,近70%的受访群众则期望通过大学生志愿服务活动增强对于国家政策的了解以及时代精神的认知。随着我国养老、医疗、教育、社区建设等事业的发展,越来越多的大学生加入志愿者行列,并发挥着积极作用。社会大众对推动我国大学生志愿服务工作的全面深入开展,提升志愿服务工作的质量和水平,打造一支高素质、专业化的大学生志愿者队伍抱有很大的期望。同时,在线下访谈中,我们了解到社会大众对大学生志愿活动的实用性也有一些建议与要求：一名合格的大学生志愿者，不仅要针对社会需求确定服务对象、具备足够的职业素养，更要有深入基层、踏实可靠的作风。这样其提供的志愿服务才会更受欢迎、更有意义，自己的社会价值才能最大化。

志愿服务组织作为当前大学生了解与参与志愿服务活动的有效渠道，始终将"奉献、友爱、互助、进步"的志愿服务精神作为自己的宗旨与原则，积极吸纳对志愿服务抱有热情与兴趣的大学生，努力扩大志愿者队伍；将更多志愿服务机会提供给志愿者组织外的成员，保障大学生参与志愿服务的公正平等性。无论是自身建设还是活动开展，志愿服务组织的存在与发展都发挥了正面向上的社会效应，在规范我国社会秩序及促进公民思想素质提升等方面产生了深远影响。

（2）社会对大学生志愿者的支持与认可程度较低

虽然社会对大学生志愿服务抱有较大期待，但当前人们对国家开展的志愿服务活动的了解渠道比较少，志愿服务活动无法形成一定规模，社会反响不强烈。超过半数的受访者表示没有听说过志愿服务精神，这易使人们对大学生志愿者的服务内容、服务范围、服务行为等产生一定的误解，对参与志愿服务活动的大学生没有给予应有的尊重和支持，一定程度上降低了大学生参与志愿服务的积极性。

目前，我国社会对志愿服务的总体认可度较低，很多人仍认为"志愿服务就是'献爱心'"。虽然政府和部分高校设置了志愿服务相关的评优评奖机制，但多局限于体制内机构，很多企业在进行招聘时，往往不会将大学生的志愿服务经历纳入考量范围。

随着自身的发展，部分志愿服务组织的入会规则和筛选标准也越来越严苛。例如，许多志愿服务组织要求报名申请者具备丰富的志愿服务经验；申请参与程序过程烦琐复杂；名额限制现象普遍……虽然这些做法在某种意义上是为了选拔最优人选，提高志愿活动质量，但也在无形中提高了参与志愿服务活动的门槛，使得很多有心参与志愿活动的大学生丧失机会，打击了学生的志愿服务积极性，不利于志愿服务团体的壮大和大学生志愿服务精神的培育。

（二）关于进一步培育大学生志愿服务精神的优化路径

培育大学生的志愿服务精神既是时代发展的要求，也是大学生群体在实现全面发展过程中不容忽视的一个部分。志愿服务精神的养成和弘扬，可以帮助大学生形成正确的世界观、人生观、价值观，也有利于社会良好风气的形成。基于本次调研结果，结合新时代的相关要求，我们可以着重从教育引导大学生正确理解志愿服务精神内涵及时代要求、建立健全大学生志愿服务精神培育的各类促进保障机制、营造有利于大学生弘扬和践行志愿服务精神的社会氛围三个方面进行探索。

1. 教育引导大学生正确理解志愿服务精神内涵及时代要求

大多数大学生对"志愿服务精神"一词有所认知，但其认知仅停留在浅层，对志愿服务精神的实际内涵缺乏深刻理解。同时，新时代志愿服务活动在囊括的范围、期望达到的目标效果以及实践中的要求等方面都发生了变化。因此，在进行志愿服务精神培育时，必须充分发挥大学生自身的主观能动性，激发其参与志愿服务活动的热情和动力，利用内因促使大学生更自觉地践行志愿服务精神。

（1）准确揭示志愿服务精神内涵

中国青年志愿者协会将志愿者精神主要概括为"奉献、友爱、互助、进步"四个方面。而在团队实践调研过程中，我们发现有相当一部分的大学生对于志愿服务精神内涵的理解并不准确，因此，在培育大学生志愿服务精神过程中就需要关注志愿服务精神的内涵解读，准确揭示其内涵，帮助大学生树立正确的意识观念。

奉献精神是志愿服务精神的核心要义，早已体现在中国志愿者组织的加入誓词中。参加该组织的志愿者应该做到"尽己所能，不计报酬，帮助他人"。志愿者在志愿服务活动的过程中，通过贡献自己的精力和时间完成志愿服务活动，帮助服务对象在心理或生理上得到安慰或援助，同时带有不计报酬、不求名利、不要特权的特征。志愿者的奉献意识促使其在志愿服务活动中更加注重服务对象的满足程度、自身内心的愉悦和认同感以及由此产生的一定社会效应。

友爱精神主要体现为一种情感关系。志愿者所进行的志愿服务活动与传统的慈善救助不同，服务对象在接受志愿活动时并不是消极被动的，志愿服务的过程也不再是单方面的施与或救济。相反的，两者处于一个平等的地位，通过互动等方式使得整个服务过程更加具有亲和性和相互性，也促使志愿服务带有相互关爱、相互交往的特征。同时，在志愿服务精神的引导下，志愿者所做的志愿服务活动和其带有的情感是没有文化、民族、地域之分的，提倡的是志愿者欣赏他人、与人为善、有爱无碍、平等尊重的意识。

互助精神体现在志愿活动过程中的人际交往方面，提倡"互相帮助、助人自助"。一方面，志愿者凭借自己的志愿服务活动为服务对象提供正面的、积极的援助，帮助服务对象增强其对自己、对他人和对社会的信心，走出困境，自强自立，给生活增添光彩，体现其"助人自助"的特点。另一方面，志愿者在服务他人、服务社会的同时，自身也得到了完善，得到精神和心灵上的满足与提升。同时，也在实践中丰富了自己的生活经验，加深了对社会的认识，培养了沟通、组织、合作等方面的能力，增强了信心，获得了成就感，体现了"互相帮助"的特点。

进步精神体现了志愿服务精神的人文精神层次，这是志愿服务精神的重要组成部分。志愿服务活动影响着个人和社会，使个人对生命价值、社会、人类和人生观持一种积极态度；在帮助他人走出困境的同时也在一定程度上减少了社会矛盾的产生，促进了社会的和谐稳定。在志愿服务实践过程中，个人的能力得到锻炼和提升，个人综合素质提高，并由此影响到社会成员将志愿服务精神内化，形成其面对人生、社会和生命的个体态度，进而推动社会的平稳运行,促进社会的进步。

(2) 全面把握志愿服务精神的时代要求

习近平总书记曾指出,"志愿服务是社会文明进步的重要标志","希望广大志愿者、志愿服务组织、志愿服务工作者立足新时代、展现新作为,弘扬奉献、友爱、互助、进步的志愿精神,继续以实际行动书写新时代的雷锋故事"[①]。因此,立足新时代,大学生也应当把握志愿服务精神的时代要求,以此深化志愿服务精神。

一方面,大学生志愿者应当主动将"小我"融入"大我",把握个人奉献与社会进步之间的关联,做到以"小我"之力推动"大我"发展。在新时代,大学生志愿服务活动的重要性日益增强,所以越来越多的大学生选择通过志愿服务这一方式来实现自我价值,为社会做贡献。这就要求大学生注意提升自身各方面的能力。首先,注重专业学习,在日常的专业学习中提高自身的知识修养与专业能力,为日后在志愿活动中发挥专业特长做准备。其次,树立坚定的理想信念,将马克思主义理论、我国优秀的志愿传统文化与实际志愿服务相联系,形成正确的、有中国特色的志愿服务意识,以坚定的理想信念做好志愿服务工作。最后,在实践中提高个人能力。将"小我"融入"大我"需要志愿者的实践融入,因此,大学生志愿者应当多参与适合自己的志愿服务活动,在活动中贡献自己的一份力量,推动活动的圆满完成,并在活动中积累经验,提升个人综合素质,以更好地促进社会的和谐进步。

另一方面,正确把握奉献与索取的关系,分清孰轻孰重。奉献精神是志愿服务精神中的重要组成部分,也是志愿服务精神的体现,因此对于志愿者而言,奉献是其具有的特征和要求之一。志愿者在开展志愿服务活动时就应当清楚身为一名志愿者所应当承担的责任和使命,要甘于奉献,不求回报。若是在参与志愿服务活动时还抱有其他与志愿工作本身并不相符的希望,便不能算是一位合格的志愿者。尤其在新时代下,一部分大学生志愿者参加志愿活动或是为了学时,或是为了荣誉,而身为一名志愿者,其首要目的仍然且应当是通过奉献力量助服务对象走出困境。可以说,在大学生志愿活动中,奉献更为重要,但与此同时也需要注意,奉献并不等同于一味地牺牲,而是一种在统筹个人、集体和国家利益关系基础上坚持大局意识的体现。

2. 建立健全大学生志愿服务精神培育的各类促进保障机制

高校作为大学生了解和参与志愿服务活动的主阵地,对于培育大学生的志愿服务精神起着重要作用。改进完善高校志愿服务活动机制,以校园自身文化底蕴为土壤,培植大学生志愿服务精神,并由此逐渐发展校园内的志愿服务文化,可以提高大学生参与志愿服务

---

① 《习近平致中国志愿服务联合会第二届会员代表大会的贺信》,http://www.xinhuanet.com/politics/leaders/2019-07/24/c_1124792815.htm. 2019-07-24.

活动的效果，并且通过校园文化吸引更多大学生参与到志愿服务活动中，可以更好地达到志愿服务精神培育的目标。

（1）建立健全激励机制

在调研中，有一部分调研对象和受访者表示，他们有志愿服务的意愿却未付诸行动，是因为志愿服务活动没有任何激励机制，大大削减了他们的参与热情。的确，虽然志愿者开展各类志愿活动的目的并非期望得到精神或物质上的表彰或奖励，但志愿服务作为一项需要长期发展并不断引入新鲜力量的事业，其存在不能仅仅依靠志愿者的无私奉献及满腔热血，还必须建立合理有效的激励机制，以此来肯定志愿者做出的贡献，并使其产生自我认同，吸引还未加入志愿服务的大学生，扩大志愿者队伍。

在精神激励方面，学校和社会可通过授予在志愿活动中发挥带头作用的大学生以荣誉称号，如"优秀志愿者""杰出志愿者"等，使大学生感受到参与志愿服务是一件极其有意义的事。这在一定程度上有助于激发大学生奉献社会的热情和积极性，从而强化大学生的志愿服务精神。

在物质激励方面，建立合理的奖励报偿机制。大学生参与志愿服务活动的本质目的并不是为了获得物质上的报偿，但一定的物质奖励无疑能够增强其志愿服务意愿，从而促使其更积极地参与到志愿服务行动中。除了给予志愿者奖金或物品外，还可以在就业方面为志愿服务过程中表现优秀的大学生提供一定的支持，并将其志愿服务情况纳入学生信息库，为其日后发展提供帮助。

（2）进一步完善志愿服务活动的促进保障机制

志愿服务精神只有在实践中才能得到真正的落实，为此在培育大学生志愿服务精神方面就要注重实践性，通过实践帮助大学生了解和领悟志愿服务精神的内核，形成大学生的自觉意识和行动追求。高校在促进大学生参与志愿服务活动的过程中，应通过丰富的活动项目和多样的宣传途径提高参与者热情，采取相应措施给予志愿者基本保障，并完善志愿者组织的运行机制以扩大志愿者队伍。

第一，丰富创新大学生志愿服务活动项目和宣传途径。一方面，志愿服务活动内容同质化，活动形式单一，易挫伤志愿者的积极性。因此，志愿服务活动应当不断创新其形式及内容，促进其实际效果的提升。为此，社会应根据大学生自身特点及优劣势，结合时代发展趋势开发新颖的志愿活动。如在原有的社区服务和帮扶孤寡老人等传统项目的基础上，将活动范围延伸至再就业服务、环境保护、文化教育、法律援助等方面，充分发挥大学生的专业优势，不断吸引更多大学生参与其中。另一方面，学校通过多种途径及形式宣传志愿服务典型事例、优秀榜样，普及志愿服务知识，提高大学生的志愿服务热情，有效传播志愿服务精神。为此，学校应注意加强志愿服务平台建设，同时开发新渠道，建构以大学生群体为主的交流沟通平台，通过此类平台发布优秀志愿者事迹，并鼓励志愿者群体分享志愿服务经验与心得，使大学生逐步强化志愿服务精神。此外，还应充分利用新媒体技术，创建志愿服务活动情景，使大学生群体在具有互动性的模拟情境中加深志愿服务实践体会，增强对志愿服务精神践行过程的理解，从而为大学生提供认识志愿服务活动与精神的有效渠道。

第二，为志愿服务活动提供相应保障措施。大多数志愿服务活动属于实践活动，需要志愿者亲自参加，而参与志愿活动的过程中，大学生的生命健康安全应当得到保障。比如，学校或举办志愿活动的单位为参与志愿服务活动的志愿者购买人身保险。志愿活动举办单位在实践过程中注意安全问题并通过如储备药物、安排一定数量的医护人员随行等方式提供安全保障。在志愿活动前还应对志愿者进行相应技能的培训，对志愿活动中可能出现的问题进行详细说明，使志愿者在参与志愿活动前能够对活动有清晰的认识，根据自身综合素质进行选择，保障自身安全。

第三，改善高校志愿服务学时制度。高校通过对大学生在校期间必须完成一定数量的志愿服务学时这一方法来增加大学生参加志愿服务的频率，并希望借此促进大学生志愿服务精神的形成和综合素质的提高。其本意和出发点是好的，但在长期的运行发展过程中，这一方法趋于机械化和功利性，即部分学生出于得到志愿服务学时的目的而参与志愿活动，并非自愿参与。这一方面不利于志愿服务精神在大学生群体中的培育，另一方面也影响到真正热爱志愿活动的人参加的机会。为此，高校在制定关于志愿服务学时方面的规定时需要更加灵活，适当降低志愿服务学时要求，重新对学生的志愿服务活动实践情况及空余时间进行评估分析，采取不同方式考察大学生参与志愿活动的效果，通过改善强制性规定，发挥学生主观能动性，促使其自愿参加志愿活动，在提高志愿活动效果的同时提升志愿服务精神培育的意义。

第四，优化志愿者准入门槛。对报名参与志愿活动的大学生进行筛选是为了能够选择合适人选，提高志愿活动质量，而其中的部分要求在发展中逐渐趋于严格，在无形中提高了参与志愿活动的门槛，使得很多有心参与志愿活动的大学生在复杂严苛的要求面前望而却步。同时，如前所述，高校志愿服务学时的要求也使部分学生失去机会。因此，对大学生志愿服务精神的培育应适当降低门槛，去除一些与志愿服务无关的要求，将关注点放在报名者对志愿活动的理解和意向上，吸纳对志愿活动有热情的大学生，并将其发展成志愿者队伍中的一员。同时将更多机会提供给志愿者组织外的成员，推动组织吸收新成员，实现大学生参与志愿服务的平等性、公平性。

3. 营造有利于大学生弘扬和践行志愿服务精神的社会氛围

关注并培育大学生的志愿服务精神是培育和践行社会主义核心价值观的有效途径之一，而大学生志愿服务精神的培育是一个长期的过程。在这个过程中，不只是高校、学生需要承担这一任务，社会各界也要共同参与进来，为大学生志愿服务精神的培育营造良好的社会氛围，从而激发大学生参与志愿服务活动的热情与动力，在实践中培育志愿服务精神。

(1) 社会各界应加大对大学生参与志愿服务活动的支持力度

一方面，法律规范的存在能够给予大学生在志愿服务活动中最基础的保护。大学生在参与志愿服务活动过程中可能面临着一定的风险，政府应出台更多的相关政策，维护各方权利尤其是大学生志愿者的学习、生活、医疗等权利，给予大学生志愿者更多保障和支持；通过法律法规增强大学生对志愿服务活动的信任，减少其对志愿服务活动的担忧。

另一方面，提高对大学生志愿服务活动的物质保障。在高校通过相应的物质手段激励大学生参与志愿服务活动的同时，社会也应当对大学生在参加志愿服务活动中所面临的物质问题提供帮助。志愿服务组织从多方面如活动宣传、招募、培训，中期活动过程中的路费、餐费以及后期的奖励等进行协调规划，而这些都需要国家或社会的支持。在做好充分的物质保障之后，大学生志愿者才能更好地在志愿服务过程中发挥应有的作用。

(2) 加强志愿服务宣传，发挥榜样示范作用

在社会中营造良好的志愿服务精神离不开宣传，通过在公共场合投放关于志愿服务活动的广告、标语、口号等，让人们能够关注到志愿服务活动，在潜移默化中接受志愿服务活动，产生参加志愿服务活动的意向，形成以加入志愿者队伍、做志愿服务为荣的社会文化氛围。而大学生作为社会群体中的一分子，受此影响，也能在一定程度上加强志愿服务精神。

同时，发挥名人榜样或典型人物的示范作用，强化大学生志愿服务精神的培育。榜样的示范作用对社会大众有着重要影响，对大学生思想和行为的影响更不可低估。可以邀请一些杰出志愿者担任志愿者形象大使，邀请各个领域的知名人士参与到志愿服务活动中来，以此吸引和感召更多大学生参与志愿服务，产生良好的社会效应，扩大志愿服务的影响力和感染力，从而对大学生志愿者形成强大的正面效应，激励其志愿服务精神的形成。

综上所述，志愿服务精神在凝聚大学生志愿者青春力量、助推社会抗疫工作进程等方面发挥了重要作用，是顺应时代进步与民族复兴的不竭动力。本文立足新冠疫情防控这一背景，聚焦大学生志愿服务精神展开研究，在掌握大学生志愿服务活动的参与现状、对志愿服务精神的认知程度以及社会民众对于大学生践行志愿服务精神的期待和建议等方面信息的基础上，对我国现阶段大学生志愿服务精神有效培育成果进行总结，同时针对其存在的问题提出相应建议，如优化大学生志愿服务精神培育形式，提升社会范围内大学生践行志愿服务精神的感染力与代入感，为大学生获取志愿服务相关信息提供多元渠道，以期在多方共同努力下，为推动我国大学生志愿服务精神培育迈向新阶段提供可借鉴的现实对策。

志愿服务精神作为符合我国社会主义核心价值观基本内涵的时代理念，不仅在大学生

群体中发挥独特作用，也在广大民众中起正面引导作用。对于不同群体志愿服务精神的培育及弘扬与提升我国人民总体素质修养具有极强关联性。调研团队将不断探寻志愿服务精神培育需求，挖掘更为丰富的志愿服务精神培育形式，助力国民素质的显著提升。同时期望我国大学生群体及其他社会民众在逐步完善的志愿服务精神培育环境中增强道德意识，各组织及团体在不断深入实际的基础上，为国家精神文化构筑与软实力提升提供贴合时代发展规律的有效手段，由此彰显中华民族强大的生命力与凝聚力，为实现中国梦提供源源不断的精神动力和道德滋养。

新时代地方戏曲文化的保护与传承

当前,新兴文化形态的冲击和大众娱乐方式的改变,使地方戏曲的传承与发展面临着巨大压力。新时代背景下,国家积极推动中华优秀传统文化的传承和创新,使地方戏曲文化的传承和发展成为重要的时代主题。就此,本调研组以凤阳花鼓戏、岑溪牛娘戏和越剧为地方戏曲的代表,运用问卷调查、访谈等方法,对地方戏曲现状和大众认知情况及态度进行调查分析,并根据存在的问题从不同层面提出切实建议,以期为新时代背景下地方戏曲的传承与发展提供一定的现实依据和帮助。

一、调查目的与意义

党的十八大以来,习近平总书记相继在国际国内不同场合就推动中华优秀传统文化传承和创新,发表了一系列重要论述,就非物质文化遗产保护作出重要指示批示。为深入贯彻落实习近平总书记在文艺工作座谈会上的重要讲话精神,传承弘扬中华优秀传统文化,推动戏曲繁荣发展,2015年,文化部整合京剧、昆曲和地方戏曲保护财政资金,实施"中华优秀传统艺术传承发展计划"戏曲专项扶持工作。

戏曲文化是中华文化重要的组成部分,承载着中华民族普遍的审美观念与精神内涵,是我国传统文化的瑰宝。进入新世纪,我国现代化进程不断加快,这为当代地方戏曲的发展创造了良好条件,但其生存和发展也面临着困境。研究新时代背景下地方戏曲的传承与发展,有利于更好地继承和发扬我国优秀传统文化。本次调查主要是通过问卷形式了解以凤阳花鼓戏、岑溪牛娘戏、越剧为代表的三种地方戏曲的社会影响力、生存状况、传承和发展现状等,以掌握大众对地方戏曲的接受度和认同度,为地方戏曲的传承和发展提供现实依据。同时,我们针对如何更好地传承和发展地方戏曲进行了探讨,并根据调查结果提出了自己的建议,为地方戏曲的传承和发展提供对策,以此促进传统文化的保护和发展。

二、调查方法

本次调查使用了问卷调查法、个案访谈法和实地调研法。

问卷调查主要分为三个模块：第一个模块为人口统计题，采取单选题的形式以了解调查对象的基本信息；第二个模块为量表题，了解人们对于地方戏曲文化的认知、态度、情感和潜在行为等，以便更好地探究人们保护和传承戏曲文化的内在驱动机制；第三个模块为填空题，通过主观题更好地了解人们关于戏曲保护的创新性措施，以便为戏曲保护出谋划策、集思广益。

三、调查结果与分析

本次问卷调查共发放问卷366份，回收线上问卷211份、线下问卷155份，回收率100%，其中有效问卷共353份。

（一）问卷调查分析

1. 问卷调查结果分析

（1）调查对象的基本情况

本次调查对象中，女性较多，占比60.34%，男性占比较少，为39.66%。可以看出性别对本次调查是有一定影响的，相比男性来说，女性对本次调查的兴趣更高，更愿意了解包括戏曲在内的中国传统文化。40岁以上的人占比接近50%，其次是青年人，占比26.91%，占比最少的为18岁及以下的人群，仅为7.93%，可见年龄较大的人对戏曲文化的感兴趣程度和对本次调查的配合程度相对更高。调查对象以在校学生和在职人员为主，其中在职人员占比最多，为57.79%，在校学生占比为33.99%，占比最少的为退休人员，仅为1.98%。

（2）对戏曲文化的认知程度分析

① 对于戏曲本身的看法。

结果显示，调查对象中90%左右的人认为戏曲文化的内容十分丰富，70%以上的人喜欢戏曲抑扬顿挫的节奏与独特的唱腔，80%以上的人喜欢戏曲韵味十足的服饰，仅有不到8%的人不喜欢戏曲的内容、板眼节奏、唱腔及服饰。可以看出，绝大多数人对戏曲文化的元素都持积极态度，对于戏曲的唱腔、节奏、服饰等都表示喜欢。只有极少部分人不喜欢甚至非常不喜欢戏曲及其相关元素。

② 对于戏曲表演形式的看法。

结果显示，调查对象中80%左右的人认为不同类型的剧种表演形式各具特色，戏曲吸引着人们去深入了解，该项平均分为4.03，分数较高；但只有60%左右的人对戏曲表演的具体艺术形式如唱、念、做、打，表示感兴趣，该项评分较低，仅为3.93。总体来看，超过半数的人喜欢戏曲当下的表演形式，比较喜欢我国的戏曲文化，但并不是非常愿意去进一步深入了解戏曲的形式内容。从中可以看出，戏曲的表演形式在当代人们的眼中显得有些刻板，戏曲表演仍需随时代潮流进一步创新发展，融入新兴元素。

③ 对于戏曲创新的看法。

结果显示，调查对象中70%以上的人认为当代的戏曲是能够反映现实生活的，70%以上的人认为戏曲中的服装、表演、奏乐和场景布置能够随时代发展而变化创新。这表明，大多数人认为当代的戏曲是随着时代发展而变化发展的，对戏曲创新持积极态度，但同时也有部分人认为当代戏曲没有反映现实生活，且戏曲中随着时代发展创新的元素还不够。因此，戏曲的创新应该更加注重反映现实生活，同时避免盲目创新，要在保留原有特色与形式的前提条件下创新其服装、表演、奏乐与场景布置。

④ 对于戏曲知识的了解程度。

结果显示，调查对象中超过60%以上的人并不了解戏曲的文化常识，70%左右的人不了解不同剧种的特点，说明绝大多数人对戏曲的了解不深入，仅浅显地停留在"我听过""我看过"这一层面。由此可见，现今人们对于戏曲常识的了解还有许多欠缺与不足，戏曲文化常识以及地方特色剧种的普及推广仍然需要花费更多的时间与精力。

⑤ 对于戏曲的欣赏和理解程度。

结果显示，调查对象中超过50%的人能够体会到戏曲中蕴含的情感，但仅有40%左右的人表示可以听懂戏曲的内容并了解其中的典故。也就是说，超过半数的人在观看戏曲时听不懂其中的内容，也根本不了解其中的典故，接近半数的人无法体会其中的感情。这说明戏曲的唱词、内涵等都需要人们进一步去挖掘与学习，不了解其中的历史典故，也就不可能真正听懂其中的内容，感受到其中所体现的情感。

⑥ 戏曲文化在情感上对人们的影响。

结果显示，调查对象中接近90%的人对中国戏曲传统文化持推崇与赞同的态度，认为戏曲文化应该得到更好的发展，但同时40%左右的人认为戏曲与自己的审美品位并不相符。只有部分人能够欣赏戏曲，认为戏曲文化符合自己的文化品位。这说明即使大家都认为戏曲是我国优秀的传统文化，但这种文化并不是当今时代的主流。

⑦ 周围的亲朋好友对戏曲的态度。

结果显示，调查对象中只有50%左右的人身边的亲朋好友会通过各种渠道去了解戏曲文化，只有40%左右的人周围的亲朋好友正在学习戏曲，说明真正学习并关注戏曲的人不多。

⑧ 对戏曲文化的喜爱程度。

结果显示，调查对象中仅有30%左右的人平时经常听戏，喜欢戏曲已经三年以上，只有约28%的人喜欢戏曲文化超过其他文化。这再次说明了只有一部分人非常喜欢戏曲，并且能够长期坚持听戏。

(3) 对戏曲文化影响的观点分析

① 对于戏曲文化对社会经济影响的看法。

结果显示，调查对象中约有64%的人认为戏曲文化产业的发展可以促进当地经济的发展，约36%的人认为戏曲对经济建设的贡献很小。这说明大多数人仍然将戏曲仅仅看作一个文化演出而没有将它看作一个拉动经济发展的第三产业，这与人们对戏曲的刻板认识有一定关联。

② 对戏曲文化对社会的贡献的看法。

结果显示，调查对象中50%以上的人认为戏曲可以陶冶情操，且在一定程度上可以改变别人对自身的看法，同时超过50%以上的人认为戏曲不会给自己带来很多荣誉。这说明大多数人认为戏曲是一种较为高雅的艺术，而不是将它看作一种带来荣誉的工具。这种观念有利于戏曲文化的正向发展，有利于中国传统文化中的正能量传递。

③ 对戏曲文化的资金投入的看法。

结果显示，调查对象中90%以上的人认为戏曲的补助资金是较为充足的，但同时50%左右的人认为戏曲从业者收入不高。这与人们的认知是相符的。说明大多数人认为政府的资金补助较为充足，但同时戏曲从业人员的收入也亟须提高，才能使戏曲文化得到更好的发展。

④ 对与戏曲相关的国家政策的看法。

结果显示，调查对象中65%以上的人对国家现行的与戏曲有关的政策持积极态度，70%以上的人认为戏曲应该加大宣传力度，创新传播形式。这说明人们对戏曲的创新持积极态度，且目前来看人们对国家对戏曲的支持力度是较为满意的，但政府仍需创新支持的政策与方法，以促进戏曲文化总方向上的前进。

⑤ 关于戏曲给从业者带来的经济利益的看法。

结果显示，调查对象中60%以上的人认为当代戏曲从业者的收入较低，60%以上的人认为经济问题制约了戏曲文化的传承，60%的人认为戏曲文化产业是可以促进当地经济发展的。由此可以看出，大部分人认为经济因素是影响戏曲文化传承与发展的重要因素之一，应该提高剧团戏曲从业者的收入，并大力发展戏曲文化第三产业以带动当地经济发展，形成良性循环。

(4) 对戏曲文化传承与创新的观点分析

① 对于戏曲创新方式的看法。

结果显示，调查对象中80%以上的人认为新媒体技术能够增强戏曲文化的丰富性，动画化、网络化都可以更好地助力戏曲文化的发展。这说明戏曲文化应该更加注重形式与传播渠道的创新，利用新媒体技术为传统文化增添新兴元素，促进其在新时代的发展进步。

② 对于戏曲传承人的看法。

结果显示，调查对象中75%左右的人认为戏曲人才较为匮乏，且85%左右的人认为薪酬是影响戏曲发展的重要因素。因此，政府应当重视戏曲从业人员的薪酬，对戏曲人才实行激励与奖励制度。

③ 对于戏曲文化保护的看法。

结果显示，调查对象中绝大多数的人认为其参与戏曲保护会感到自豪，保护地方戏曲文化非常重要，并且十分支持提高大众对于戏曲的认知度，以促进戏曲宣传推广与传承。应充分发挥群众对戏曲文化的传承作用和对戏曲文化创新的推动作用，增加戏曲演出频率，将戏曲努力传承下去。

④ 可能采取的保护戏曲文化的措施。

结果显示，调查对象中约有60%的人会采取一定的措施来保护、传承戏曲文化，这说明人们已经认识到了保护戏曲文化的重要性，但是仍有一部分人对于学习、传承戏曲的意识不强，或者不知道可以采取哪些行为和措施来保护戏曲文化。

(5) 对戏曲文化保护的建议

综合调查结果，对戏曲文化保护的建议主要有以下几点：

第一，政府提高重视程度、加大保护力度，发扬和传承非物质文化遗产。

第二，戏曲工作者在戏曲创作中注重与时俱进，在保留剧种自身特色、传承发扬优秀戏剧曲目的同时，也要注意紧跟时代潮流，挖掘、创作人民群众喜闻乐见的新曲目，增强戏曲文化的吸引力。

第三，加大文化宣传投入，让传统戏曲走进学校、社区，从孩子抓起。

第四，增加小剧场的数量，让听戏曲、看戏曲成为人们日常娱乐活动的一部分，提高戏曲的影响力。

2. 问卷调查结论

本问卷经过仔细讨论、研究，在信度和效度上相对比较满意。量表包含题项较多，其中信度系数值为0.913，大于0.9，说明研究数据信度质量很高，可靠性很好；所有研究项对应的共同度值均高于0.4，说明可靠性良好。

通过对路径的标准化路径系数的计算以及与标准的比较，可以印证一些观点，如"戏曲文化的认同对于戏曲文化的感知价值有正向影响""戏曲文化保护与传承的依靠对于戏曲文化的感知价值有显著的正向影响""戏曲文化吸引力与戏曲文化保护与传承的行为有显著的正向影响关系""戏曲文化的感知价值与戏曲文化保护与传承的行为有显著的正向影响关系""戏曲文化保护与传承的依靠与戏曲文化保护与传承的行为有显著的正向影响关系"。

（1）整体上人们对戏曲文化的发展持支持态度

总体来看，人们都喜欢我国戏曲文化，对其宣传与扩散、传承与发展持积极态度，认为戏曲是一种高雅的艺术形式，欣赏戏曲可以陶冶情操，当代戏曲的传承与发展是非常重要的。

（2）人们对戏曲的喜爱大多停留在表面层次，对戏曲了解不深

绝大多数人虽然表达了对戏曲的欣赏态度，但对戏曲的了解程度并不深，并且很大一部分人的喜爱并不是真正的热爱，仅仅是"听过""见过"，对戏曲文化的基本常识，如表演形式、演唱技巧等都知之甚少。

（3）经济因素影响着戏曲文化的发展，薪酬是其重要制约因素之一

调查结果显示，绝大多数人认为当地经济的发展是影响戏曲发展的重要因素之一，其中演员的经济收入不高是导致戏曲人才匮乏的重要制约因素，因此提高薪酬是促进我国戏曲文化发展的重要措施。应大力发展戏曲产业，促进当地经济发展，使二者形成良性循环。

（4）人们缺乏从自身做起的意识，过度寄希望于国家与政府

虽然人们对戏曲文化的发扬与传承都持积极态度，也提出了许多观点与看法，但对我国戏曲文化目前的发展状况以及具体如何发扬都认知较浅。

（5）利用互联网与新媒体技术是促进戏曲有效传播的途径之一

戏曲文化的发展离不开传承与创新，如何将古老的传统文化融入新兴时代潮流是我们应该思考的重要问题。其中最有效的途径就是利用新媒体技术对戏曲的表演形式、传播方式进行改进创新。将互联网技术与新媒体技术融入戏曲文化，有利于激发古老戏曲的生命力与活力，吸引更多的年轻群体。

（6）戏曲文化的吸引力有利于保护与传承

戏曲文化的吸引力就是戏曲文化在大众眼里的"能见度"，总体上来看，人们大多喜爱戏曲文化，不约而同地认为戏曲文化是中国传统文化不可或缺的一部分，但只有少数人会主动地观看、欣赏戏曲。只有人们发自内心地多接触、多欣赏戏曲，才能将其保护和传承下去，而不是将其束之高阁，最终在人们不知道的地方消失。

（7）戏曲文化保护与传承的依靠对保护与传承行为具有积极意义

保护与传承是要以物质为基础的。首先是资金，戏曲新的表演形式、新内容的开发，新人的培养，都需要资金的支持。其次是国家政策，在竞争如此激烈的环境中，必须给予政策扶持，戏曲才可能在夹缝中生存下来。最后是人才资源，生存压力之下，能有多少人始终坚持最初的理想？没有充足的人才资源，何谈振兴戏曲呢？

（8）戏曲文化认同与戏曲文化感知价值相辅相成

文化认同与文化感知价值是相辅相成的。文化认同了，自然会让你自觉或不自觉地投入相关行业，从而更多地感受到文化带来的益处，也就是感知到更多的文化价值；同样，

如果你感知到了文化价值，在其潜移默化的作用下，你一定会对该文化产生认同感。

（9）戏曲文化保护与传承的依靠有利于对戏曲文化价值的感知，从而对保护与传承行为本身有积极作用

戏曲文化保护与传承在很大程度上依靠的是全社会对戏曲文化保护资源上的倾斜。全社会应该提高戏曲文化保护与传承的意识以及关注度和投入度，不仅要营造保护传承戏曲文化的氛围，而且要加大戏曲文化资金、设备的投入力度，引起各行各业对于戏曲的兴趣和热爱，调动人们了解、学习戏曲文化的积极性和主动性。

而同时有两项假设被否定了："戏曲文化的认同对戏曲文化保护与传承的行为并不会产生影响关系""戏曲文化吸引力对戏曲文化的感知价值并不会产生影响关系"。

只要很好地开掘戏剧戏曲的生命力，展现其特色，年轻一代会爱上我国的国粹，但这需要每个戏曲人的努力。戏曲文化工作者在戏曲文化发展过程中应当取其精华、去其糟粕，在保留剧种本身特点的基础上，积极挖掘新内容，创作出符合当下民众审美的新曲目，让戏曲文化在新时代绽放出新的生机与活力。

（二）访谈调查结果与分析

为了更充分地了解地方戏曲文化的传承与发展情况，利用组员来自不同省份的优势，本调研组共设计并组织了5次访谈，访谈对象分别为滁州市凤阳花鼓戏演员张清恒、岑溪市糯垌镇新塘村牛娘戏演员王新娟、南京越剧博物馆工作人员刘女士和河海大学学生鲍睿及程意雄。组员事先设计好访谈提纲，在访谈过程中拍照、录音和记录，为之后的分析提供材料。

1. 凤阳花鼓艺术团演员访谈分析

（1）凤阳花鼓戏简介

凤阳花鼓戏是安徽省的一种传统戏曲剧种，被誉为"凤阳三花"（凤阳花鼓、花鼓灯、花鼓戏）之一，因起源于凤阳县长淮卫乡（今分属蚌埠市龙子湖区长淮卫镇、滁州市凤阳县府城镇），故又称卫调花鼓戏、卫调花鼓。凤阳花鼓戏源自花鼓灯，起初是花鼓灯的后场小戏，在清代中期逐渐发展成为独立剧种。

（2）凤阳花鼓戏发展的载体

① 凤阳花鼓戏剧团。中华人民共和国成立后，凤阳县人民政府曾两次抢救该剧种，先后两次成立凤阳花鼓戏剧团，并吸收女演员参加演出。他们将"凤阳三花"巧妙地糅合在一起，创作出凤阳花鼓《全家乐》。

② 非遗传承人。省级传人：李夕茹（蚌埠）、张传英（凤阳）。

（3）凤阳花鼓戏的作用

历史悠久的凤阳花鼓在以前相当长的一段时间内，作为一种乞讨艺术而存在，是凤阳

穷苦劳动人民的谋生手段。这种"救命之艺"不能失传。

2. 牛娘剧团演员访谈分析

(1) 牛娘戏简介

牛娘戏是广西岑溪极具地方特色的剧种，主要流传于桂东南地区，这与其在演唱时使用的粤语语系的桂东南地区白话方言密切相关。正因如此，以唱为主的牛娘戏，在多是以四三结构的七字句的唱词上做到了符合中国诗歌平仄规律，唱起来字正腔圆，通俗易懂。

(2) 牛娘戏发展的载体

剧团（戏班）是牛娘戏的主要载体，它是牛娘戏的"晴雨表"。剧团（戏班）发展的好坏，关系到牛娘戏的生存和发展。一般把专门表演传统牛娘戏的剧团（戏班）称为传统牛娘剧团（戏班），而把专门表演现代牛娘戏的剧团（戏班）称为现代牛娘剧团（戏班）。

(3) 牛娘戏的作用

牛娘戏的演出一般在春节、端午等传统节日进行，抑或是政府宣传活动出资邀请剧团，再或是有钱的主人家婚丧嫁娶时邀请演出。牛娘戏剧目大多反映的是农民对美好生活的向往、歌颂利农政策等，其具有的教育价值、娱乐价值、资源价值、文化价值，对于构建社会主义和谐社会、推进社会主义新农村建设具有重大意义。

3. 南京越剧博物馆工作人员访谈分析

(1) 越剧简介

越剧是中国第二大剧种，被称为"流传最广的地方剧种"，有观点认为是"最大的地方戏曲剧种"，在国外被称为"中国歌剧"。越剧是中国五大戏曲剧种（依次为京剧、越剧、黄梅戏、评剧、豫剧）之一，发源于浙江嵊州，发祥于上海，繁荣于全国，流传于世界，在发展中集昆曲、话剧、绍剧等特色剧种之大成，经历了由男子越剧到女子越剧为主的历史性演变。

(2) 越剧发展的载体

① 剧团。20世纪60年代前，浙江有专业越剧团76个，除西藏、广东、广西等少数省、自治区外，全国都有专业剧团的存在，据统计有280多个。业余剧团更是成千上万，不胜统计。20世纪80年代中期后，各地越剧团纷纷撤销，浙江尚有28个。西安、兰州、重庆、南昌等一些较有影响力的剧团相继撤销。有的则名存实亡，国营专业剧团仅存35个左右。但民间职业剧团纷纷兴起，不胜统计。

② 艺术名家。老一辈著名越剧表演艺术家有袁雪芬（袁派）、尹桂芳（尹派）、范瑞娟（范派）、傅全香（傅派）、徐玉兰（徐派）、王文娟（王派）、戚雅仙（戚派）、张桂凤（张派）、陆锦花（陆派）、毕春芳（毕派）、张云霞（张派）、吕瑞英（吕派）、金采风（金派）、竺水招（竺派）等。

③ 博物馆。建立戏曲博物馆，有利于通过对现有文物的搜集与展示，对剧种的演出形

式、唱腔的演示解说等，使戏曲更多地展现在大众眼前，从而更好地实现戏剧文化的传播与传承。

(3) 越剧的作用

① 集体文化记忆的载体。越剧剧目，尤其是那些深深嵌入一代观众心中的经典剧目，如《梁山伯与祝英台》《红楼梦》《祥林嫂》等，有的诉说着人们对于爱情、对于美的期许，有的展现出旧时代人们艰苦的生存状态。它们会在某个时刻，以不经意的方式触及人内心深处最柔软的部分。这些文化记忆，无论是欢欣的、美好的，还是悲伤的，都会成为一种文化营养，化入整个区域文化乃至民族文化的骨血中，给我们继续前行的理由和方向。

② 彼此走向认同的文化纽带。越剧的本体生命丰牢熔铸在以嵊州丰厚的民间文化为中心的吴越文化圈中。余秋雨先生说："它（越剧）不会有中原文化的雄浑，朔北文化的苍凉，巴蜀文化的辛辣，南粤文化的热闹。平适富庶的地理环境给了它以雅丽柔婉的风姿，开化畅达的人文传统给了它以沉稳蕴藉的气质。"越剧的这种风姿和气质在不同的人群面前，其实又照应着民族人群的性格特质和生命特质。也正是此，给了他们找到共同归属和共同价值的参照及指导。

③ 戏曲艺术美感的多样化体现。一种戏剧的发生和发展史伴随着其不断学习借鉴其他戏剧艺术形式的历史。从一定程度上说，越剧既延续了中国传统戏剧的艺术美感特质，又具备现代戏剧艺术的某些艺术美感特质，是戏曲艺术美感多样化的体现。

4. 河海大学学生的访谈分析

(1) 娱乐多元化的冲击使得戏曲文化与高校文化的结合面临困境

虽然各方都很重视传统戏曲进校园，传统戏曲文化在高校的传播力度也在不断加大，对高校大学生全面发展、人文素养的提高起到了非常好的促进作用，但是传统戏曲文化要实现与高校文化的有机结合，仍面临较大的困境。特别是最近几年，随着新媒体的快速发展，大学生拥有了更多的娱乐休闲方式，一些更具娱乐性、观赏性的综艺节目、影视剧受到了学生的青睐。这对于传统戏曲文化在高校的传播无疑是一种挑战。大学生在众多娱乐文化中逐渐失去了方向，这在一定程度上使传统戏曲文化在多元化娱乐浪潮中慢慢淡出人们的视野。

(2) 传统戏曲文化缺乏创新，吸引力不够

传统戏曲节奏平缓，与当今快节奏的生活不相符，因此很多大学生难以对传统戏曲产生兴趣。传统戏曲演唱十分精彩，但是当代大学生对传统戏曲不够了解，无法领会其中的精彩之处，因此不想听、不愿意听。若传统戏曲文化依然以传统形式为主，没有充分关注当代高校大学生的思想和爱好，没有充分运用现代化技术呈现出来，缺乏创新，就很难得到大学生群体的普遍认可。不管是在灯光、布景方面，还是在化妆、服饰、氛围方面，传

统戏曲都应该有所创新，有所突破。

（3）大部分高校的戏曲文化传播氛围不够浓厚

普及和发展传统戏曲文化并不是一蹴而就的，需要大学生经历了解、接受、传播等各个环节，因此要想在高校中更好地传播传统戏曲文化，首先要使大学生对其有所了解，而传播氛围就成了关键。目前，很多高校对此并不重视，虽然部分高校开设了戏曲选修课、举办过戏曲讲座，但很多大学生只是听听而已，有的甚至根本就没有接触过戏曲文化。这说明高校中传统戏曲文化传播的氛围不够浓厚。社会和政府对传统戏曲文化进校园给予了很大支持，传统戏曲文化在学校的繁荣发展还有很长的一段路要走。

5. 综合访谈分析

根据所有的访谈结果，本调研组归纳出了戏曲文化保护与传承的现状以及影响因素。

（1）国家政策

目前的整体情况是，被列入国家级非物质文化遗产项目名录的优秀传统文化受到重视，政府政策支持到位。但是由于地方经济社会发展水平不同，各地区的具体情况、水平差异比较大，发展不平衡，即使是同一剧种，处境也不一定相同。

（2）传媒技术

① 传播手段单一。每一门艺术想要获得更好的生存空间，首先必须有快捷迅速的传播途径。但在当下，地方戏曲文化仍然主要靠舞台演出、优秀剧目下乡展演等形式进行传播和推广。由于没有形成较为统一的传播体系，戏曲传播效果收效甚微。传播手段过于单一是新媒体时代下戏曲媒介传播的主要问题之一。

② 传授者的网络活跃度低。在我国文化传播的过程中，地方戏曲文化网络传播的活跃度不够，网络中关于戏曲的资源很少使得戏曲文化的网络传播遇到了阻力。我国戏曲文化传授者没有很好地运用新媒介的传播优势，对于新媒介的使用能力尚需加强。

（3）戏曲人才

① 缺乏专业戏曲表演人才。戏曲艺人是非物质文化遗产保护的核心载体，也是当下戏曲传承的关键。首先，从老一辈传承人角度看，从事戏曲表演的老艺人们有的去世，有的年龄大、体弱多病，表演水平自然有所下降，难以在传承教导中百分百投入。其次，戏曲演员的收入相对偏低。以口传身授为主要传承方式的戏曲，其学习需要花费大量的时间和精力，而大量年轻人为了谋生选择外出务工，愿意静下心来学习戏曲的年轻人较少。

② 人才培养机制不健全。戏曲演员的培养是戏曲持续发展的客观要求。而戏曲演员的培养要从娃娃抓起。但很多戏曲艺术学校和剧团难以吸引优秀生源。师资力量缺乏，有的老师耐不住寂寞自谋职业去了。有的学校虽然开办了相关专业培养戏曲表演、创作和编导等方面的高级人才，但学生大多是进了专业学校才开始正式学习的，由于入行时间短，艺术底子薄，其要达到前辈艺人的成就和境界还有相当长的路要走。

（4）戏曲的创新力

阻碍戏曲发展的一个重要因素是戏曲创新不足，不能与时俱进。首先，缺乏专业的戏曲创编人员，曲目陈旧，老剧本更多的是体现创作人员对于当时社会的认识，跟不上时代的步伐，鲜有符合年轻观众审美趣味的剧情，剧本创作质量不高。其次，传统守旧的形式难以适应现代人的审美要求。最后，一些地方小戏现有的艺人多为50岁左右，受限于当时的经济、教育等因素，他们的文化水平有限，难以创新。

一些戏曲演员属于兼职身份，不愿意花费过多精力进行剧本创新，导致同一剧本多次演出。随着社会的发展，戏曲若不寻求创新，必然难以满足人们日益增长的文化需求，导致戏曲演出市场边缘化，由此陷入恶性循环，戏曲的可持续发展成为无本之源。

（5）戏曲的表现力

语言限制戏曲传播。一些地方戏以当地方言传唱，是戏曲艺术的艺术特色和标签。但也正是这一极具地方特色的语言艺术，使得戏曲的传播受到限制。就目前来看，越来越多的年轻人已经对家乡的方言不甚熟悉，有的甚至完全听不懂，这对戏曲的推广产生了很大的影响。此外，对于不说该地方言的人来说，地方戏更是显得陌生和难以理解，所以慢慢也就不太愿意再去深入了解了。

（6）资金投入

资金匮乏是戏班中普遍存在的问题。在发展较好的戏班中，扣除戏班的日常开销，演员一个月拿到的演出费用只够勉强维持基本生活，那些名气不大的戏班的收入可想而知。在没有演出任务时，很多演员都会寻找一份业余工作来补贴家用。戏班要做强、做大，不能仅仅依靠政府的补贴，否则终是难以走得更远。

（7）网络环境

网络技术改变了戏曲文化的发展与传承模式，不仅使珍贵的戏曲历史材料及数据保存拥有了技术保障，能够建立庞大的戏曲数据库以利于戏曲文化的研究，更出现了许许多多的戏曲网站、论坛、微博、微信公众号、视频号、App等多媒体平台，专门致力于戏曲文化的传播，为戏曲爱好者提供了多元的表达空间。

但与此同时也存在着一系列的传播问题：戏曲网站的资源总量虽多但更新速度慢；内容陈旧，信息单一；与受众的互动较少；戏曲微博发布的信息虽然多样，但整体活跃度低，受众的参与程度不高，其点赞、评论、转发量较少，评论得到的有效回应也较少；戏曲论坛帖子内容丰富，但主要以寻求戏曲信息为主，受众之间的交流互动较少，跟帖中的有效回复也不多；以抖音为代表的戏曲短视频传播形式新颖但戏曲元素少、内容粗浅且同质化现象严重；戏曲类App也存在着内容更新慢、版本升级迟缓的问题。

同时，戏曲文化本身就存在戏曲剧种发展不平衡的情况，一些小的地方剧种生存艰难，甚至面临消亡，热爱戏曲的主要群体也多集中于中老年人，其网络接触行为大大低于以年轻人为主要群体的网络用户。特别是在当下，网络主体的审美活动趋于快节奏、碎片化，网络审美过程充斥着浅层化和娱乐化的趋势，进一步导致了极具古典特色的慢节奏的传统戏曲艺术在激烈的文化竞争中处于劣势，不易受到网络主体的广泛关注。

(8) 受众群体

戏剧受众减少，难以得到年轻群体的认可。在文化产业繁荣发展的背景下，受到多元化娱乐选择和消费的冲击，传统戏曲演出的形式、内容跟不上时代发展，缺乏创新活力，难以满足现代青年文化消费者的需求，故而导致青年受众越来越少，甚至出现年轻人完全不了解戏曲的现象。戏曲不得不接受观众日益老龄化的残酷现实。

四、调查结果总论

从本次调查可以看出，在弘扬中华优秀传统文化、"深入挖掘中华优秀传统文化蕴含的思想观念、人文精神、道德规范"、"推动中华优秀传统文化创造性转化、创新性发展"等新时代新思想新任务的指引下，非物质文化遗产保护传承工作已成为当前我国文化领域的重要工作，渗透于文化经济发展的多个领域。而我国从顶层设计到具体政策大力推进戏曲的传承与发展，也意味着戏曲的保护、传承和发展不仅上升到了国家战略层面，也已融于社会发展的众多方面，社会大众对此也积极响应。可见，我国的戏曲保护工作已初见成效。但与此同时，地方戏曲的保护与发展仍然存在不少问题。

（一）地方戏曲保护与发展中存在的问题

1. 传承群体流失

地方戏曲传承和发展的关键就在于人。目前，还有很多人认识不到地方戏曲对于传承中华文化、弘扬民族精神和促进社会和谐稳定的重要性，对文化生态建设的重要性和紧迫性认识不足。很多年轻人对地方戏曲缺乏兴趣，不愿意主动去学习和了解地方戏曲，地方戏曲接班人的培养困难重重。有些接班人只是把地方戏曲作为一种工作方式、谋生手段，没有主动传承的意识，这也导致地方戏曲难以得到有效的传承和发展。

地方戏曲的传承和发展不仅需要有从业者，而且也需要有观看者。目前地方戏曲的受众群体老龄化严重，随着生活节奏的不断加快，人们的生活方式和娱乐方式发生了巨大的变化，"80后""90后""00后"多热衷于微博、微信等网络空间，鲜少走到剧场去看戏。因此，如何实现文化生态保护的社会动员，使各方面达成共识，调动保护区内广大民众广泛参与的积极性，最终形成政府主导、民众参与、社会协同的良性互动，是地方戏曲文化生态保护建设所面临的主要问题之一。

2. 人才断档，技艺失衡

从当前花鼓戏、牛娘戏、越剧的发展现状分析，存在的突出问题为人才断档，技艺失传。现有的艺术从业者普遍年龄较大，出现人员老龄化情况，部分艺术水准较高的艺术家因年纪过大或疾病在身无法参与戏曲表演；然而年轻的从业人员缺少演出经验，难以在短期内系统掌握戏曲表演的精要。总体来说，艺术的核心部分依旧掌握在少数老艺术家手中，未能传承到新一代，出现人才断档、技艺失传的情况。很多专业团体中的说戏人和表演者都已退休，部分身体不适难以继续参与戏曲表演。比如，牛娘戏剧团现有的艺术骨干多数年龄超过 45 岁，呈现人员老龄化的情况，影响着戏曲文化的生存及发展。

3. 戏曲自身创新力不强

非物质文化遗产保护背景下，戏曲的保护与传承需要促进戏曲自身的创新与发展，以使戏曲符合时代发展进程，包括当代人的审美需要、艺术诉求等，促进戏曲在实现发展中的保护与传承。戏曲是历史发展的产物，应满足当下时代人们的需求，以其独有的艺术形式吸引受众，实现戏曲的保护与传承。与此同时，戏曲自身的创新模式也增强了戏曲的魅力，使戏曲得到进一步发展。但从当前戏曲的保护与传承状况来看，戏曲自身创新力不强，戏曲中的一些元素，如冗繁的唱段与慢悠悠的节奏不能满足人们的需求。在此背景下，社会大众尤其是新生代的青年人对戏曲保护与传承的积极性不高。这不利于作为非物质文化遗产的戏曲的保护与传承。

4. 经费困境

资金问题是各地基层文化工作者所表达出的最多、最普遍的问题。这既不是无病呻吟，也不是等吃靠要，确实是需要面对和解决的首要难题。目前的整体情况是，被列入国家级非物质文化遗产项目名录的优秀传统文化受到重视，资金支持与政府政策支持到位；但是由于地方经济社会发展水平不同，各地的具体情况、水平差异比较大，各地戏曲发展情况不尽相同，即使是同一剧种，处境也不一定相同。经费的严重不足，使得许多关于保护、传承、发展的设想成为"纸上谈兵"，无法落地实施，非遗工作开展举步维艰。

因保护经费投入不足，保护单位为生计奔波，常年疲于演出，对自己独有的"宝贝"投入的精力和人力自然相当有限。目前民间戏曲的表演市场体量小，参与人员较少，影响力和自身文化价值的发挥有限，对该剧种老剧本、曲谱以及老艺人等珍贵资料的挖掘整理工作因资金缺乏，一直处于停滞状态。在对从业者的访谈中，我们深切地感受到基层的从业者们对当地优秀传统文化有无限深情和一腔热情，他们对保护即将消亡的乡土文化的渴望令人动容。

5. 语言环境的改变

任何一个地方剧种、曲种都是其在特定语言环境即区域方言环境中生长起来的。方言是区域文化的具体表现，也是其传承发展的工具。方言构成了地方戏曲的最本质特征、最突出要素和最显著个性，也是其区别于其他地方剧种最主要和最重要的标识。目前，人们的交流以普通话为主，特别是年轻一代从小就被强调对普通话的使用，方言的使用空间大幅萎缩，地方戏曲的语言生态环境亦令人担忧。

"三五人演出千军万马，六七步走遍四海九州"的戏曲艺术，是中华优秀传统文化的典型代表，是在漫长而曲折的历史长河中孕育、沉淀、演化、变革、创新、发展而承传下来的珍贵遗产，承载着中华民族"乡愁"集体记忆和文明积淀。尽管随着历史的不断变迁和文明的不断演进，民间戏曲的生存空间在不断萎缩，但在当前全面推进非物质文化遗产保护传承工作的大好形势下，无论是保护主体还是实施保护的政府机构，都应立足于其艺术特性和发展规律，凭风借力，有所作为，使古老的戏曲艺术重焕生机，以独特的姿态，展现中华民族鲜明的文化特色，不使其过早成为记录历史文化的博物馆艺术。

（二）对策与建议

地方戏曲面临着因不能适应社会环境的变化而落后于时代、戏曲种类不丰富甚至逐渐消亡的现状，如何让地方戏曲得到更好的保护与传承，是我们本次调研需要解决的问题。

1. 政府层面

（1）发挥保护与传承效能

问卷调查结果显示，戏曲文化保护与传承对戏曲保护与传承具有积极意义。而政府是戏曲文化保护与传承依靠中的国家政策因素最直接的实施者。在非物质文化遗产保护背景下，戏曲的保护与传承需要充分发挥我国政府的保护与传承效能。一直以来，我国较为重视非物质文化遗产的保护，并制定了较多的非物质文化遗产保护方案，以此为非物质文化遗产保护提供保障。而对于戏曲的保护，政府不仅要践行非物质文化遗产保护方案，而且要根据戏曲文化传承的进展与现实状况，发挥政府对戏曲的保护与传承的效能，拓宽戏曲的保护与传承面，推进戏曲的新时代发展进程。首先，政府要重视对非物质文化遗产戏曲的保护与传承，收集相关的戏曲文化信息，将这些信息进行整理归档。其次，政府要重视对戏曲传承人的保护与支持，并且给予戏曲文化事业发展一定的财政补贴，鼓励传承人传承与弘扬戏曲文化。最后，政府要加强对戏曲的宣传，借助各大媒体平台，包括传统媒体和新媒体平台，使戏曲以多路径、多样化方式进行传播。例如，中央电视台11套节目以各地方剧种的演出、访谈等为其节目播放与传递的主信息，吸引较多的戏曲专业人士及爱好者关注。同时，促进戏曲在新媒体平台中的推广与宣传。总之，政府应加大人力、财力的投入，确保戏曲文化的保护与传承。

（2）搭建网络戏曲传播平台

传媒技术对戏曲的保护与传承具有积极意义。政府应助推文化企业在媒体平台中传递戏曲文化，拓宽人们获取戏曲的信息面，充分发挥传媒技术在戏曲文化保护中的功效。因此，在非物质文化遗产保护背景下，应构建网络戏曲传播平台，促进戏曲的保护与传承。首先，地方政府应整合、挖掘戏曲文化，以戏曲文化为基础，促进戏曲文化与技术的融合，在网络平台中以视频、微视频形式展示，使戏曲在多个平台中流通，以此吸引较多的受众群体。其次，助推博物馆网络化进程，借助网络平台展示、宣传戏曲，使戏曲文化的传播更及时、更具权威性。同时，网络平台传承与传播戏曲，能实现戏曲信息资源的永久保存。最后，政府多开展戏曲活动，包括线上戏曲活动和线下戏曲活动。针对线下的戏曲活动，运用先进设备录制戏曲表演活动，将这些信息资源上传到网络平台中供人们观看；针对线上的戏曲活动，以主题活动为导向，吸引人们参与其中进行戏曲的讨论及实践，深化人们对戏曲文化的认知与理解，实现戏曲文化的保护目的。

（3）加强戏曲与教育体系的互动

教育是我国各项事业发展的有力支撑。党和政府高度重视我国教育事业的发展，而通过教育促进我国非物质文化遗产戏曲人才的培养，是戏曲保护与传承的另一可行模式。在教育层面，根据学生所处学段的不同，开设戏曲学科，推进戏曲学习进程，发挥学校的文化传播功效，促进戏曲的传承与发展。同时，构建完善的戏曲课程体系，使学生系统、科学、全面地学习戏曲知识、技能，促进我国戏曲的保护与传承。因此，在非物质文化遗产保护背景下，可经由教育路径，从小培养学生对戏曲学习的兴趣，以学生戏曲传承为基础，促进我国戏曲的广泛传播和传承。

2. 戏曲传承者层面

（1）做好戏曲宣传，培养传承人

针对当前戏曲传承与发展面临的人才断档问题，要加大戏曲文化宣传力度，积极培养传承人，为文化传承和发展储备人才力量。例如，可以组织开展走进小学的活动，为师生们带去精彩的戏曲表演。演员们在表演时可以采取"讲解＋互动"模式，同师生进行交流互动，使师生了解戏曲，在学生心中种下戏曲的种子，增强学生保护与传承戏曲的责任与意识。

（2）新传承的方式

戏曲的传承指的是掌握能够延续与发展戏曲的核心技艺，同时获得个人认可或者集体认可，不过这并不是戏曲传承的唯一途径。要积极培养艺术骨干，创新传承方法，例如传帮带，邀请老艺人进行艺术指导，结合剧团的规模、演出形式等，积极调整传承方法，拓展传承渠道。要积极挖掘艺术人才，充分利用其天赋及能力，促进地方戏曲的传承与发展，实现文化的社会价值。

3. 戏曲自身层面

（1）借助新媒体，创新戏曲的保护与传承渠道

新媒体是相对于传统媒体而言的，是建立在先进的技术、设备基础上的。新媒体的信

息传播广泛、呈现多元性，为戏曲的保护与传承提供了更多方式和途径。可以借助新媒体平台，创新戏曲的保护与传承渠道，使戏曲在新媒体的技术赋能下更好地得到宣传推广。这也是戏曲可持续化传播的有力路径。首先，促进戏曲内容的创新。以往个人口传的模式下，需要徒弟具有较高的领悟领会能力。而新媒体背景下，可将戏曲与技术融合，以视频、音频等多种形式呈现，使人们能够深入理解戏曲文化。其次，新媒体拓宽了戏曲的传播广度，以多个媒体平台传递戏曲内容。例如，充分利用快手、抖音等平台吸引更多的受众，促进戏曲信息资源的传播。

（2）实现戏曲动画化，吸引更多的受众

动画是人们较为喜爱的娱乐方式之一，其受众面广泛，上至老年人下至孩童都喜欢动画。可以说，动画在我国产业发展中呈现出良好的态势。戏曲是我国优秀传统文化的重要组成部分，可以将经典戏曲故事进行动画创作，吸引人们的关注，尤其是儿童，通过动画了解戏曲，热爱戏曲，学习戏曲。网络技术又可以将戏曲动画推向世界，使其受到更多人的喜欢，促进我国戏曲的国际传播，提升我国传统文化的世界影响力。此外，还可以开发相关的戏曲动画游戏，促进戏曲的传播与保护。

（3）地方戏曲自身传承内容的革新

调查结果显示，戏曲文化的吸引力对于保护与传承行为具有积极意义，而戏曲文化的吸引力主要来源于它的内容与形式，所以对于戏曲文化的保护可以从戏曲自身的内容、形式着手，通过戏曲内容、形式的创新来使戏曲重新焕发生机。好的戏曲作品一定是反映大众的喜怒哀乐、日常生活的，这样才能实现戏曲受众和表演者、创作者的精神共振。好的戏曲创作应注重体现中华民族的文化精神，反映中国人的民族文化心理。传统戏曲想要长演不衰，就不可能一成不变，除了要对其内容和形式进行整理、改编、加工外，还应根据时代发展的要求不断推陈出新，让传统曲目焕发出新的生机。首先要保留地方戏曲原有的表演内容和形式，其次要积极吸收对其发展有利的元素，并在展现现代生活和满足现代审美诉求方面下足功夫。去芜存菁，按照时代发展要求与公众的价值追求，为地方戏曲赋予更多的时代元素，在继承传统的基础上寻求发展。

地方戏曲的传承，在保持其传统特色和优势的同时，还需要与时俱进，通过打造更多与新时代发展相适应的作品来吸引受众，丰富地方戏曲的艺术体系。传统戏曲的革新和艺术的再创作，需要地方戏曲传承人不断对表演手法和内容进行更新，也需要政府以及戏曲保护单位的有效引导和支持。

4. 民众层面

在地方戏曲的传承和发展中，从业者和观看者是缺一不可的。观众是戏曲生存和发展的土壤和根基，只有拥有大量且可持续的受众群体，才能激发地方戏曲传承人演出的热情，才能推动剧目创作，提升表演水平，并进一步吸引更多的人关注地方戏曲，在良性循环中立住脚，持续向前。普通民众在地方戏曲保护工作中扮演着非常重要的角色，发挥着非常重要的作用。因此，普通民众要有高度的责任感和对文化遗产的深厚情感，对"本土文化基因认知的自觉"。为了使普通民众更好地参与到地方戏曲保护中，使地方戏曲保护工作得到更好的落实，我们提出以下两点建议。

（1）主动了解相关政策法规，积极响应国家戏曲保护号召

普通民众要深入地了解和掌握国家的相关法律法规和政策，认真理解濒灭剧种在地方和民族文化中的重要地位以及与非物质文化遗产的关系，深入了解政府及相关部门对濒灭剧种所采取的抢救和保护措施、所取得的成绩、经验与不足。在日常生活中，要积极响应国家号召，将戏曲保护落实到行动中，最终形成政府主导、民众参与的良性互动局面，使戏曲保护真正融入人们的生活，让地方戏曲保护常态化。

（2）自觉学习、宣传戏曲文化，提升戏曲文化的认可度

普通民众要养成以中国传统戏曲文化为荣的观念，坚持了解戏曲文化。要在日常生活中积极宣传戏曲文化，带动身边的人一起投身到戏曲文化宣传活动中，提升戏曲文化的知名度和认可度。要自觉学习、推广、传播戏曲文化，切实做到"立德立功立言"。普通民众还要努力在日常学习和生活中感受传统戏曲文化的温情和独特魅力，亲近戏曲，让戏曲逐渐成为一种认同、一种情怀，让传统戏曲文化深入内心，融入血液，成为内在的文化基因，最终使保护戏曲内化于心、外化于行。

第三篇 地域特色

对于在南京求学的学子来说，观察新中国成立70余年来发展变化最直观的方式，莫过于将目光投向脚下生活的这片土地——六朝古都南京。本篇围绕南京的基础设施建设及非物质文化遗产保护等展开，力求以小见大，从南京的发展变化窥见整个新中国社会的发展变化。

作为典藏人文自然遗产的文化教育机构，博物馆始终是一个城市乃至一个国家的文化符号和精神标识。被称为中国三大博物馆之一的南京博物院正是这样一个承载着深厚历史文化和民族情感的重要场所，是数千年来中华文明历史发展最直接的见证。

图书馆作为公共文化机构，同样承载着人类文明发展的成果。在文化大发展大繁荣的背景下，以金陵图书馆为代表的公共图书馆需要思考如何寻求创新，从而实现长久的发展。博物馆、图书馆等所提供的文化精髓和社会记忆无形中滋养着当地人们的精神生活。

城市经济的发展离不开城市交通的发展，跨江桥梁建设对于处在长江中下游地区的南京来说具有重要意义，是搭建交通骨架不可或缺的一部分，增进了民生福祉，推动着南京这座古城大踏步迈向现代化的国际都市。

被列入中国首批非物质文化遗产名录的南京云锦，为中国三大名锦之首，其特有的木机妆花手工织造技艺成为中国古老织锦技艺最高水平的代表。南京云锦历来是皇家御用贡品，如今织造南京云锦的技艺却濒临失传，亟待更好地传承和保护。

小吃是南京饮食文化中的重要组成部分。主营牛肉锅贴的百年老店蒋有记是南京知名清真饮食店，其一路走来的兴衰起伏与国家发展紧密相关，从侧面展示出南京民风民俗和社会生活风貌的变化。传承工匠精神，保护地方文明，弘扬优秀传统文化，成为当代青年的责任与使命。

从南京博物院的发展看新中国公共文化建设

党的十八大以来，以习近平同志为核心的党中央将加快构建现代公共文化服务体系纳入"四个全面"战略布局。南京博物院作为中国三大博物馆之一，在公众文化建设中的作用愈发重要。

一、调查目的与意义

在 2020 年 9 月 22 日教育文化卫生体育领域专家代表座谈会上，习近平总书记提出要"着力提升公共文化服务水平，让人民享有更加充实、更为丰富、更高质量的精神文化生活"。公共文化的内容极其丰富，并随着当代社会的发展而不断延伸。因此，文化教育和大众认知的关系也必然是复杂且不断变化发展的。博物馆作为公共文化服务机构，有着深厚的历史底蕴和丰富的文化内涵，是一个城市乃至一个国家的文化符号和精神标识。在中国社会飞速发展的背景下，若要让公众喜爱并走进博物馆成为常态，博物馆一定要符合广大公众的认知水平、审美情趣、知识结构和身心需求，要更加专业化、个性化、品质化，使其功能在公众参与和共享中得到拓展与延伸。

南京博物院是中国创建最早的博物馆，也是第一座由国家投资兴建的大型综合类博物馆。我们是否可以从南京博物院的发展中寻找出一些优秀经验，给其他博物馆提供借鉴？此次调查的目的在于了解大众对以南京博物院为代表的公共文化继承与发展的现状认知，通过大众对公共文化发展趋势的态度分析其是否肯定公共文化在社会中的影响力以及是否对中国公共文化的未来充满希望。最后我们针对南京博物院现存的问题提出一些创造性建议，希望彰显公共文化的活力和生命力。

二、调查方法

本次调研采取了问卷调查和个案访谈两种调查方法。

(一) 问卷调查法

该调查问卷是根据公共文化的发展现状和南京博物院的发展历史经过自行设定和反复

修改后形成的，主要采用选择题和主观题相结合的形式，给参与者充分的自由表达的空间。线上、线下同步发放调查问卷，共回收157份线上问卷、200份线下问卷，总计357份问卷，回收率100%，其中有效问卷357份，得到随机样本并对调查结果进行统计和分析总结。

（二）个案访谈法

随机对南京博物院的参观者进行采访，受访者主要分为在校学生和社会人士两种，共计36人。调查问卷中年轻群体占比较大，因此实地采访时大多选取年龄较大的社会人士进行访谈，以此增强数据的有效性。我们在后续工作中整理了相应的访谈笔录、访谈报告以及对策建议等，以此反映出不同职业、不同年龄段的人对南京博物院及中国公共文化建设的了解情况。

三、调查结果与分析

（一）问卷调查结果与分析

此次问卷调查主要是系统地了解调查对象对南京博物院的发展历史与现状、公共文化建设内涵以及新中国成立70多年来国家公共文化建设的感受和建议，分析新中国成立以来公共文化建设的特点、定位与发展方向，在此基础上提出博物馆在公共文化建设中应发挥的作用和意义。

1. 受访者的年龄

调查结果显示，在问卷调查的357名受访者中，65%的人年龄在18～25岁，17%的人年龄在26～55岁，2%的人年龄在55岁以上，还有16%的人年龄在18岁以下。本次调查主要以年轻群体（大学生）为调查对象。

2. 受访者的职业

调查结果显示，在357名受访者中，在校学生占比76%，企业工作人员占比10%，国家机关工作人员占比5%，自由职业者占比4%，从事其他职业的占比5%。从数据中可以看出，本次调查主要以年轻群体（大学生）为调查对象。

3. 受访者对公共文化服务体系组成部分的看法

调查结果显示，受访者中有239人认为博物馆属于公共文化服务体系，人数最多；其次是图书馆、乡镇文化站、景点和大学。大部分受访者可以明确辨识出公共文化体系的组成部分，但仍有部分受访者不能明确公共文化服务体系的概念。

4. 受访者对公共文化建设的参与程度

调查结果显示，受访者在学习和工作之余较少主动了解我国公共文化建设情况的占比

82.91%，对公共文化建设情况比较了解的占比9.24%，从未了解的较少，占比6.16%，非常了解的占比最少，为1.68%。大部分受访者对我国公共文化建设情况了解不多。

5. 受访者了解南京博物院的途径

调查结果显示，受访者主要是通过网络途径了解南京博物院的，占比44.54%，有些受访者是通过亲朋好友或老师介绍、书刊等了解南京博物院，少部分受访者是通过实体形式，如机场中南京博物院的纪念品店、地铁中的传媒屏幕或地图了解南京博物院的。

6. 受访者是否参观过南京博物院*

调查结果显示，在157名线上问卷受访者中，参观过南京博物院和没参观过的数量基本接近。由此可以看出，一是此次调查问卷数据体现了公平性和有效性，二是大众对于我国公共文化建设的参与程度和热情并不是很高，我国公共文化建设尚有很长的一段路要走。

7. 受访者没有去过南京博物院的原因

调查结果显示，在79个未参观过南京博物院的受访者中，"没有时间"是最主要的原因，其次是"参观人数太多，影响参观体验"，还有14人是因自身对博物馆不感兴趣而选择不参观南京博物院。南京博物院在运营的过程中存在参观人数过多、影响参观者参观体验的问题。这是南京博物院在今后的发展中需要注意和解决的问题。

8. 未去过南京博物院的受访者是否有参观的意向

调查结果显示，在79个未参观过南京博物院的受访者中，有69人有将来参观南京博物院的计划，有10人没有参观的打算。大部分受访者对我国公共文化建设抱有很大兴趣，愿意参与并投身到公共文化建设中。

9. 受访者选择参观南京博物院的原因

调查结果显示，在278个参观过南京博物院的受访者中，选择参观南京博物院的原因分布比较平均，选择最多的是"分馆众多，展品丰富"，其次是"自身特色鲜明"，同时也有很多受访者选择"知名度高"和"参观成本低"。

10. 受访者是否参加过南京博物院的付费项目

调查结果显示，74.1%去过南京博物院的受访者未参加过南京博物院的付费项目（展览、讲座、戏剧等），25.9%的受访者参加过付费项目。大部分受访者并不愿意额外为一些有偿项目付费，从而推断出大部分民众并不愿意在有偿文化建设项目上做额外的花费。

11. 受访者参观南京博物院的次数

调查结果显示，在参观过南京博物院的278个受访者中，93.53%的受访者参观过1~5次，仅6.47%的受访者参观过6~10次，没有受访者参观过10次以上。绝大部分受访者

---

* 由于实地问卷发放场所为南京博物院，200份现场调查问卷的调查对象均参观过或正在参观南京博物院。因此，200份现场问卷调查结果不列入第6至8点的分析范围。

不会反复参观南京博物院。

12. 受访者购买过南京博物院的哪些文创产品

调查结果显示，在参观过南京博物院的278个受访者中，64.39%的受访者没有购买过南京博物院的文创产品，35.61%的受访者购买过。其中，58人次选择购买的是文具类文创产品，47人次选择的是装饰类文创产品，29人次选择的是生活用品类文创产品，选择购买化妆品类和服饰类文创产品的分别为22人次和13人次，还有17人次选择购买其他品类的文创产品。由此可见，大部分受访者不会选择购买文创产品，而在购买文创产品的受访者中，选择文具类文创产品的最多。

13. 受访者购买这些文创产品的原因

调查结果显示，受访者购买文创产品主要是因为产品本身具有的纪念意义和文化价值，其次是产品物美价廉或实用性高。消费者普遍认为文创产品虽然具有一定的文化价值和纪念意义，但若价格太高，并不利于公共文化建设。

14. 受访者对南京博物院历史的了解程度

调查结果显示，73%的受访者不太了解南京博物院的历史，11%的受访者比较了解，1%的受访者非常了解，而15%的受访者从未了解过南京博物院的历史。大部分受访者对南京博物院的历史并不是很了解甚至从未了解过，说明我国公共文化建设尚未达到十分普及的程度。

15. 受访者对南京博物院的时代性认识

调查结果显示，63.59%的受访者表示南京博物院的发展是与时俱进的，而2.24%的受访者认为南京博物院的发展跟不上时代发展，34.17%的受访者对此并不清楚。总体而言，我国公共文化建设基本是与时俱进的，但在某些方面跟不上时代发展，还有很长的路要走。

16. 受访者认为作为公共文化的载体，南京博物院当前面临的困难和挑战

调查结果显示，受访者中认为阻碍南京博物院发展的原因是"场地有限"的有159人次，"展览形式单一"的有201人次，"过度商业化"的有86人次，还有部分人认为"管理模式僵硬"，少部分人认为"缺少资金支持"或"缺少公众参与"。大部分受访者认为主要是南京博物院自身的原因导致其发展受阻。

17. 受访者认为近年来南京博物院大众认可度越来越高的原因

调查结果显示，受访者中有218人次认为南京博物院大众认可度高是因为"宣传方式多样化"，134人次认为"展览形式有特色"，176人次认为"设施齐全、管理到位"，93人次认为"国家政策支持"，102人次认为"参观成本低"。南京博物院作为国家级的综合性历史艺术博物馆，是中国三大博物馆之一，是南京重要的"打卡地"。同时作为公共文化设施，南京博物院只需要提前进行线上预约就可以探索艺术的魅力，感受文化的熏陶，这也是其得到大众喜欢和认可的原因之一。可见，南京博物院大众认可度高更多是其自身的原因，证明我国公共文化建设总体上较为成功。

18. 受访者对各分馆的喜爱程度

调查结果显示，受访者中有 237 人次喜欢南京博物院的民国馆，172 人次喜欢历史馆，147 人次喜欢数字馆，而喜欢艺术馆、特展馆和非遗馆的人数相对较少。调研小组分析受访者喜欢民国馆、历史馆和数字馆的原因如下：第一，自身特色鲜明，如民国馆中的仿民国建筑给人以身临其境的感觉；第二，地理位置优越，如历史馆正对博物院大门，参观者一进门就会看到，选择参观的可能性大于其他馆；第三，展品有吸引力，如历史馆中陈列的很多展品是历代大家的作品，人们不仅可以欣赏到书法绘画，还可以了解到不同时期、不同朝代人们的生活方式和审美特点，更具趣味性；第四，与现代科技相结合的展览方式更受大众喜爱。因此，我国公共文化建设应当更加贴近人民大众的生活和喜好，过分地追求阳春白雪有可能会适得其反。

19. 受访者喜欢南京博物院的哪种展览形式

调查结果显示，受访者最喜欢体感互动这一展览形式，其次是陈列展示、视频展示和语音导览。由此我们得出以下结论：第一，体感互动作为 AI 时代的一种重要表现形式，更能引起参观者的兴趣，同时寓教于乐，在公共文化建设中可以积极采纳；第二，陈列展示是博物馆中最传统的展览形式，在展品展示中起到非常重要的作用，大部分人对此的接受程度高，在公共文化建设中可以继续保留；第三，视频展示和语音导览作为多感官参观的展览形式，在文化传播中非常直观，同样值得传承和发扬。由此可以看出，我国公共文化建设已经发展到一定程度，但要继续发展需要采用更现代化、更贴近人民大众生活的形式。

20. 受访者对我国公共文化建设和南京博物院的建议

调查中包含对南京博物院发展的建议以及对我国公共文化建设的建议。

受访者对南京博物院发展的建议：第一，展览形式多样化、与时俱进，增强人们的体验感，增加互动式体验。作为公共文化的重要载体之一，传播文化是博物馆最主要的功能，展览形式的多样化和吸引力间接决定了其文化传播的效率，且适当利用现代科学技术可以更好地吸引年轻群体，更好地在年青一代中传播优秀文化和价值观。第二，加强学习。国内外有许多各具特色、展览形式新颖多样的博物馆，南京博物院可以增强学习意识，吸收和借鉴其他博物馆的可取之处，并根据自身情况加以利用，走出自己的一方天地，更好地为我国公共文化建设事业做出贡献。第三，谋新求变，文以化人。当今时代社会发展日新月异，文化发展也要紧跟时代潮流，一味故步自封只会被淹没在时代的浪潮中。于南京博物院是如此，于公共文化建设更是如此。南京博物院在做好自身文化提升的同时，要紧跟时代步伐，这样才能更好地服务于大众。

受访者对我国公共文化建设的建议：第一，提高大众的参与度，加强大众宣传和普及，具体体现在加强学校教育和乡村教育。学校是孕育祖国未来人才的摇篮，学生时代最重要的一点就是树立正确的人生观、价值观和世界观。公共文化对学生的三观形成有着十分重要的作用。乡村是公共文化建设的主体之一，但常常因交通和通信的不发达而发展滞后。近年来，我国公共文化建设的目标是建设普及大众的文化，因此，做好学校教育和乡村教育是目前我国公共文化建设中极为重要的一环。第二，建立完善的公共文化服务体系。建设更多的博物馆、图书馆意味着能够更加广泛地普及公共文化，能够在潜移默化中引导大众接受并主动传播优秀文化。2020年度中国数字阅读报告的数据表明，我国每年人均阅读量处在世界排名后半段，提高这一排名也是公共文化建设的目标之一。第三，加强中国传统文化建设。中华民族是拥有五千年文化的文明古国，民族文化的传承和发展是公共文化建设的第一步，最终目的就是实现文化自信和文化自强。我国优秀传统文化是我们在世界舞台上立足的底气，传统文化建设也是我国公共文化建设的重要组成部分。

综上结果分析，我国公共文化建设已经进入一个发展速度相对较快的阶段，但整体尚处在初级发展阶段。在调查过程中我们发现，大部分受访者对公共文化建设较有兴趣且认为公共文化建设对个人及国家意义重大，并对我国社会有较大影响，但他们都承认自己对公共文化建设不甚了解，且社会文化氛围不甚浓厚；少数人选择在工作、学习之余主动了解我国公共文化建设情况。社会大众对公共文化建设的整体关注度、参与度不高，且不愿意在这方面做额外的花费。同时，南京博物院自身也存在一定的问题，例如没有做好游览人数控制，导致有的时间段人数较多、参观体验不佳等。这些都直接影响到我国优秀文化的传承与发展，在一定程度上影响着我国国民素质和文化水平的提高。

尽管如此，社会大众对于公共文化建设的发展前景仍比较看好。当今时代是发展的时代，是变革的时代，公共文化建设自然也应当紧跟时代潮流。综合调查结果发现，以南京博物院为代表的公共文化服务体系正努力从自身出发谋新求变，如丰富展览形式，与新鲜有趣的现代科技相结合，使其更有吸引力，更好地发挥其文化传播的作用；建设特色馆如民国馆，在参观者的游览体验上下功夫，力求使参观者拥有最舒适、最难忘的体验；开发有特色的文创产品，将文物的文化内涵和商品的实用性结合起来，使虚无缥缈的文化具象化，以利于优秀文化的传播。

从以上调查结果可知，仍然有部分群众对公共文化建设不甚关注。想方设法加大对公共文化建设的宣传力度，营造良好的氛围，使文化潜移默化地渗透到人们的生活中，并挖掘其时代内涵，增加实践体验，增强人们了解并投身到公共文化建设中的兴趣与自觉性，将是我们努力的方向。

(二) 访谈结果与分析

本调研小组的实践主题是从博物馆看新中国公共文化建设。此次访谈能够使我们了解受访者对于公共文化的了解程度以及对博物馆文化建设功能的感知，同时探究南京博物院受大众欢迎的具体原因，让其优秀的博物馆文化为其他博物馆建设提供借鉴和经验。

1. 大众对于公共文化的了解局限于表面，了解深度不够

从访谈结果来看，绝大部分受访者听说过"公共文化"一词，但对公共文化的概念及相关建设了解不深，大部分人都局限于从字面意思猜测公共文化的含义，而对于什么属于公共文化、什么不属于公共文化，公共文化发挥的作用以及近年来在我国的发展和建设都不太了解。大部分受访者表示，自己是通过网络、新闻等途径得知"公共文化"这个词的。这些现象表明，目前国家正积极地通过互联网、新媒体等方式宣传公共文化建设，但仍然存在一些问题和不足。社会大众只是知晓了"公共文化"这一专有名词，而对于公共文化是什么、国家出台了哪些规划和政策、近年来在公共文化建设上有哪些提高和改善，都不甚了解。我们认为，首先，国家是近几年才开始大力着手发展公共文化、对其投入了较多的资金和人力的，因此很多方面还处于摸索阶段，对于公共文化的宣传还不到位。其次，有些公共文化的建设并不亲民，类似阳春白雪，虽然具有一定的深度和层次，但却与大众隔离，导致大众无法真正了解。

2. 南京博物院在公共文化建设中扮演着重要的角色，具有举足轻重的地位

大多数受访者认为南京博物院在公共文化建设中扮演着重要的角色，具有举足轻重的地位。江月年年，星汉灿烂，南京凭借着得天独厚的自然条件和深厚的人文底蕴，成为"六朝古都"，更有"天下文枢"的美誉。著名作家叶兆言说："没有一个城市能够像南京那样清晰地展现中国历史的轮廓和框架。"南京的盛衰荣辱，一直与民族发展休戚相关，我们读南京史，也是在读一部中国史。而南京博物院作为中国三大博物馆之一，是领略这个城市风俗文化的绝佳地点。许多学校会定期组织学生集体参观南京博物院，许多家长会经常带小朋友参观南京博物院以了解中国传统文化，许多外地游客甚至海外游客会慕名来到南京博物院，感受南京深厚的人文底蕴和文化内涵。南京博物院是众多学校、驻宁部队的素质教育基地，每年开展形式多样的社会教育活动。"我们的节日""南博元素，我的灵感"等主题活动每年举办近百场；儿童趣味体验室、国内首家残疾人数字体验馆满足了特殊群体的参观需求；定期邀请金陵剪纸、扬州雕版印刷、宜兴紫砂、秦淮灯彩、南京金箔等非遗传承人现场展示非遗魅力；小剧场和老茶馆安排有木偶剧、杂技、南京白局、苏州评弹等展演。所有服务或活动均注重对博物馆及藏品的宣传以及公众文物保护意识的提升，让观众特别是青少年在互动中体会中华传统文化精髓。

随着我国博物馆建设步伐的不断加快，南京博物院运营管理理念和模式正逐步从研究

"物"（文物）向服务"人"（观众）转变，通过精品化的展览、高质量的服务、多层次的活动使事业发展回归到国际博物馆协会章程所界定的"为社会及其进步服务"的总目标上来。"一院六馆六所"的南博将在更高的发展平台上获得更大的发展空间，向集典藏、保护、研究、教育、服务于一体，具备举办各种展览、开展科学研究的软硬件基础，拥有深厚历史底蕴和鲜明特色的"国内领先、国际一流"博物馆目标稳步迈进。

3. 公众参观倾向"民国馆"，印象深、体验感强

不同于历史馆、非遗馆等陈列展品的展馆，南京博物院民国馆以复刻再现民国时期南京街景的方式将南京城在民国时期的风貌进行了生动的展现。许多受访者一致表示对民国馆十分感兴趣，参观后相较于其他场馆印象深刻得多，并收获别样的博物馆参观体验。我们分析原因主要有以下几点：

第一，南京民国历史记忆独特，民国馆传承了南京民国文化有形与无形的资产。由于南京城市历史的特殊性，民国时代距离现代较近，许多游客出于对民国历史的好奇，便倾向于走进民国馆，切身感受这段历史。

第二，创造了能参观展览还能体验互动的参观新模式。街景之屋内陈设均以征集所得和南京博物院所藏民国中上层社会之实物布展，不以复制品或仿制品充数，力求在真实中展示和体现当年的时尚。公众通过在民国馆的游览，可以了解民国时期人们的衣食住行、休闲娱乐等诸多方面，在游玩中了解和体验民国文化。

第三，采用活态展示——基于诸多有序组合场景的真实还原，再现了那段传统与现代、东方与西方交融的特定时代之风貌。这种展示方式使得民国馆不单单符合当今博物馆陈列展览实事求是、精益求精之要求，更是打造出了自成一体、独具特色的博物馆展览，加上利用材质、肌理、空间序列、颜色组合等因素进行现代诠释，又使得整体文化得到了一定程度的凝聚与提升。

4. 游客馆内迷路和绕路，导致游客参观体验满意度下降

部分受访者表示，由于南京博物院中馆与馆之间界线不清晰，加上人流量大和指路牌不明晰，游客在馆内容易迷路、绕路，浪费参观时间和精力，参观体验满意度不高。一方面，南京博物院占地面积广，给游客提供了丰富的文物资源；但另一方面，馆内人流量大，且各个展馆人流并不平均，"一院六馆六所"的格局又过于复杂，南京博物院内志愿者人数与高峰期人流量并不匹配，导致游客不能得到有效的帮助。

5. 南京博物院的文创产品创新度低、性价比不高

很多受访者认为南京博物院的文创产品性价比不高，购买并不划算。南京博物院的文创产品售卖并未专门划分出一个区域，而是分散在博物院的各个角落。显然，南京博物院的文创产品没有进行很好的宣传和摆放。同时，工作人员只负责收银，并不介绍文创产品背后的故事，而其他负责讲解的人员也缺乏对此的详细介绍。有些受访者认为，如果南京

博物院的文创产品没有其创新独特之处，那么他们宁愿在网上购买类似但售价更低的产品。一个产品只有注重创新，才能有灵魂，才能吸引游客购买。游客需要的不是一个产品，而是一个承载了丰富故事的产品。多数受访者认为南京博物院的文创产品在提高实用性的同时应注重创新性。

6. 展览形式单一、缺乏吸引力，可以增加多样的互动形式

南京博物院不是存放文物的仓库，而是承载厚重历史文化和民族情感的重要场所，因此建设南京博物院不是为了将文物、资料、藏品简单地收集保存起来，而是为了向人们提供更多、更好的展示文物的机会，让静态的历史文化传统成为浸润人们心田的源头活水。可现阶段的情况是，南京博物院存在展览形式单一、创意不够、缺乏观众动手项目、交流少限制多等问题。科技信息的发展使人们度过闲暇时光有了更多的选择。南京博物院不是一个普通的展馆，而是一个重要的传播文化的窗口，发挥着培养民众文化气质的重要功能。公众参观南京博物院，不仅仅是为了看文物、图新鲜，更是为了体味文物背后所蕴含的历史文化内涵。因此，如果不能想方设法增强馆藏文物的文化吸引力，南京博物院就难以留住游客。

南京博物院的藏品的确比较丰富，但是白纸黑字的宣传介绍方式显得过于单一，有的虽然运用了声光电等现代数字技术，在宣传形式上显得高大上，但内容上不够深刻，换句话说，不能很好地诠释文物背后深藏的文化内涵，让观众领略历史的纵深感。在这种情况下，南京博物院的文化传播功能难免大打折扣。

南京博物院应满足社会大众的不同需求，如观赏艺术品、鉴赏历史文物、学习知识、休闲娱乐、专业研究等。社会大众对博物院提出了更高的要求，不仅要能满足观众的感官享受，而且要让观众获取更多的"情感""沟通""共鸣"等体验。

随着需求的多样化，博物馆之间的竞争日益激烈。这就要求南京博物院必须寻找到与社会公众文化的契合点，满足社会公众对文化多角度、多方位的需要，从重视物的再现到重视想象、重视情感、重视人的感受等。南京博物院的理念需要从"以物为本"转变为"以人为本"。互动项目的兴起正是从创造和接受的层面体现了南京博物院"以人为本"的理念。

如今，观众的需要正从内容的满意、理性的满足上升到形式的满意、感性的满足，形式的满意与感性的满足是传播的深层次需要。要把时间艺术的演艺和空间艺术的展示进行交融，用科技创新支撑起文化内涵的大众体验。另外，与大中小学和一些社会场所进行互联互动也是很有必要的，可以加强对南京博物院的宣传。

文化是文物的内核，也是文物的生命。文物之所以珍贵，不一定在于文物本身的构造有多么巧夺天工，更多的情况则是文物承载了厚重的历史文化信息，见证了一个国家或一个地区的岁月变迁。正是这种人文价值才会让一件看起来很不起眼的物件显得弥足珍贵。

因此，南京博物院不仅仅要常态化对公众开放，更重要的是通过现代的传播手段、翔实的宣传内容、丰富的文创产品等增添自身的文化味儿，让静态文物"讲"好中国故事。

四、调查结果总论

从本次调查可以看出，随着我国对公共文化建设的不断重视，博物馆已经成为我国公共文化建设的重要一环。公众对博物馆的文化地位及承载的作用有着比较清晰的了解和认知。南京博物院已经形成了较为完整且富有特色的功能体系，并随着我国公共文化的逐步建设而得到相应的发展。但同时，南京博物院以及我国其他博物馆的发展仍然存在着不少问题。

（一）宣传力度不大导致公众对公共文化建设认识不足

南京博物院文化宣传的手段主要分为线上和线下：线上的宣传方式相对完备，但是宣传手段不够亲民，过于科技化、专业化，不利于信息向普通大众的传递。南京博物院宜采用直观的图像和文字形式来传递信息，使之更加通俗、亲民，以利于信息的传播与交流。而线下的宣传方式相对单调，多是张贴海报、举办展览，缺少人工引导，导致人们无法及时查获信息。且南京博物院内各个展厅的名称标识不醒目，对于初次来到这里的人来说不便寻找，可能会浪费时间，导致参观体验不佳，这样更不利于公民对公共文化建设的认识。

（二）博物馆还未完成从"灌输性"教育到"社会服务"的角色转变

自20世纪七八十年代新博物馆学运动兴起以来，博物馆理论与实践都发生了一系列变化，博物馆的重心开始由"物"向"人"转变。而这一转变一直持续到了现在。博物馆与观众的关系、博物馆传播信息的方式等越来越成为学界和业界关注、探讨的话题。现代博物馆的教育是建立在服务基础之上的教育，是寓于服务之中的教育。从教育到服务，是现阶段社会和公众对博物馆提出的明确要求。国际博物馆协会定义的博物馆教育，其目的在于传播知识、价值、文化，以此激发公众积极正面的价值观、道德感和创造力，培育公众追求美好生活的探索精神。博物馆的教育定位是通过"物"的展览展示，为人们提供多种多样的体验服务，从而使公众对博物馆和展品有更加直观的认识，"将观众体验置于最高位置是博物馆教育的本质"。因而，博物馆教育项目的基本理念是在公众和博物馆之间建立起一种互动关系，为公众提供丰富多样的体验教育和贴心服务，使博物馆成为建立在为社会及其发展服务基础之上的、令公众向往的"历史教育场所、知识学习场所、艺术享受场所、娱乐休闲场所和素质培养场所"。博物馆与观众不应再是以前的主体与客体、教育者与被教育者的关系；博物馆的传播方式也需要逐渐由原来单向的、博物馆自行决定传播主题和内容，转变为博物馆与观众双向互动，且越来越关注观众的需求、重视观众的体验。

（三）博物馆建设地区差异大，部分中小城市、乡镇的博物馆建设欠缺

从问卷调查和访谈结果可知，公众对于博物馆建设的地区差异表示担忧。由于经济发展的不平衡性、文化资源的不均等性、文化服务的不便利性以及地区差异性，广大的边远山区、革命老区等偏远落后地区，博物馆服务大多仍是一片空白，对于该地区的文化历史尤其是一些革命老区的革命历史传承非常不利。针对区域差异，可探索建立区域性博物馆共享平台的合作模式和创新机制，突出各馆特色，打造优势互补的博物馆公共文化服务体系，加强流动博物馆建设。

五、对策和建议

面对还不是非常完善的公共文化建设领域，如何让南京博物院更好地承担为社会公众服务的责任，寓教育于服务之中，努力为社会公众提供更好的文化服务，是本课题需要解决的问题。

（一）加强服务的"全面性"

1. 办好展览

展览是博物馆最重要的教育服务项目，是博物馆服务社会和公众的基本内容。如果仅仅推出高质量的展览（基本陈列），并不能保证博物馆社会职能的实现，完成博物馆公众教育的主要任务。针对部分展览展示学术水平很高，但观众却不理解、看不懂或觉得不好看，尤其对于青少年来说，很难激发他们的兴趣的情况，南京博物院可以拓宽服务形式，充分满足公众需求，为不同年龄层次、不同文化素养的观众群体精心策划丰富多彩、形式多样的服务，让博物院成为公众愿意来和喜欢来的地方。有学者研究指出，展览团队中社会教育人员的缺位或不到位，是导致我国博物馆展览吸引力不够、学习性不高的重要原因。此外，博物馆内标志提示、文物标识牌的摆放等，都能体现博物馆为参观者考虑的用心程度。应加大电子地图的使用率；路标指示用多种语言清晰展示，为不同国家的游客提供便利；文物标志简明清晰，用最直观的语言表述，方便公众理解。

2. 增强服务意识

南京博物院个别工作人员存在大声嚷嚷、专业文化素质不高、对参观者指手画脚、回答询问漫不经心等问题，给南京博物院的形象造成了一定程度的损害。首先，工作人员应

注重文化知识水平、技术能力和品德修养的提升，意识到自我修养与南京博物院形象的关联性，努力提高沟通、服务、学习、应变、行动、诚信等全方位素质。相应地，南京博物院管理人员应制订培训计划，定期组织开展文化知识、技术技能、品德修养方面的培训课程。同时给予南京博物院各部门自主管理权，发动工作人员参与管理，形成各自不同的风格和做法。其次，定期开展专题研讨会，积极组织工作人员参观本行业展览会，积极开展拓展训练，培养工作人员百折不挠的奋斗精神和团结协作的团队精神。最后，组织参观其他博物馆，通过对比学习，使工作人员进行自我反思与改变。

3. 提高导览服务水平

提升讲解员的讲解服务水平，把枯燥的历史转化成通俗易懂的小故事，以吸引更多参观者。讲解员可以在为参观者服务的过程中有意识地引导其挖掘、领略博物馆藏品的文化内涵。虽然南京博物院目前已经推出了人工导览、讲解器导览和微信导览三种不同的导览形式，但是存在没有导览重点、面向人群有限、忽视主题讲解、导览标志不明显等问题。对于这些问题，首先，南京博物院应该考虑到参观者中不同年龄段人群的占比，针对占比相对较多的青少年，开发相应的趣味性讲解，提高青少年参与度。同时，可适当增加人工导览，这样有利于参观者与工作人员进行互动，提高参观者的听讲兴趣。其次，博物院可以将语音导览的标识张贴在更为明显的地方，使参观者更方便地找到有语音介绍的展品，增长知识。最后，南京博物院可以在介绍展品的同时相应地对该展区展品的历史文化背景作简单介绍，使参观者对该区域的展览主旨有所了解，能够更加清楚地感受到不同时代的不同文化带来的魅力。

4. 提供反馈渠道

公开电子邮箱、设置游客意见箱，尽快、尽可能详细地了解参观者的真正需求和心理感受，以便完善体验活动和体验项目。以南京博物院内精致的文物为蓝本，制作精美、富有内涵的纪念品，让游客不仅感受到旅游纪念品外在的"物"，更感受到其中所蕴藏的"魂"；发挥博物馆历史学习的作用，向参观者呈现丰富多彩同时又精彩有趣的历史文化知识，在游览学习的同时领略历史文化的魅力，或定期开展主题朝代展，以专题的方式让参观者接受历史的洗礼；创造性地开设"博物馆课程"，让"博物馆"走出博物馆，深入学校，让学生了解博物馆的历史、概念、组织、作用等，让学生群体爱上博物馆，构建一个博物馆历史文化空间。不落后于时代，紧紧追随潮流，多角度挖掘旅游新潜力，让前来南京博物院参观的游客拥有难忘的旅游体验。

5. 加强线上宣传模式

现如今，微信公众号作为极其有效的线上宣传手段之一，已经成为各大品牌进行宣传的必争之地，因此要发挥好微信公众号对于提高南京博物院的品牌宣传力的重要作用。南京博物院利用线上资源进行宣传的意识尚嫌不足，主要在于内容不够丰富生动，大部分只是简单的活动陈述。在这方面，故宫的微信公众号"微故宫"是一个很好的学习对象。"微故宫"中有一些很有吸引力的板块，同时辅以现代科技，比如"故宫全景"等，可以帮助公众更好地了解故宫。因此，建议南京博物院多向故宫博物院学习，打造自身品牌文化，使南京博物院深入人心。南京博物院的文化创意产品也是公共服务的重要内容。对于文创产品来说，应减少其商业化因素，结合馆内特色，创新设计理念，将非遗文创产品和3D打印技术、VR虚拟展示技术等结合，使文创产品成为南京博物院的符号象征，而非仅仅作为商品售卖。

(二) 实行馆校合作，打造教育联合型博物馆

青少年教育是博物馆教育职能中最主要的部分。针对南京博物院在展览形式上与青少年互动不够的情况，我们提出加强博物馆与教育体系的合作，拓展南京博物院发挥教育功能的深度与广度，以更加新颖的形式做好文物教育，体现博物馆教育现代化，扩大影响力。从社会角度来看，教育联合型博物馆是面向社会大众的一种终身教育形式；从馆校合作角度来看，这也是给教师和学生的一种福利，教师可以提升专业能力与素养，开发新型教育模式，更好地满足学生的知识需求和情感需求；从打造智慧型博物馆的实践来看，馆方不仅可以使博物馆的文物和数据有温度，还可以通过云端资料了解全球博物馆的教育情况。我们提出的主要建议如下：

一是定期开展博物馆实地考察课程，培养学生创新精神和实践能力。学生在馆内可近距离与文物接触，在讲解中了解到考古、文物分类、文物修复等知识。除此之外，重视学生与文物的情感交流，在体验中增强其历史观和文化传承意识。

二是学校与博物馆充分沟通合作，将博物馆课程带入校园，既丰富学生的课余生活，尊重其思维方式，培养其思维能力，又为学生提供"不出校门即知博物诸事"的便利。同时博物馆管理人员能够深入学生群体，以便学生与博物馆方取得联系，在日后实践和调研中获得大量有价值的信息资料和人员帮助。

三是借助互联网络，利用现有的远程教育终端系统，把馆校合作中拟定的课程网络化，让学生可以在线下课程开始之前进行预习，在线下课程结束之后及时复习。线下博物馆课程以博物馆为主要开发方，由博物馆体系中的教育工作者牵头，立足馆藏，通过新媒体、新技术的运用，研发出符合学生身心发展的系列优质线上课程。总而言之，博物馆教育应寓于服务之中，更好地发挥其公共文化建设作用。

(三) 文物背后的保护措施尽量做到透明公开

受访者中有专业人士提出博物馆文物存在积灰的情况，希望博物馆不只是展示文物，更要采取相应的措施保护文物。博物馆要做到透明公开，不仅要展出文物和公开文物数

量，而且要公开文物背后的保存过程，让公众监督文物的保存保管情况。比如，可以以纪录片的形式向公众传播文物保护、修缮的知识，扩大文物的宣传面，让公众更加走近文物。因此，南京博物院应该建立透明公开的文物保护制度，让公众看到展出背后的故事。

（四）挖掘旅游新潜力，提升品牌竞争力

博物馆与旅游业在全球经济一体化的发展格局中，切忌丧失自身特色而千篇一律，要保持自身文化特色并与时代趋势相一致。南京博物院地处江苏，可以依托东南沿海这一大区位优势，以"江南"为口号，塑造自身品牌形象。南京是我国的历史文化名城，六朝古都的资源不胜枚举——东吴，东晋，南朝的宋、齐、梁、陈，再加上明朝文化，可打造全新"古都"品牌。同时还应加强宣传，加大高质量广告的投放力度，针对目标客户，做好市场营销，通过多种途径将南京博物院的名声传播至海内外。借助在海外举办的"南京周"活动，打造全球博物品牌；集聚科研力量，加大对文物的修复保护力度，从文物入手提升品牌竞争力。加强与其他博物馆的合作交流，多举办特色展览，扩大南京博物院的影响力。走近群众，走向生活，走进社会，打造南京博物院新的品牌竞争力，在品牌活动中提升游客体验值。

金陵图书馆的发展和使用现状调查

文化是民族的血脉和灵魂，而图书馆是人类文明不断发展以及社会生产力进步的产物，它承载着人类文明发展的成果，是民族文化积累、存储、整理、传承、发展的重要平台，在当今社会文化生活中有着举足轻重的地位。

一、调查目的与意义

改革开放以来，我国文化建设加快发展、文化日益繁荣，开创了中国特色社会主义文化建设新局面。党的十七届六中全会通过的《中共中央关于深化文化体制改革 推动社会主义文化大发展大繁荣若干重大问题的决定》，对于传承我国优秀的传统文化，弘扬社会主义先进文化，提高民族文化的软实力，增强民族文化的国际影响力具有重要的作用。当前，文化的力量，比以往任何时候都更加强大。文化的影响，比以往任何时候都更加广泛。"十四五"规划提出推进社会主义文化强国建设，以及到2035年建成文化强国的远景目标。

随着社会的不断发展进步，公共图书馆也在不断完善自身的各项服务功能，为社会发展和文明进步做出了巨大的贡献。当前公共图书馆从开展各项活动到设计周边文创，从传统线下借阅书籍到线上阅读，不断在文化大发展大繁荣背景下寻求创新，采用新的运营方式，提供更为便捷的服务，满足大众的文化需求。但公共图书馆仍然需要不断进步与创新，可以从管理模式、图书馆内人才分布、如何更好地与新媒体自媒体融合、扩大自身影响力等方面深度探索。为了更好地了解目前公共图书馆的发展及使用现状，本调研小组以南京金陵图书馆为例，以问卷的形式开展了文化大发展大繁荣背景下公共图书馆发展和使用现状调查。

二、调查方法

以南京金陵图书馆为例，设计调查问题，确定采访对象。采访对象较为广泛，涉及各年龄段群体。

(一) 问卷调查法

本次调查问卷标题是"文化大发展大繁荣背景下公共图书馆发展和使用现状调查",主要在学校图书馆、公园等公共场所以及线上发放,共 328 份。调查内容包括:个人信息、图书馆功能、去图书馆频率、去图书馆的目的、体验过的图书馆服务和活动、使用图书馆公众号的频率、线上公众号对图书馆的意义、线上线下图书馆的使用频率对比、对图书馆的满意度、如何看待图书馆志愿者举措、图书馆面临的挑战、图书馆未来的发展方向、图书馆对于推动社会主义文化建设的作用、如何看待中央提出的"文化大发展大繁荣"等。

(二) 个案访谈法

小组成员对金陵图书馆的马骥主任进行了采访,了解到图书馆的迁移、图书馆开展的活动、网红图书馆与金陵图书馆的对比、金陵图书馆的数字化、与支付宝的合作、面临的挑战、图书馆志愿者的工作等方面内容。

(三) 实地调查法

小组成员通过实地走访金陵图书馆的少儿馆、自习区、电子阅览室、文创店并观赏科普展,对图书馆的区域划分和总体概貌有了新的认识,同时对在图书馆内工作的志愿者和携带孩子看书的家长进行随机采访。

三、调查结果与分析

此次调查是从公众的视角去了解公共图书馆目前的发展及使用情况,具体是从公共图书馆的不同职能出发,了解公众在书籍借阅、活动参与、馆内体验、数字化程度等方面的具体感受,探求公共图书馆在发展、转型方面面临的机遇与挑战,从而发现公共图书馆在发展中存在的问题及具有的优势并提出对策建议,为我国公共图书馆的进一步发展贡献一份力量。

(一) 问卷调查结果与分析

问卷从图书馆馆藏及基础设施、数字化、新媒体、活动开展、文创、馆际交流等多个方面展开调查,以了解我国公共图书馆的使用状况,并在此基础上对公共图书馆的未来发展提出建议及对策。

1. 调查对象的年龄层次

参与此次调查问卷的人员年龄跨度较大,从十几岁的学生到耄耋之年的老人都涵盖在内,少年、青年、中年、老年的比例关系大致为 1:10:4:1。年龄在 18~35 岁的占 60%以上,年龄在 36~60 岁的占 25.91%,18 岁以下的占 6.71%,60 岁以上的占 6.10%。

2. 调查对象的学历层次

在全部 328 名调查对象中,8.54%是初中及以下学历,16.16%是高中学历,18.29%是大专学历,49.69%是本科学历,硕士及以上学历仅占 7.32%。由此可以看出,本次调查以年轻的大学生群体为主要调查对象。

3. 调查对象的职业

调查对象来自社会的各行各业、各个领域,职业类型广泛而多样,调研小组归纳出了几种具有代表性的职业类型以供选择。调查结果显示,教育、科研人员占 10.06%,在校学生占 31.41%,企业人士占 27.44%,政府机关人士占 5.79%,自由职业者和个体户均占 11.28%,另有 2.74%是其他职业者。调查显示,读者成分的复杂性对公共图书馆的馆藏资源提出了较高的要求,即收藏范围上既要兼顾学科的专深与广博,又要关注公众的消遣娱乐需要,应尽力满足各类人群的阅读需求。在调查对象中,大学生群体占了很大比例,这与调研小组的预想存在一些差距。由于小组成员都是在校大学生,线上发放问卷的对象大部分是同龄人,导致那些经常去公共图书馆的对象可能没有涉及,然而这部分群体恰恰是我们应该重点调查的对象。因此,在线下发放问卷时进行补充,使最终的数据尽可能接近现实情况,这也是小组决定走访金陵图书馆的原因之一。

4. 公共图书馆应具备的职能

关于"公共图书馆应具备的职能",调查对象中 51.83%的人认为公共图书馆的职能是传递科学情报,63.72%的人认为是保护人类文化遗产,67.38%的人认为是开展社会教育,53.96%的人认为是开发智力资源,仅有 34.15%的人认为公共图书馆应当提供文化娱乐。

5. 去公共图书馆的频率

在使用公共图书馆资源频率的调查中,共分了四个指标:"经常"、"偶尔"、"很少"和"几乎不去"。在 328 名调查对象中,23.17%的人经常去公共图书馆,40.24%的人偶尔使用公共图书馆,24.09%的人很少到馆,甚至有 12.50%的人几乎不去公共图书馆。由此可以看出,到馆读者中仅有一小部分是固定人群,是图书馆的常规读者;另有约 77%的人未能长期有效地利用图书馆资源,使用率较低。分析原因如下:第一,调查对象受限。本调研小组成员人脉有限,接触的大多为在校大学生,因此调查对象较为集中。大学生群体因专业课程的限制,加上就读学校基本都设有校图书馆,去公共图书馆的频率相对于社会人士更少,导致我们的调查结果偏向于"去图书馆的人很少"。故小组采用个案访谈法到实地对现场的管理者、阅读者、志愿者这三类人进行了简单的访谈,以此对调查结果进行补充完善。第二,快节奏的时代,时间越发宝贵。对于年轻人来说,线上阅读显得更加方便。随着科技的不断发展,更多的人选择用手机阅读来代替到图书馆阅读,手机里内容丰富、信息量大,随手一搜、一点,就能获得自己想要的内容,让人难以对它松手。同时生活压力大是当今时代很多人都面临的问题,而手机可以快速地帮助人们答疑解惑,如此情形下很少有人能够静下心来去公共图书馆看书。而对于老年人群体来说,他们通常有足够的时间和精力,但往往不能成为公共图书馆阅读者的核心力量。第三,大部分人把图书馆的功能看得过于单一。虽然现在很多图书馆从基础建设到活动开展都在不断创新,以跟上时代的发展,但是读者对图书馆功能的认知还是比较单一,固执地认为图书馆就是阅读书籍的地方,没有其他作用,因此去图书馆的人越来越少。对于这部分读者来说,仅仅是阅读的话,很多地方都能作为图书馆的替代品。第四,就近原则是常态。图书馆的位置决定了读者到图书馆所需花费的路程时间和费用,这会直接影响到读者的阅读体验。如果读者从图书馆到家路程所用时间超过了在图书馆阅读的时间,那么大部分读者会放弃去公共图书馆。

6. 从家到图书馆大概需要花费的时间

调查显示,调查对象从家到图书馆需要花费的路程时间在10分钟以内的,占比24.09%;在10~30分钟的,占比33.23%;在30~60分钟的,占比29.88%;在60分钟以上的,占比12.80%。通常来说,到馆率与图书馆所处地理位置有着直接的关系。也正是基于这方面的考虑,许多省市地区的公共图书馆都设在城市的中心区域,以方便市民的出行和阅读。

7. 去公共图书馆的目的

调查对象到馆阅读的目的呈现多元化,具体表现为:博览书籍、增长学识,占比49.39%;学术需要、查阅资料,占比49.39%;志愿服务、提升自我,占比36.59%;参与活动、文化娱乐,占比41.77%;享受氛围、休闲放松,占比40.85%;其他,占比7.01%。其中以"增长学识""查阅资料"目的需求最为集中。这类读者的阅读行为一般具有较强的计划性和实用性。其次是消遣娱乐型。此外,"志愿服务"在到馆目的调查中所占比例也相对较高。

8. 体验过公共图书馆哪些形式的服务及活动

关于"体验过公共图书馆哪些形式的服务及活动",调查对象中有50.30%的人进行过书籍借阅活动,36.28%的人参与过专题讲座,41.46%的人欣赏过书画或者摄影展览,29.57%的人聆听过话剧电影赏析,20.43%的人做过志愿服务,17.68%的人参加过朗读演讲,14.33%的人体验过手工制作,3.05%的人参与过其他形式的活动。值得注意的是,还有3.96%的人从未参加或体验过公共图书馆的任何活动。

9. 体验过公共图书馆举办的哪些主题的活动

为进一步了解调查对象所体验过的公共图书馆的主题活动,本调研小组列举了几种常见的活动主题以供选择。其中排名第一的是传统文化类，占比44.51%；国学经典、爱国教育、健康生活、科学普及类活动分别占比41.46%、39.33%、37.8%、31.1%；体验最少的是亲子少儿和环保宣传，为14.02%；另有2.44%的人体验过其他主题的活动，8.23%的人从未参加或体验过任何主题的活动。由此可见，读者参与的活动主要以传统文化、国学经典、爱国教育为主，公共图书馆活动的核心主题也是文化、爱国。这进一步显示出公共图书馆在文化传承方面功能的有效发挥。

10. 使用公共图书馆公众号或App的频率

调查对象中23.48%的人经常使用公共图书馆公众号或App，41.76%的人偶尔使用，26.83%的人很少使用，7.93%的人从未使用过。

11. 经常使用公共图书馆公众号或App中的哪些功能

对于"经常使用公共图书馆公众号或App中的哪些功能"，调查对象使用最多的是"图书阅读"，占比41.77%；其次是"有声听书"，占比40.55%；"馆藏查询"占比38.11%；"讲座讲坛"占比30.18%；"报刊阅览"占比29.88%；"活动资讯"占比19.21%；"在线咨询"占比15.55%；使用最少的是"座位预约"功能，占比12.20%。

12. 公众号或App的建立对于公共图书馆的意义

调查对象中51.22%的人认为公众号或App的建立对于公共图书馆的意义在于使得借书、还书、检索等更加便捷；53.66%的人认为其有助于更好地提供数字资源服务，实现数字化图书馆；53.05%的人认为其有助于更加主动地宣传活动信息，增加活动热度；48.17%的人认为其有助于及时解决读者对于公共图书馆使用的困惑；41.16%的人认为其有助于更好地管理读者和图书信息；4.88%的人认为其意义不大；还有2.74%的人认为有其他意义。

13. 使用线上、线下资源的情况

对于线上、线下资源的使用频率，调查对象中使用线上资源的频率略高一些的占21.04%，使用线上资源的频率明显更高的占28.96%，线上、线下资源的使用频率差不多的占24.69%，使用线下资源的频率略高一些的占17.99%，使用线下资源的频率明显更高的占7.32%。

14. 对公共图书馆数字资源服务的使用倾向

调查对象对公共图书馆数字资源服务的使用倾向，具体表现为：学术论文数据库，占36.89%；多媒体图书馆，占48.17%；在线学习中心，占42.99%；电子书，占45.12%；公开课，占28.66%；其他，占4.57%。由此可见，多媒体图书馆的使用率最高，而作为获取名校名师课堂知识最好途径的公开课的利用率则偏低，有待提高。

15. 公共图书馆使用过程中的满意度

图书馆是公众学习和获取知识的主要场所之一，读者使用过程中的满意度是大家最为关心的。通过本次调查分析，对公共图书馆在读者心目中的形象有了一个较为全面的认识。总体来说，环境的整洁舒适让62.80%的读者较为满意，馆藏丰富让63.11%的读者较为满意，馆藏更新速度快让60.06%的读者较为满意，借阅管理制度完善让64.02%的读者较为满意，数字化程度高让66.77%的读者较为满意，数字化资源质量高让64.02%的读者较为满意，学术讲座质量高让62.20%的读者较为满意，活动氛围较好及意义较大让62.80%的读者较为满意，工作人员服务态度好让69.21%的读者较为满意。

16. 如何看待公共图书馆招募大学生志愿者这一举措

对于公共图书馆招募大学生志愿者这一举措，调查对象中51.52%的人认为有利于降低图书馆的人力成本；69.21%的人认为有利于提高大学生的社会服务水平；66.16%的人认为有利于为大学生营造良好的求知氛围；30.79%的人认为会削弱图书馆的专业性；13.41%的人认为会浪费大学生宝贵的学习时间。

17. 公共图书馆在发展过程中面临的挑战

关于"公共图书馆在发展过程中面临的挑战"，调查对象中39.33%的人认为网红图书馆的兴起分流了传统公共图书馆的大批读者；60.37%的人认为电子书的快速发展使得人们大大减少了纸质书的借阅量，影响了公共图书馆的运营；47.56%的人认为公共图书馆存在数据资源的整合、保存和安全性问题；49.09%的人认为互联网的快速发展使得信息的搜寻更加快捷，公共图书馆不再是很多人的首选；28.66%的人认为实体图书馆的正常运营成本居高不下；20.73%的人认为公共图书馆专业人才缺乏，人才培养成本高。

18. 公共图书馆可以在哪些方面进一步发展

在征询读者对公共图书馆的发展意见和建议中，读者大多给予了积极配合。调查对象中49.39%的人支持采用"互联网＋传统图书馆"模式完善基础设施；46.95%的人支持利用大数据分析读者偏好，实现信息化管理；55.79%的人支持图书馆与博物馆、艺术馆等合作展开文化交流活动；47.56%的人支持设计图书馆创意文化产品，吸引中青年读者；31.71%的人支持加大宣传力度，增强公众的认同感；24.09%的人支持创新服务模式，简化服务流程。

19. 对中央提出的"文化大繁荣大发展"的看法

调查对象中53.05%的人认为"文化大繁荣大发展"有助于增强民族凝聚力和创造力，提升我国的综合国力；64.63%的人认为有利于满足广大人民群众的精神文化生活需求；66.46%的人认为有利于激发全民族的文化创造活力，有利于提升国家文化软实力；52.74%的人认为可以使社会文化生活更加丰富多彩，使人民精神风貌更加昂扬向上；14.63%的人认为文化软实力不如经济硬实力重要，应着重于硬实力的发展。

20. 对于公共图书馆在推动社会主义文化建设中的地位及作用的看法

调查对象中8.54%的人认为公共图书馆是服务于大众文化的重要场所，推动着社会主义文化建设，72.56%的人认为是培育公民文化的重要教室，58.54%的人认为是构建和谐文化的重要工具，另有40.85%的人则认为是实现资源共享的重要平台。

（二）访谈结果与分析

为了更加深入地了解公共图书馆的发展及使用现状，有效的方式之一就是对公共图书馆的相关工作人员和负责人进行采访，因此我们就近选择了南京金陵图书馆，对金陵图书馆第四党支部党支书记、金图文创发展部副主任、南京图策文化创意有限公司执行董事马骥先生进行了访谈。通过访谈，我们得到了许多在问卷调查中无法得到的有效信息，为课题的研究提供了丰富的支撑材料。

通过对金陵图书馆相关工作人员的采访，我们了解到目前金陵图书馆的发展现状。首先，图书馆会不定期推出线下活动，从传统的讲座、文化展览到联合高校、相关企业举办丰富新颖的活动。其次，顺应当下市场，推出文创产品，展示金陵图书馆的风采，也为有相关需求的大众提供了便利。目前，金陵图书馆顺应数字化潮流，购买数据资源放在图书馆的微信平台上，以及推出"书服到家"服务。

总的来看，传统的公共图书馆已经在目前文化大繁荣大发展背景下不断寻求适合自己的发展道路。

通过对公共文化服务背景下我国公共图书馆发展战略的探索，深刻了解到构建公共图书馆文化服务体系，是为了满足我国人民群众精神世界追求以及提升个人综合素质，也有利于传统文化的继承与发扬，加强人民群众的民族认同感与发展特色民族文化。公共图书馆肩负着文化使命，应全面、切实开展馆内员工培训，形成制度化与科学化的培训模式，提升馆内工作人员的综合素质及个人服务水平，进一步健全图书馆日常工作体系。

1. 硬件配套和文化软实力的齐头并进

金陵图书馆无论是外在的建筑风格、为特定人群设置的专门场馆、馆内的各种信息化设施，还是它在文化传承方面做出的努力，都让我们看到了公共图书馆正以崭新的面貌和创新的思想应对着时代的更迭。

金陵图书馆场馆建筑外观设计为有南京特色的雨花石，倒映在门前的巨大水池中，远远望去，就像一块漂浮的玉石，阳光照下来，晶莹剔透。场馆内巍然屹立着一座"水滴石穿"的巨大雕像。经采访得知，金陵图书馆是由东南大学建筑设计研究院自主研究设计的，取"琢石成玉""水滴石穿"之意，既蕴含了南京特色文化，又传达出阅读对人的巨大影响力以及对读者的美好祝福。"书中自有黄金屋，书中自有颜如玉"，读者可以通过阅读学到更多的知识，从而更好地认识世界，拥有更好的精神生活。

金陵图书馆开设了视障人士阅览室、少儿活动室、艺术设计阅览室、电子阅览室、特藏阅览室、自修区等多个馆室，面向全社会开放。我们实地探访时看到，每个场馆都有半数以上的"上座率"。完善的场馆设计和配套设施在给人们提供便利资源的同时,也在一定程度上降低了阅读门槛,为实现阅读的全民化做出了贡献。

在文化传承方面,金陵图书馆也做了很多努力。金陵图书馆有着丰富的馆藏资源,除纸质文献、数字资源、盲文资源外,还有大量的地方文献和碑刻拓片真品等,满足了公众的各类查阅需要。同时,馆员们将理论和实际结合起来,开展多个课题的研究分析,完成了多篇论文,并结合图书馆的具体情况举办相关活动,通过一种更为轻松的方式分享阅读的乐趣。比如与苏宁足球俱乐部合办的阅读活动,不同于传统单一的图书分享活动,而是增加了互动,让孩子们通过亲身实践体验到更多的收获。

从与马主任的交流中,我们看到了一代代图书馆人对于图书馆事业的热忱与坚守,他们在时代洪流中依然能静下心来,做到不忘初心、牢记使命,传承着中华民族几千年来对于阅读的坚持,致力于为人民群众提供更全面便捷的服务,向社会大众弘扬良好的阅读习惯和阅读方式。无论在多远的将来,公共图书馆都在社会生活中扮演着不可或缺的角色,启迪着一代又一代中国青少年。

2. 文化创意产品的开发——让书写在古籍里的文字活起来

各种精致的文化创意产品也是我们在此次实地探访中发现的一大惊喜。据了解,金陵图书馆的文创产业也只是处于刚刚起步的探索阶段。为响应国家政策,金陵图书馆于2016年7月成立文创小组,2017年2月成立南京图策文化创意有限公司,是文化和旅游部确定的第一批国家级试点。通过采用自主和联合研发等模式,公司充分挖掘馆藏资源中的南京文化和南京元素,相继开发出近百款文创产品。

"中国人民在实现中国梦的进程中,将按照时代的新进步,推动中华文明创造性转化和创新性发展,激活其生命力,把跨越时空、超越国度、富有永恒魅力、具有当代价值的文化精神弘扬起来,让收藏在博物馆里的文物、陈列在广阔大地上的遗产、书写在古籍里的文字活起来,让中华文明同世界各国人民创造的丰富多彩的文明一道,为人类提供正确的精神指引和强大的精神动力。"这是习近平总书记的殷殷嘱托。提起文创产品,马主任说道:"这其实就是一项让'书写在古籍里的文字活起来的事业'。"的确,图书馆作为一种文化传承的载体,需要顺应时代潮流,结合技术等的发展,探索出更多容易被人们接受和理解的方式,将文化的烙印印在更多人的心中。

从图书馆文创产品的开发实践来看,2016年发布的《关于推动文化文物单位文化创意产品开发的若干意见》,激发了图书馆从事文创产品开发的热情,丰富多彩的文化创意产品不断涌现,图书馆文创产品开发业务呈现出生机勃勃的发展态势。但对于起步较晚的多数图书馆而言,文创开发基本处于微利或不盈利状态。分析其内在原因:一方面,图书馆文创刚刚起步,社会认可度低,实际需求量十分有限,社会购买力还有待培养;另一方面,图书馆文创开发也存在产品创意不够、市场意识薄弱的问题。再加上目前社会大众对于文创存在误解，认为只是产品的生产和售卖，这对图书馆文创的发展无疑形成了一定的阻碍。

文化传承，任重而道远。在我国推进社会主义文化大繁荣大发展的时代背景下，图书馆从业者应当充分把握当前国家将文化创意上升为国家发展战略这一难得的机遇，在政策驱动下理清图书馆文创产品开发的发展思路，加速促进优秀传统文化资源的创造性转化和创新性发展，在互学互鉴、开放包容的文化交流格局中讲好图书馆的故事。

3. 数字化和信息化是不可规避的趋势，顺应潮流、迎接挑战是基本对策

随着我国经济实力的增强和科学技术的快速发展，信息化和数字化浪潮席卷了整个社会，推动了社会的发展，给我国政治、经济、文化等领域带来了深刻的变革。作为文化产业中的重要组成部分，公共图书馆在发展上面临着机遇与挑战。正如马主任所说："数字化和信息化是不可规避的。"面对当前的社会发展大环境，公共图书馆必须顺应数字化与信息化的潮流，勇敢地面对未知的挑战才能求得更进一步的发展，为我国的文化事业做贡献。

具体来看，首先，公共图书馆要完善和补充数字化资源。由于信息技术和网络技术的迅猛发展，智能化电子产品层出不穷，智能手机终端已成为人们生活的一部分。人们可以利用智能手机随时随地进行交流、浏览网页和下载存储所需资源，极大地提高了生活质量和工作效率。因此，数字化资源在文化推广、学术研究过程中起到了十分重要的作用。比如，超星汇雅电子图书、万方数据知识服务平台、维普智立方知识发现系统等，能够整合期刊、学术论文、会议论文、专利等多种类型的图书文献，同时提供各种检索、分析、挖掘和全文保障的服务，集信息资源产品、信息增值服务和信息处理方案为一体，帮助用户快速形成对所需信息的结构性认识，促进工作的高效开展。用户读者能够便捷、高效地利用图书馆所提供的资源，这是十分具有现实意义的。其次，利用好互联网这个有效的平台。利用信息技术开发读者管理系统，高效管理读者信息，可以帮助图书馆更好地分析读者的借阅行为和偏好，从而能够更加精准地实现推荐、订阅等服务，给读者带来良好的用户体验，获取有用的图书和信息资源。对于读者而言，其意义在于能够更好地得到服务，获取自己需要的知识信息；对于公共图书馆而言，其意义在于能够实现系统的管理，大而全、小而细地推广资源。此外，微信公众号、订阅号、App 的开发及使用也是非常关键的。微信和各式各样的 App 已经充斥于我们生活的各个方面，我们使用微信的频率、时长以及在终端上下载的 App 数量都是超乎想象的。顺应这样的趋势，通过公众号等平台进行活动的宣传推广、文化的传播能够进一步发挥好公共图书馆的职能。

对于公共图书馆而言，数字化和信息化既然不可规避，那就努力在此潮流下寻求发展。时代的进步是公共图书馆发展的有力推手，是资源形式丰富化、推广手段现代化的催化剂。有效地利用各种资源和技术，必能为公共图书馆的发展添柴加薪。

4. 创新是公共图书馆永葆活力的关键

（1）举办的活动内容及形式应当多样化

公共图书馆既是社会文化传承的重要阵地，也是社会公共文化服务体系的重要组成部分。加强公共文化服务体系建设，一方面，通过公共图书馆环境的提升以及阅读设备的不断完善来有效提升读者的阅读体验，另一方面，通过活动形式的持续创新来提高读者的活跃度以及在社会文化传承中的参与度。马主任说："随着读者对公共文化服务要求的不断提高，我们也在不断丰富活动形式。"的确，随着时代的发展，公共图书馆若仅仅拥有丰富的馆藏资源已经远远不能满足读者的需求，应加强活动创新，不拘泥于传统的讲座、文化展览、培训等方面；充分发挥名人效应，邀请当地名人参与阅读推广公益活动，进一步扩大社会影响力；举办动手操作的实践活动，加强文体融合；建立以公共图书馆为主、多方参与的阅读推广机制，实现跨界创新。

同时，公共图书馆应该打破空间的限制，集思广益，向馆内外寻找创新想法，加强线上线下互动，使读者参与到文化服务建设中来，鼓励读者提出自己的想法和建议，进而使公共图书馆的文化服务建设不断得到提高。高品位又有趣味的活动的开展，能不断提高读者的活动参与度，使经常停留在手机前阅读的大众到公共图书馆阅读的意愿不断加强，从而有助于公共图书馆有效地传播科技文化、实施社会教育、实现文化传承。

（2）对文创产品进行创新设计与丰富完善

文创产品以文化为重要元素，对相应的产品进行加工设计再改造，将文化元素融入我们的日常生活用品。文创产品可有效提高文化的传播效率，是公共图书馆为实现文化传承功能采取的较为高效的手段。马主任认为："图书馆做文创，近几年来确实是一个比较新鲜的事情。博物馆做文创很早就有了，但博物馆主要是对文物做文创，那图书馆的话，可能就是对一些文化方面的。"制作文创产品的初心是为了使文化得到更好的传承。文创产品能够唤起我们对文化的记忆，加强我们学习文化的意识，帮助发扬我们的民族精神。但是，随着时代的发展，大众审美不是一成不变的，文创产品的设计要在诠释好文化元素的同时跟上大众的审美，只有这样才能有效发挥文创产品在文化传承中的积极作用。

做好文创产品的设计工作显得尤为重要，需要对原有设计不断补充和完善甚至完全颠覆，这就需要设计者具有良好的文化理念和独特的创新意识。文化理念可以通过很多方式学习、养成，但创新意识需要在实践中不断培养，比如通过举办文化创意作品设计大赛，选择优秀的创意作品，将作品中的元素做成相应产品的 LOGO，或者对作品进行一定的改造，制作出一系列文创产品。图书馆在提高读者对于推广活动的参与度的同时，可以收集许多具有不同个性的读者的创意想法，以便对文创产品进行创新设计与丰富完善。

在当今发展如此快速的时代，"创新"无论在哪个领域都很重要。文化传承是公共图书馆的基本义务，其不只是理念上的传承，更应当是刻在我们每个人骨子里的那份力量，只有这样，文化才能真正得到传承，才能真正活起来。作为当代大学生，我们应当行动起来，利用我们的知识财富和专业能力，发挥我们的创新精神和实践能力，多参加公共图书馆举办的活动，为文化传播助力。

四、调查结果总论

从本次对公共图书馆使用现状的调查可以看出，公共图书馆的发展仍存在着不少问题，制约着公共图书馆知识传播和再教育功能的发挥。

(一) 公共图书馆馆藏及基础设施建设

公共图书馆馆藏及基础设施建设正在稳步进行，并取得了一定成效，但仍需继续完善。公共图书馆馆藏作为图书馆赖以存在的物质基础，是满足读者需求的根本保证，也深刻影响着公共图书馆的长远发展。公共图书馆的丰富馆藏在一定程度上可以提高公众的学习意识，满足公众的不同文化需求。同时，在科技快速发展的大环境中，知识更新的速度越来越快，公共图书馆应及时更新馆藏、藏新剔旧，在提升图书品质、保持藏书生命力的同时，满足读者获取最新知识的需求。小组调查发现，公众对于公共图书馆馆藏的丰富程度及更新速度的满意度都处于相对较高的水平。

公共图书馆依循平等、免费开放的原则，建立了较为完备的公共基础设施，为社会民众的阅读活动提供了有力的支持。以金陵图书馆为例，除了基础的书籍借阅室和读者自修区外，馆内还设立了少儿阅览室、电子阅览室、艺术设计阅览室、视障人士阅览室等馆室；馆内美观大方、宁静整洁的阅读环境，也在一定程度上提高了图书馆的服务质量和读者的学习效率。

此外，公共图书馆周围便利的交通环境和浓厚的文化氛围也在一定程度上提高了公众的到馆频率。不难发现，公共图书馆的选址一般在市中心等交通便利的地方，周边一般建有艺术馆、剧院、体育馆等场馆，为公众获取知识提供了便利的条件。

(二) 公共图书馆数字化建设

目前公共图书馆的数字化建设正在不断完善，公众对于数字化程度的满意度也较好，但仍有一定的发展空间。当前社会环境下，时间的碎片化使得人们很难抽出大块的时间进行阅读，人们特别是年轻人的阅读方式发生了很大变化。同时，公共图书馆数量有限，数字化在一定程度上缓解了社会公众阅读"最后一公里"的难题。调查发现，公共图书馆通过建立全面的电子资源及电子数据库，使公众获取信息更加方便快捷，公众对于公共图书馆数字化方面整体较为满意，但也应该注意，数字化资源的引入应该在全面的基础上注重质量，在可寻性与可用性之间求得平衡。

（三）公共图书馆新媒体服务

公共图书馆利用丰富的新媒体技术为广大读者提供了全方位、多层次的新媒体服务。新媒体具有开放性、双向性、互动性和及时性等特点。从问卷数据来看，公共图书馆与新媒体结合，能够方便读者获取图书馆资源，提高图书馆利用效率，创新图书馆发展模式，更好地为读者服务。

各公共图书馆顺应现代信息技术的潮流，满足"互联网＋"时代对公共图书馆服务的创新要求，通过微信公众号、App、微博等途径，为广大读者提供了全方位、多层次的新媒体服务。以金陵图书馆利用新媒体技术开展的"书服到家"为例，读者搜索关注"借书生活号"，通过搜索/推荐，选择要借阅的书籍，加入借书架，填写订单后，支付邮费，就会有工作人员将读者借阅的书籍送到家中。

（四）公共图书馆文创产品开发

公共图书馆文创产品开发业务呈现出生机勃勃的发展态势，但相对于目前较为成熟的博物馆文创等，图书馆文创仍处于探索阶段。图书馆文创作为馆藏的延伸，让普通大众通过对衍生产品的体验与收藏，更加深入地了解图书馆馆藏的历史特色，增强对图书馆的认同感。同时，通过特色商品建立鲜明、亲切、独具风格的馆所形象，吸引了读者，也提高了图书馆的知名度。

（五）公共图书馆积极开展馆际交流

为更好地推进文化建设，公共图书馆积极开展馆际交流，不断学习，不断进步。小组调查了解到，公共图书馆之间会就文创产品开发、馆藏建设、知识普及、业务发展及数字化建设等进行积极沟通和深入交流，共同探讨新形势下图书馆运营模式，以期更好地服务广大市民和读者，进而推动公共图书馆事业迈上新台阶。

同时，公共图书馆作为文化的载体，承担着文化交流以及传播中华优秀文化的重任，因此，公共图书馆也会与国际图书馆进行合作，借鉴阅读推广经验，互相提供文献资料，向国外读者展现中华文化的独特魅力，打造多国人民互学、互通、互鉴的文化窗口。

（六）公共图书馆活动形式不断丰富

随着政府加大"全民阅读"的倡导力度，以及广大市民对公共文化服务要求的不断提高，公共图书馆也在不断丰富活动形式，主要是围绕阅读做一些推广和服务活动。大批具有责任感和使命感的图书馆人，通过讲座沙龙、大型专题、展览等形式，吸引不同年龄、不同职业的读者来到图书馆，享受浓浓书香。同时，随着微博、微信公众号、移动图书馆等的发展，公共图书馆充分利用新媒体和网络资源，开展了丰富多彩的线上阅读活动，以期让广大市民读者足不出户就能够享受到文化发展成果和公共文化服务。然而，对于像"书服到家"这样的便民服务，以及图书馆公众号、App，公众的使用情况却不甚理想。公众参与仍然以传统活动形式，如讲座、读书会等为主，其他形式的活动参与度不高，甚至不了解，对公共图书馆的认识仍停留在传统的刻板印象中，因而未能充分利用创新服务的便利性。读者参与热情低、图书馆与读者之间不能形成良好互动，这不仅降低了社会公众的阅读积极性和到馆率，也不利于图书馆服务效能的提升。因此，公共图书馆一方面应当继续在活动形式上开拓创新，提高活动的文艺气息、思想深度和趣味性、吸引力，另一方面应当在推广宣传上加强针对性和广泛性，这样推广的有效程度才会更高，公众才会积极参与。

五、对策及建议

（一）加强公共图书馆特色化建设，提高读者利用率

到馆频率可以从侧面反映出图书馆对公众吸引力的强弱，也可以看出公众对图书馆的依赖程度，因此加强特色化建设，提高公众到馆率迫在眉睫。例如，配合重大节日或当前社会热点，适时开展特色主题专架活动：三八妇女节可展出现代女性风采专题专架；五一劳动节推出文艺作品专架；十一国庆节设立时尚休闲杂志专架；春节期间可将一部分营养美食方面的书籍集中在一起，以便于读者在节日期间参考利用；寒暑假期间，可为学生设立课外阅读专架等。一系列展架的推出必将吸引读者到馆阅读和利用图书，从而能够更好地发挥文献资源的价值作用。

（二）强化宣传导读工作

在图书管理工作中，应重视和加强宣传辅导工作，对新增订的报刊、重点学术期刊、热门报纸及畅销书等，通过宣传展板形式或在图书馆网页上定期或不定期向读者宣传展示出来，进而广为读者知悉。另外，还可通过编写推荐书籍目录、组织读书活动以及邀请专家学者写评论等多种形式，对读者的阅读活动加以引导，使读者的阅读活动更趋科学化、理性化。

（三）不断完善馆内的硬件设备，注重软实力的提升

提高图书馆的管理和服务水平不仅是社会和文化事业发展的需要，也是图书馆更好地

实现其价值的需要。今天的社会已进入信息时代，作为信息来源之一的图书馆正变得越来越重要。要创新和发展图书馆，应该：第一，牢固树立"以人为本"的服务理念，坚持"读者第一，服务第一"。第二，不断完善硬件设施，定期维修检查，确保来馆者可以顺利使用，结合现代技术设备提高图书馆服务质量。第三，丰富馆藏，图书涉及门类、领域应尽可能全面且广泛，并及时对破损书物进行处理和更新。第四，坚持公益，免费服务。《公共图书馆宣言》明确指出，公共图书馆原则上应提供免费服务。第五，坚持便民，保证开放时间。大数据时代背景下，我们应充分利用现代技术，结合大数据特点来分析读者的一般阅读时间，从而确定图书馆的开放时间，使之更有针对性，更能够满足不同群体在不同时间段内的阅读需求。制定科学的图书馆开放时间，引入一系列便利服务，如在图书馆入口处提供 24 小时便民还书、电话续借、网上检索等服务，有条件的可以实现局部区域的文献借阅"一卡通"等。第六，坚持举办丰富多彩的讲座和展览，贴近群众。开展各类公益性讲座和展览正是图书馆公益性的充分体现。基层图书馆要因地制宜，结合当地民俗文化，打造符合当地特色的文化品牌，让广大市民免费享受科普教育、文化欣赏、艺术熏陶，使广大读者来到图书馆有更多的文化选择。第七，提高馆员素质和服务能力。提高人员素质、团队合作能力，以更好地服务于大众。

图书馆要适应新形势下信息服务的新特点和新要求，不断完善及自我提高，只有这样，才能为读者提供一流的专业服务，开创新时代图书馆工作的新局面。

（四）开展多方合作，进一步扩大社会影响力，提高公众参与度

公共图书馆在当前网络媒体发展迅速的情况下需要扩大社会影响力，提高公众参与度，特别是线下活动，应该推陈出新以吸引更多受众。当前有不少公共图书馆选择与高校进行合作，邀请高校名师推出系列讲座，让社会各界人士都能接触到高校教育方式与内容，做到教育资源共享。有的公共图书馆选择与企业合作，比如与自媒体领域的网络阅读平台合作，将图书馆的线下优势延伸到网络平台，顺应了自媒体时代的潮流，方便受众查阅。同时，公共图书馆还可以与美术馆、艺术馆合作，推出系列展览，或是相关艺术领域的学习培训。公共图书馆应最大限度地做到与社会其他资源的整合，为大众带来更多的文化分享与交流。随着人们收入水平的不断提高，越来越多的人追求更高层次的精神文化生活。要想提高大众的参与度，首先公共图书馆要有足够的文化底蕴，其次要为大众提供各种形式且有一定趣味性的活动，同时，当今社会家长对于孩子的教育也越来越重视，公共图书馆作为一个学习场所，可以组织一些充满趣味性的亲子类活动，调动大众参与活动的积极性。当前许多公共图书馆在设计周边文创产品，这也会给大众带来便利。最主要的是，公共图书馆要找准自己的优势和定位，为社会提供更多文化方面的服务。

（五）招募大学生志愿者，为图书馆注入新的活力

公共图书馆中较为常规的志愿服务有图书整理、图书上架、读者咨询、读者引导、秩序维护等。尤其是在周末、法定节假日，志愿者已经成为补充读者服务队伍、维护与保障正常开馆的最佳力量。但志愿服务并不仅仅是简单的常规性工作，还需要志愿者具备一定的专业素养以及灵活应变能力。大学生正处于接受专业知识和培养综合能力的阶段，思维灵活且发散，能够在图书馆创新发展工作中发挥一定的作用。大学生也是社会发展的重要力量，如果能够让大学生接触图书馆的相关业务和活动，那么公共图书馆的文化传承功能将在大学生身上有效发挥。因此，公共图书馆应当利用大学生这一良好资源，招募大学生志愿者，为图书馆注入新的活力，使图书馆不断发展、紧跟时代步伐。同时，大学生不仅能够得到实践能力上的提升，而且通过对图书馆业务的熟悉和活动的参与，开阔了眼界，提升了创新思维能力。

（六）开设24小时图书馆

24小时图书馆利用自动化设备及RFID技术，可以实现馆外读者借还书，集办证、查询、预约、借书、还书、续借、逾期缴费等功能为一体。对于平时上班时间较长或者空闲时间较少的上班族而言，24小时图书馆可以解决他们在时间和路程上的困难，能够让他们在有限的时间和空间条件下，最大限度地利用图书馆资源，不断丰富自身的知识。

另外，在24小时图书馆的运营维护方面，需要进行细致的工作安排。24小时图书馆是全天候面向公众的，因此对于图书的维护、破损折旧的赔偿等事宜，相较于传统的公共图书馆面临着更大的挑战。可以采取一些措施，如与征信系统合作，不允许失信人进入24小时图书馆享受相应的服务，以最大限度地保证24小时图书馆能够以良好的状态持续运营。

跨江桥梁建设对南京发展的影响

新中国成立以来，尤其是改革开放四十余年来，中国的经济快速发展，桥梁建设也是其中重要的部分。本次调研的主要内容是跨江桥梁建设对南京发展的影响。

一、调查目的与意义

调研小组通过搜集、查阅相关资料，对南京五座跨江桥梁的基本情况，包括地理位置、建设及通车时间、建筑构造等做了梳理和了解。

1. 南京长江大桥

南京长江大桥位于南京市鼓楼区下关和浦口区之间，1960年1月18日，南京长江大桥主体工程正式开始建造，1968年9月，南京长江大桥铁路通车，同年公路通车，是长江上第一座由中国自行设计和建造的双层式铁路、公路两用桥梁。上层为公路桥，长4589米，车行道宽15米，可容4辆大型汽车并行，两侧各有2米多宽的人行道，连通104国道、312国道等跨江公路，为沟通南京江北新区与江南主城的要道之一。下层为双轨复线铁路桥，宽14米，全长6772米，连接津浦铁路与沪宁铁路干线。大桥由正桥和引桥两部分组成，正桥9墩10跨，长1576米，最大跨度160米。大桥通航净空宽度120米，桥下通航净空高度为设计最高通航水位以上24米，可通过5000吨级海轮。

2. 南京长江二桥

南京长江二桥，现称南京八卦洲长江大桥，位于南京长江大桥下游11公里处，全长21.337公里，1997年10月6日正式开工，2001年3月26日建成通车。大桥由南、北汊大桥和南岸、八卦洲及北岸引线组成。其中，南汊大桥为钢箱梁斜拉桥，桥长2938米，主跨为628米，建成时，该跨径仅次于日本多多罗大桥和法国的诺曼底大桥，位居同类型桥中世界第三、中国第一；北汊大桥为钢筋混凝土预应力连续箱梁桥，桥长2172米，主跨为3×165米，该跨径在国内亦属领先。全线还设有4座互通立交、4座特大桥、6座大桥。设计标准为双向六车道高速公路；设计速度为100公里/小时；设计荷载为汽-超20、挂-120；路基宽33.5米，桥面宽32米（不含斜拉索锚固区）。南京长江二桥是国家"九五"

重点建设项目。

3. 南京长江三桥

南京长江三桥，现称南京大胜关长江大桥，是 400 多公里长江江苏段的第一座桥，也是沿江大开发中第一座过江通道，位于现南京长江大桥上游约 19 公里处的大胜关附近，2003 年投入建设，2005 年建成通车。大桥横跨长江两岸，南与南京绕城公路相接，北与宁合高速公路相连，全长约 15.6 公里，其中跨江大桥长 4.744 公里，主桥采用主跨 648 米的双塔钢箱梁斜拉桥，桥塔采用钢结构，为国内第一座钢塔斜拉桥，也是世界上第一座弧线形钢塔斜拉桥。长江三桥不仅是江苏省 2010 年以前在长江江苏段规划建设的五大战略性通道之一，而且是江苏省和南京市"富民强市，率先基本实现现代化"的先导工程，也是实施沿江开发战略的重要跨江工程，对于完善大交通格局，带动江南、江北共同发展，呼应沿江开发战略，促进都市圈共同繁荣和长三角一体化都起到了至关重要的作用。

4. 南京长江四桥

南京长江四桥，现称南京栖霞山长江大桥，是国务院批准的南京市城市总体规划中"五桥一隧"过江通道之一，是南京绕城高速公路的过江通道和重要组成部分，被誉为"中国的金门大桥"，是国内跨径最大的双塔三跨悬索桥，在同类桥型中居世界第三。2012 年 11 月 13 日通过交工验收，正式移交给南京交通集团管养和收费。2012 年 12 月 24 日正式通车。南京长江四桥位于南京长江二桥下游约 10 公里处，是中国首座三跨吊悬索桥，起于六合区横梁镇以东与宁通高速公路相交处，经龙袍镇跨越长江，与对岸石埠桥连接，止于与沪宁高速公路相交处的麒麟枢纽，接南京绕城高速公路东南环段，全长 28.996 公里。其中跨江大桥长约 5.448 公里，主跨采用 1 418 米三跨吊悬索桥方案，全线按双向六车道高速公路标准设计，跨江大桥设计速度为 100 公里/小时，两岸接线设计速度为 120 公里/小时。全线设横梁、龙袍、栖霞、麒麟 4 处互通立交，预留红光、仙林 2 处互通立交，并建有滁河、七乡河 2 座特大桥。

5. 南京眼步行桥

南京眼步行桥位于南京市建邺区河西新城青奥轴线中轴（南京市江山大街快速路末端）、南京青奥文化体育公园内，是长江上首座观光步行桥，连接河西和江心洲。在青奥会举办前期，由南京青奥组委会指导、南京河西新城区委员会主办的南京青奥文化体育公园步行桥征名活动，吸引了海内外网友的广泛关注和积极参与，共征集桥名近 5 万个。由于两个圆形的主塔好像人的两只眼睛，格外醒目，最后"80 后"南京姑娘卢晓艳起的"南京眼"获得的网友支持率最高，遂定名"南京眼"。该步行桥于 2014 年 6 月底竣工，南京青奥会举办前正式开通。

南京地处长三角经济繁荣地带，深受改革开放影响，因此本调研力图从南京一时一地的跨江桥梁的建设变迁，反映出跨江桥梁建设对南京发展的影响。通过实地走访、问卷调查、专家教授访谈等方式对南京长江大桥、二桥、三桥、四桥，南京眼等桥梁进行多方位把握，深刻认识到不同桥梁建设对于城市交通发展的价值意义。

二、调查方法

本次调研主要采取实地走访、问卷调查和个案访谈三种方法。

（一）实地走访

通过实地走访，对南京市各跨江桥梁进行直观、详细的考察，切实了解五座大桥的实际建设和使用情况，并与附近居民进行有效交流，获得更多的一手资料，为后续的调查结论提供真实可靠的事实依据。

（二）问卷调查

主要采取线下发放问卷的方式，了解周边群众对跨江大桥的了解情况，掌握跨江大桥给民生社会带来的实际影响，将所得数据进行分析、比较和归纳，增强调研的真实性和可信度。

（三）个案访谈

根据访谈对象的不同撰写合适的访谈提纲，通过对普通群众和专家教授的分别访谈，以加强对南京各跨江桥梁现状及其影响的具体把握，实现与问卷调查法所得结果的相互补充。

三、调查结果与分析

（一）南京五座跨江大桥实地走访

1. 南京长江大桥

通过实地走访，与附近居民交流，对这座铁路公路两用桥的建造背景、完善进程有了更多细节上的了解。南京长江大桥是中国第一座完全依靠自己设计和建造的长江大桥，它不仅是南京的标志性建筑、江苏的文化符号、中国的辉煌，也是著名景点，被列为"新金陵四十八景"之一。在20世纪中国经济飞速发展时期，长江"天堑"成为制约运力的"卡脖子"难题，建造跨江大桥势在必行。国家最终选定在南京建造这座大桥，但钢材受限、建造时灾害不断等因素带来了许多问题和困扰，使得大桥历时9年才得以全面建成通车。

作为中国东部地区交通的关键节点，南京长江大桥是国家南北交通要津和命脉，"一桥飞架南北，天堑变通途"，毛泽东的这句诗词，是对其气势和作用的最美概括。但由于常年超负荷运转，加上风雨侵蚀和材料老化，其桥梁结构需要调整，以减轻对梁体的压力。2016 年 10 月 28 日南京长江大桥进入全封闭维修，2018 年 12 月底，封闭大修两年的南京长江大桥以新的姿态满血归来。开放日那天，南京市民涌向阔别已久的南京长江大桥，挥动旗帜、拍照留念、欢呼喝彩……对于很多南京人来说，回归的不仅是一座桥，更是那段辉煌岁月的记忆。

2. 南京长江二桥

小组走访了解到，20 世纪 90 年代初，随着改革开放的不断深入，南京市经济发展水平显著提升，城乡面貌发生了巨大变化，但长江江面上仅有南京长江大桥一处过江通道，在一定程度上制约了南北往来和经济发展。据周边居民回忆，当时，南京长江大桥日交通量近 2.5 万辆次，有时过江需要排队 2 个小时，大桥已不堪重负，南京长江二桥的建成通车对缓解南京长江大桥的通行压力起到了积极的作用，使南京"城内成网，城外成环"的大交通格局基本形成。

3. 南京长江三桥

经实地走访得知，南京长江三桥建成后形成了南京大外环的交通格局，彻底解决了南京市的过境交通问题。它与南京二桥、绕城公路、浦珠及宁六公路形成南京内环快速通道，与宁淮高速、绕城高速和南京四桥形成南京外环快速通道，将宁沪高速、宁合高速、宁通高速、宁杭高速、宁淮高速、宁蚌高速、宁马高速连成一体。这两个大写的"人"字，仿佛"巨人"迈步过大江。它的建成，不仅缓解了江南江北的过江压力，还让纵贯华东至西南的沪蓉干线实现了真正意义上的贯通。长江三桥的颜值也很在线，只要提起它，南京人就会想到鱼嘴湿地公园的四季美景，现已是南京市民游玩、观赏落日的好去处。

4. 南京长江四桥

经实地走访得知，作为国内首座三跨吊悬索桥，南京长江四桥技术标准高，施工难度大，质量要求严，工程建设面临许多新挑战、新考验。四桥进一步提高了南京过江通道的通行能力，优化了南京区段过江交通组织结构，进一步分离了城市交通与过境交通，缓解了城市交通压力，使南京过江设施的功能更加明晰。

5. 南京眼步行桥

由实地走访可见，与普通桥梁相比，南京眼步行桥的桥面设计为变宽造型，在最佳观景和留影处，桥面自然变宽，在这里可以惬意地停下脚步拍照留念，也不会影响到其他人的通行。南京眼步行桥还给文化艺术活动留下了较大空间，节假日时，南京市很多官方和民间的活动都在"南京眼"举办，体现了这一桥梁与众不同的功能定位。这座桥梁还有一个与众不同之处——施工环保。由于步行桥工程地处水源地保护范围内，靠近城市用水取水口，对环境要求高，特别是对水体环境的要求更高，因此，水上墩桩基础全部为钢管打入桩，有效地预防了泥浆对水体的污染；水上墩承台和墩柱也全部在封闭的围堰内施工，杜绝了混凝土等对水体的污染，使水源地得到了良好的保护。

（二）问卷调查

本次问卷调查主要是针对南京长江大桥、南京长江二桥、南京长江四桥和南京眼步行桥四座大桥，共发放调查问卷120份，每个地点发放问卷30份。鉴于本小组调研的桥梁数量较多，处理的数据量较大，现将问卷调查结果进行逐一分析。

1. 南京长江大桥

主要在大桥附近的公园和商铺区发放问卷30份，回收问卷29份，有效问卷27份。通过对问卷进行分析，得到了以下数据分析结果。对于南京长江大桥能否缓解交通拥堵，被调查者中20%的人认为南京长江大桥的建成对交通拥堵状况没有任何改善作用，大部分人认为有作用。尤其是很多开车的人认为大桥的建成缓解了交通拥堵问题。

2. 南京长江二桥

通过对30多位路人进行街头采访和问卷调查，发现人们对南京长江二桥建成的影响有如下一些看法：第一，南京长江二桥的建成本身就体现了改革开放后我国不断提升的经济实力和科技水平；第二，南京长江二桥的建成对长江两岸经济文化的交流起到了积极的作用；第三，南京长江二桥的建成使人们的生活更加方便，生活品质有了很大程度的提高。

3. 南京长江四桥

通过问卷调查，对南京长江四桥得出以下结论：第一，南京长江四桥附近的居民以个体经营为主，倾向于选择公交车作为出行的交通工具；第二，南京长江四桥的建成通车缓解了小范围堵车现象；第三，南京长江四桥的建成促进了附近商业的发展，也间接导致了车流量的逐年上升，反向刺激了南京长江四桥建设项目的积极推进。此外，80%的居民认为南京长江四桥对自己生活影响很大，极力赞成建设南京长江五桥。

4. 南京眼步行桥

小组实地发放调查问卷30份，回收问卷25份，有效问卷23份，得到结论具体如下：第一，被调查者中大多数人认为改革开放的进一步深化使得南京的经济建设有了长足的进步，一大批基础设施得以投入建设，南京眼步行桥就是其中之一；第二，南京眼步行桥的投入使用，使得南京青奥会更引人瞩目，有力地拉动了区域经济发展和游客数量增长；第三，近一半的人认为，相较于其他几座桥梁，南京眼步行桥疏解交通压力的作用较小；第四，当问到"您觉得这座桥的受益人群多吗，建成后的南京眼步行桥给人们带来了哪些积极影响"这一问题时，有人立刻表达了让小组成员印象深刻的看法："我觉得南京眼的建设肯定是有好处的，不仅仅让我们晚上多了一个散心游玩的地方，也是我作为一个中国人的自豪之处。改革开放后中国经济在腾飞，南京眼仅仅是开始，我相信中国以后会有更多的大桥、更多让世界瞩目的建筑！"

（三）河海大学土木与交通学院专家教授访谈

除对普通大众展开问卷调查外，小组成员还对河海大学土木与交通学院的刘荣教授和雷笑老师进行了访谈，深刻了解了南京跨江桥梁的建设变迁情况。两位老师简要讲解了南京长江大桥、二桥、三桥等桥梁在建设中出现的问题。雷老师重点对南京长江三桥的建设情况进行了分析，他说，南京长江三桥的建成，开创了我国特大型全钢结构斜拉桥悬索桥建设的先河，通过多项关键技术与机制创新，攻克了特大跨径桥梁钢塔和深水基础设计施工、环氧沥青钢桥面铺装等一系列技术难题，代表了我国公路基础设施建设的新理念、新水平，提升了我国特大跨径桥梁建设技术水平，为我国深水基础和大跨度钢结构桥梁的建设提供了宝贵经验。最后，雷老师为南京跨江桥梁建设所取得的成就感到自豪，认为南京跨江桥梁的建成对南京城市的发展起着举足轻重的作用。

四、总论

通过此次调研可知，南京这座城市依江而建，又因桥而兴。

首先，一座座跨江桥梁的建设充分体现出改革开放后南京经济建设水平不断发展、基础建设不断完善。

其次，一座座跨江桥梁的建设对于完善南京的大交通格局，带动江南、江北两岸经济和桥头周边地区经济的共同发展，对长江两岸经济文化的交流起到了积极的作用，也呼应了沿江开发战略，加快了构建跨江成环的现代化大都市的规划进程，对促进都市圈共同繁荣和长三角一体化发展都起到了至关重要的作用。

最后，加强了南京作为省会与苏北地区之间的联系，完善了江苏省主干线公路网布局，对于进一步提升国家运输主通道的通行能力，增强南京综合竞争力和辐射带动力，促进区域协调发展具有十分重要的意义。

一座座跨江大桥对于南京而言，不仅使天堑变通途，更是让南京江南江北融为一体，共生共荣。长江用波涛书写着它的过往，南京用胸怀托举着它的脊梁。长江上的地标桥梁伴我们铭记美好，助我们交通便利，让南京的现代化之美更具力量，也更有效率！

新中国成立以来南京云锦的复兴之路

南京云锦是我国的传统丝制工艺品,有"寸锦寸金"之称。在经历了近代史上西方列强入侵、战火纷飞的年代后,云锦遭受重创,新中国成立至今,云锦经历一系列起起落落,正一步步走向复兴。

一、调查意义和目的

保护和传承传统文化是社会主义文化强国建设和社会主义精神文明建设的重要内容。云锦作为三大名锦之一,是中国传统丝制工艺品的重要组成部分。云锦具有强烈的民族艺术风格和鲜明的地方工艺特色,其独有的历史价值、科技价值、文化价值和传承价值决定了我们必须保护和传承云锦。只有在充分了解云锦历史的基础上,后人才能更好地保护和传承云锦。故而,保护和传承云锦,即为本次调查云锦复兴之路的意义。

本次调查的目的:一是向云锦艺人了解云锦工艺、云锦复兴的历史,树立文化自信,弘扬传统文化;二是了解云锦艺人在保护和传承云锦的过程中遇到的问题和困境,提出建议助力云锦发展。例如,新时代下文化产品也必须跟上时代潮流,对于云锦这样的传统工艺品,我们应当在对其复制与保存的基础上,通过不断的开拓创新,开发新产品,将之与现代人的日常生活联系起来,使其在新的历史条件下获得更加广阔的生存空间,从而更好地弘扬中华民族的优秀文化传统。

二、调查方法

(一)实地调研法

实地调研法指调查者通过到现场亲身感受和接触,从而掌握第一手资料的调研方法。在本次调查中,小组成员实地参观云锦博物馆,了解了云锦的历史和工艺,欣赏了许多云锦工艺品,并被一件件云锦复原工艺品背后工匠艺人的辛勤付出所感动。同时目睹了云锦艺人的织造过程，见证了当今云锦的织造方式。

（二）访谈调研法

访谈调研法指通过走访专业人士或其他有关人员，向他们了解信息的调研方法。为完成此次调研，小组成员提前联系了云锦博物馆负责人，最终确认访谈对象是新生代南京云锦传承人代表蔡向阳先生，他师从国家级非物质文化遗产南京云锦木机妆花手工织造技艺代表性传承人周双喜。通过对蔡向阳先生的访谈，我们了解了云锦的工艺、特色和复兴历程。

三、调查结果与分析

1. 新中国成立初期云锦的状况

新中国成立初期，百废待兴，云锦行业发展很不景气。在当时的条件下，人们的日常生活都比较困难，对于云锦的保护也是有心无力。加上国民党逃离南京时带走了大量珍贵的文物，南京云锦保留下来的本就不多。可以说，云锦濒临消亡，在新中国成立初期发展情况不容乐观。

2. 云锦的发展现状

云锦在新中国成立后逐渐复兴，但复兴的过程并不是一帆风顺的，而是经历了一些波折。1956年在周总理的指示下，南京残留的云锦得到了较好的保护。1957年，南京成立了云锦研究所，云锦行业逐渐开始恢复。这一阶段主要依靠的是当年的一批老画家，他们将很多传统图案、十三陵和故宫里的服饰复原出来，让这些传统和文化重新展现在我们面前。"文革"对云锦文化伤害极大，一批优秀的云锦作品被毁坏。直到20世纪80年代改革开放，云锦才重新焕发活力，这一阶段复制了琉球王龙袍和很多佛教的作品。2000年以后，国家开始重视非物质文化遗产的保护与发展，南京云锦抓住这个机会，发展得越来越好。2000年至2009年是云锦发展的鼎盛时期，2009年9月30日云锦申遗成功。云锦每一阶段的发展都与当时的社会环境息息相关，文化的传承和经济的发展亦不可分割。当社会大环境呈现出和谐包容的状态时，云锦的发展才能呈现出勃勃生机。

3. 社会力量在云锦复兴过程中提供帮助的情况

在当今社会环境中，云锦的发展不能仅仅依靠个人的努力，原先"师徒传承"那种小范围传播模式已经无法在目前这种快节奏的生活中继续保持活力。云锦本身的制作工艺极为复杂，有100多道独特的工序，用料亦是考究，如《明朝九边图》就是混入金丝编绣而成。云锦的复杂性和高成本在很大程度上导致其发展的过程困难重重，必须依靠国家、社会的大力支持。

4. 云锦的传承模式

师徒制是指师徒传承和家族传承，是手工艺人才培养的传统方法。提升中国传统手工艺品的审美创新设计表现力，提高传统工艺的再设计、制作及产品开发水平，传播中华优秀传统文化，要求传统手工艺人不仅要具备过硬的专业技能，同时还要具备较高的文化素养。传统手工艺人才的知识能力结构中，经验知识仍然占据着很大比重，师傅具备丰富的经验和技术，师徒制在技术知识的传递与技术能力的培养中有着不可替代的优势。将传统师徒制与现代职业教育相结合的学校教育体系，由传统师傅承担技能培养的责任，学校发挥职业教育的优势，更有助于培养出技术精湛并具备技术创新能力的手工艺人才，以满足我国现代手工业发展对人才的需求。

5. 云锦传承人对云锦未来的发展规划情况

云锦本身的制作成本极高，复原古老工艺和图案设计需要大量时间、经济、人力上的投入。同时复原出来的工艺在现在的市场环境下是否有足够的价值也是一个未知数。难以创造出足够的经济价值支撑工艺的研发成本是南京云锦发展的主要难题。南京云锦博物馆目前属于民营企业，未来云锦博物馆是作为纯粹公益化的国有博物馆还是与市场相结合，还需要好好考虑。

6. 云锦和文化产品等相结合情况

博大精深的中华传统文化为传统工艺品的生产提供了创意来源，传统元素的融入和现代制作材料的使用使得手工艺品更符合现代人对品质化和个性化的追求。云锦富丽高贵，在古代主要被用来制作皇帝和贵族的服饰，由于特殊的材料和制作工艺，云锦具有质地粗硬、材料厚重的特点。在开发云锦服饰时，选材方面应满足现代人对轻薄柔软、透气的需求，寻找适合于制作现代高档时装，如婚纱礼服、演出服装、高档女装等服饰的云锦面料，使古老的云锦绽放出时尚的光芒。有些服饰主体可采用其他面料，部分采用云锦进行点缀、装饰，如在衣服的领口、袖口、衣缘、衣襟等处装饰云锦滚边、嵌条或镶拼等，在人们日常服装中展现中华传统民族服饰的风尚和韵味。这类服饰云锦用料少，价格相对较低，也更符合现代人轻、薄、舒适的穿衣理念。人们的审美观念会随着时代的变化而改变，手工艺品的设计和制作也应与时俱进，宜在传统工艺中融入现代技艺和现代设计，即运用现代设计技术、装饰手段对手工艺品的传统纹样进行改进，使之体现出现代生活的时尚。以往云锦善于用金装饰织物的花纹，因此云锦成为古代皇室的专享品，同时云锦图案的配色对比强烈、浓重华丽，极富装饰性，契合宫廷的华贵；而现代人更喜欢简洁雅致、朴素自然。倘若让云锦进入人们的日常生活，应当在选材和配色上做出一定的调整和创新，使云锦产品以新的面貌满足现代人的需求。

创新是文化产品的核心竞争力，只有创新才能提升传统手工艺品的文化附加值，才能促进产业化和市场化的进一步发展。同时传统手工艺要融入现代市场意识，积极拓展销售渠道，逐步建立传统手工艺产品的电子商务营销网络，使传统手工艺品的品牌价值得到提升。云锦在古代一直为皇家御用及制作官服。如今云锦除被用于装饰寺庙佛事以及用作少数民族服饰布料外，为满足市场的需求，还开发了一些新的花色品种用于制作服饰和工艺品，但云锦产品距离普通大众的生活仍很遥远，市场占有率低。进入新时期，在生产云锦传统产品的同时还要推陈出新，根据市场需求和现代生活的需要，充分利用云锦的独特技艺和历史文化内涵，积极开拓云锦的新领域和新用途，开发、设计、生产出能够满足现代生活和旅游纪念等方面需求的云锦新产品，如服饰、装饰品、家纺用品、工艺品、旅游纪念品等。在开发云锦新产品的过程中，提升了云锦文化内涵，宣传了地方文化，发展了地方经济，进一步提高了云锦产品的社会地位，为南京云锦文化的传承和创新发展开启了一个更为广阔的空间。传统手工艺通过与当代艺术的深入合作与互动，创造出兼具民族文化特色和时尚潮流特色的工艺产品，以崭新的面貌走向国际舞台，增强传统手工艺企业的国际竞争力。近年来，南京云锦通过与国外设计界进行交流，吸收来自国外的艺术灵感，为古老的中国传统文化注入了新鲜血液，让中国的传统工艺品走向世界。2013年，中国著名时装设计师劳伦斯·许的"绣球时装秀"亮相巴黎高级定制时装周，秀场上的礼服采用皇家云锦面料及中国传统手工艺，尽显西方剪裁与中国传统的完美结合。2015年意大利米兰世博会期间，南京云锦研究所在"南京周"活动中展出了一幅巨大的用云锦织成的蒙娜丽莎画像，从画面到画框，都是由云锦制作而成，表现出色彩、肌理、光感、笔触、空间、构图等油画造型元素，是云锦与油画作品的首次结合。南京云锦融合了千年历史和当代时尚元素，幻化成一件件高贵典雅的东方华服，向世界展现了中国云锦的华美风采。

7. 云锦之于苏州宋锦、四川蜀锦的特点

"妆花"作为南京云锦最独特的工艺，特点是用色多，色彩变化丰富。在织造方法上，是用绕有各种不同颜色的彩绒纬管，对织料上的花纹作局部的盘织妆彩，配色十分自由。图案的主体花纹，通常用两个层次或三个层次的色彩来表现，部分花纹则用单色表现（如花梗和叶、芽）。一件妆花织物，花纹配色可多达十几色乃至二三十种颜色。妆花的用色虽然多，但繁而不乱、统一和谐，使织物上的纹饰达到生动而优美的艺术效果。

8. 针对云锦未来的发展和传承，云锦传承人对当代青年的期待

匠人内在的谨慎、细致、求真、求精、尚美、善思、朴实、自尊自强等个性特征是其成就精致作品的根基。匠心是天生的好胜与聪慧，也有后天修得的坚韧、勇敢和智慧，匠心追求完美、卓越，才能耐住寂寞、守住本心，意志坚定地朝着目标前进。匠心专注执着，所以能平心静气、心无旁骛地工作，如此才能悟出规律、找出办法，认真踏实、坚持不懈、勤奋务实、勇于挑战、不怕困难、积极上进，不断地攻坚克难。云锦的传承离不开对于工匠精神的坚守，云锦有一百多道复杂的工艺，学习的过程必定枯燥，需要长时间的积累。

四、调查结果总论

（一）南京云锦的复兴历程

1. 新中国成立初期——举步维艰

南京云锦是中国传统的丝制工艺品，其历史可追溯至东晋义熙十三年（417）在国都建康（今南京）设立专门管理织锦的官署——锦署，至今已有一千六百多年历史。如今只有云锦还保持着传统的特色和独特的技艺，如传统的提花木机织造，这种靠人记忆编织的传统手工织造技艺仍无法用现代机器来替代。1949年以来，党和政府极为重视对云锦的保护与发展，先后投资几千万元用于恢复和保护云锦，这一古老的纺织佳品迎来了新的发展机遇。1954年，为抢救濒临消亡的南京云锦，"云锦研究工作组"组建成立。1956年，时任国务院总理周恩来指示"一定要把云锦工艺继承下来，发扬光大"。1957年，江苏省政府批准建立南京云锦研究所，这是中国唯一一家集研究、生产、展示、销售于一体的云锦专业机构。南京云锦研究所还成功地复制了20世纪70年代湖南长沙马王堆汉墓出土的素纱禅衣、北京十三陵定陵出土的明万历皇帝织金孔雀羽妆花纱龙袍等珍贵的纺织文物。在历经一个多世纪的动乱之后，原本无人问津的云锦得到了抢救性的保护，使得纺织业保留下了一个珍贵的火种，但云锦仍然面临着后继无人的局面，在当时全国真正懂云锦技术的不过50人。

2. "文革"时期——遭遇浩劫

"文革"时期，传统文化遭受沉重打击，云锦也受到波及。在封建社会云锦的主要服务对象是皇室人员和一些官阶很高的大臣。同时，云锦也被皇帝作为馈赠赏赐给外国使节，用以显示华夏的地大物博，宣扬国威。由于云锦是御用贡品，在封建社会普通百姓不能享用，民众对云锦知之甚少。到了民国时期，云锦丧失了传统的御贡销路，而精美华贵的云锦造价高昂，又难以走入寻常百姓家，便不得不开辟海外市场。"文革"时期一大批珍贵的云锦作品被毁坏。刚刚复苏的云锦又遭遇了当头一棒，云锦研究工作难以正常进行，云锦技艺的继承和发展面临巨大的挑战。

3. 改革开放以后——幸得新春

1978年实行改革开放，社会经济得到较快发展，云锦的发展也迎来了第二个春天。至1979年，云锦的研究取得突破性进展，制造规模发展到15个加工点、97台织机，外加工人员达300余人，研制恢复了失传多年的传统品种妆花罗、妆花纱、妆花绸等。20世纪80年代末，云锦专家接到了一个重要任务——复制琉球王龙袍，正是从那时开始，云锦的国际化也取得了卓越的成就，云锦手工艺得到迅速发展。20世纪90年代，云锦主要着眼于佛教文化作品，将传统的织锦技艺与民族宗教文化有机结合，云锦正通过不同的载体发挥价值。20世纪70年代到21世纪初，南京云锦的科研人员经过努力，逐渐恢复濒临消亡的南京云锦织造工艺，并搜集整理了云锦图案和画稿，培训艺徒，恢复了失传品种"双面锦""凹凸锦""妆花纱"等，复制了汉代的素纱禅衣、宋代的童子戏桃绫、明代的妆花纱龙袍等珍贵文物，并征集收藏了900多件云锦实物资料，为南京云锦的研究发展打下了良好的基础。

4. 申遗成功以来——亟待创新

2002年6月，南京市政府正式将南京云锦申报联合国人类非物质文化遗产，并通过各种活动宣传云锦、挽救云锦，借助2003年央视春节联欢晚会，使其在海内外亿万观众面前亮相，为正在申报"世界非物质文化遗产"的南京云锦作了一次极好的形象宣传。近年来，南京云锦还应邀到美国、比利时、挪威、日本等国进行展览和操作表演。这一"东方瑰宝"所到之处无不引起轰动。2002年8月，联合国有关官员和专家听取了关于南京云锦的历史、现状、价值的介绍，以及南京市为抢救、保护、发展云锦所采取的各项措施和取得的成就，目睹了集妆金、妆彩、妆孔雀羽三大特色的云锦样品。他们对中国保护这一美妙绝伦的传统工艺品所做的努力给予了高度评价。2004年，在南京市政府的支持下，成立了南京云锦博物馆。2003年到2005年，南京云锦研究所生产的"吉祥"牌南京云锦分别获南京市和江苏省名牌产品称号。2005年12月，南京云锦研究所的"吉祥"牌南京云锦被国家质监总局作为首批向国际地理标志（GI）组织推荐的30个地理标志产品之一，成为中国首批获国际权威组织认可的国际地理标志产品。南京云锦研究所保留着历史上全部的妆花技术，曾成功地复制了明定陵出土的万历皇帝过肩龙妆花纱织成袍料。自1979年以来，该所复制龙袍及匹料已达100多件。2006年5月20日，南京云锦木机妆花手工织造技艺经国务院批准被列入第一批国家级非物质文化遗产名录。国家级非物质文化遗产项目南京云锦木机妆花手工织造技艺代表性传承人有南京云锦研究所有限公司的朱枫、周双喜以及江苏汉唐织锦科技的金文，省级传承人有师从云锦老艺人朱枫的邬悉尔。南京云锦已被列为中国向联合国教科文组织推荐的"世界人类口头与非物质文化遗产"五个候选项目之一。在政府的大力支持下，随着研究所的发展、博物馆的建立、申遗的成功、国际交流的广泛开展等，南京云锦文化已从濒危状态转变为传统与现代相结合的多元化发展的织锦文化，承担起了中国优秀文化对外交流传播的重任。

（二）云锦复兴之路上的核心驱动力

1. 工匠精神

任何传统工艺的保护和传承都离不开工匠精神，工匠精神意味着默默坚守、不求名利、追求精致、辛勤付出。新中国成立至今，云锦三落三起，云锦今日之发展，离不开一代又一代云锦艺人对工匠精神的传承。我们所采访的蔡向阳老师，毕业于南京航空航天大学法学专业，毕业后从事法律方面的工作本是顺理成章之事，而他却选择了云锦的保护和传承工作。从 2004 年至今，他已在保护和传承云锦的路上前行了十多年，他"耐得住寂寞，守得住清贫"，愿意将时间和心血花在每天埋头苦干只能织出 8 厘米的布料上。当其他年轻人为社会中的美好事物迷醉时，他却坚守在这无人问津的"独木桥"上。他坚持学习，立志成为一名全能的云锦大师。工匠精神在他身上得到了淋漓尽致的体现。

2. 国家支持

传统文化的保护和传承离不开国家的支持。出土云锦织品的复原需要大量资金，若没有国家资金支持，单靠个人或研究所的力量是不可能实现的。云锦织品得不到复原是传统文化的巨大损失，出土的一件件云锦织品大多精美绝伦，但如纸一般脆弱，只有云锦艺人按照织品模样重新复制才能得以保存。保护传统文化是社会主义精神文明建设的重要内容，文化兴则国兴，文化自信则国自信，为了将云锦工艺更好地传承和保护下去，国家应给予更多的财政支持。

3. 产品创新

云锦的发展离不开创新，创新是核心竞争力。云锦在古代主要是供皇家使用，很少进入寻常百姓家。随着时代发展，云锦若想占有市场份额，必须受到更多人的关注，有更广泛的用途。这离不开创新。我们在云锦博物馆看到了云锦嫁衣、云锦隔屏、云锦饰品等，还有一个展区专门展示云锦与现代工笔画的结合，云锦作品显得十分精美，这是典型的产品创新。云锦艺人蔡向阳老师有一个"嫁衣梦"，希望中国人结婚都能穿着云锦嫁衣。我们相信，云锦与更多的现代文化结合必定能够走向更美好的未来。

五、对策和建议

南京云锦是我国各民族丝织技艺精华融合的产物，因其绚丽多彩，美如天上云霞而得名。南京云锦与成都的蜀锦、苏州的宋锦并称为我国三大名锦。南京云锦传承至今，其生产工艺更是成为我国传统丝织技艺的"活化石"，堪称"中华一绝"，是中华民族和全世界珍贵的历史文化遗产之一。南京云锦是中国古代织锦工艺史上最后一座里程碑。作为一种有着悠久历史的艺术品，南京云锦无疑具有极高的文化价值，云锦是民族文化的象征和优秀的文化遗产。无论在什么时候我们都不能让这种艺术形式消失，而应该把云锦艺术继承下来并积极寻求创新，让传统的云锦和现代社会实现完美的结合。随着申报人类口头及非物质文化遗产活动的展开，南京云锦不断在南京市诸多大型经贸洽谈会上展示、宣传，逐渐走向广大市民群众。然而随着大众对南京云锦关注程度的加深、南京云锦知名度的扩大，一些假冒伪劣的云锦产品出现在市场上。云锦千年独特的质量和声誉面临被假冒伪劣产品破坏的危险。保护云锦自主知识产权，保护正规云锦生产企业的利益，保护云锦这一古老艺术已迫在眉睫。

（一）以政府为主导、社会组织与个人积极参与

各级政府要切实增加对南京云锦保护的投入，加大南京云锦的发掘、保护和培养民间艺术人才的力度。同时，鼓励社会力量广泛参与，社会各界不仅要有责任心，而且要从人力、物力上给予支持。扩大公民对南京云锦保护的知情权、参与权和监督权，促进南京云锦保护决策的科学化、民主化。各级文化主管部门要搭建信息交流平台，听取、吸纳专家和群众对南京云锦保护的意见和建议；要组织专家和群众以适当方式参与南京云锦保护等活动，以支持本民族文化遗产的保护和传承。

（二）完善制度保障与立法保护

2005年3月，国务院办公厅发布了《关于加强我国非物质文化遗产保护工作的意见》，这是国家最高行政机关首次就我国非物质文化遗产保护工作发布的权威指导意见，明确提出了保护工作的重要意义、目标和方针，建立保护制度、工作机制等。随着这些政策措施的逐步实行，其成熟经验应该为国家立法提供很好的参照和依据。同时要加大执法检查力度，强化非物质文化遗产保护的法律监督。严格依照保护文化遗产的法律、行政法规办事，严厉打击破坏非物质文化遗产的各类违法犯罪行为，对严重违反非物质文化遗产资源保护、开发利用等法律法规的重大问题，要依法进行处理。重点追究因决策失误、玩忽职守，造成非物质文化遗产破坏的责任人的法律责任。2002年，南京市政府正式发布了《南京市政府关于保护南京云锦的决定》，要求各级人民政府和文化、文物、科技、工商、质量监督等有关部门采取切实、有效的措施，对南京云锦特有的传统工艺、技术诀窍、原料配方、科技档案及相关的传统工艺产品等进行保护、扶持，促进南京云锦木机妆花手工织造工艺的传承、发展。这一决定的发布和实施，在推动南京云锦事业发展方面起到了重要作用。

（三）制定规划，分步实施

南京云锦保护是巨大的工程，没有规划是难以达到保护的目的的。必须制定总规划，使非物质文化遗产在社会中发挥应有的作用。政府主要处于决策、组织、统筹的地位。当然，政府不是抽象的，它有具体的结构系统。在这个系统中，不同级次之间地位与诉求也有差异：处于上层的，以制定法规政策为主，宏观调控；越往下，实际参与的程度越高；到基层，具体组织，直接参与。这种介入以权力为依托，具有某种强制性，作为一种主导力量统辖全局。

（四）不断创新，引进新技术、开发新产品、拓展织锦新用途

织锦精湛的织造工艺、细腻华贵的外观和充分的表现能力成为多种高级纺织品的首选材料。要充分利用织锦文化，开发具有地方特色、蕴含浓郁民族风情的织锦新产品。在保持各自产品特色的前提下，加强合作，推陈出新，开发出更多适合市场需求的产品。

（五）研究、复制传统云锦，拯救濒临灭绝的艺术珍宝

南京云锦研究所自1979年成立以来，已复制丝织文物多种，对于失传的织造技艺已从探索中获得经验。但是，从发展的角度来看，南京云锦的复制工作才开了个头。全国各地的博物馆收藏的实物和陆续出土的丝织物，需复制的还有很多。目前，南京云锦研究所所掌握的南京云锦传统纹样资料，也只是很少的一部分。其中，明万历皇帝所穿的织金孔雀羽妆花纱龙袍复制品，曾获得中国工艺美术百花奖金杯珍品奖。汉代著名织物素纱禅衣的复制品与原件在重量上仅相差0.5克，叠成几十层仍可清晰地看见下面的文字，有专家形容其"渺若淡烟，柔若无物"，再现了我国古代丝绸工艺的辉煌。研究和复制古代云锦文物，对宣传中国优秀传统文化、弘扬民族精神具有重要的作用。

（六）开发云锦服饰等新产品

过去云锦以它的高贵、富丽而被宫廷所用。但工艺和材料的原因使云锦质地厚、分量重，与今天人们追求的轻薄柔软、透气等不相符合。因此，开发云锦服饰品，我们需要做两个方面的工作。一是要使云锦的面料在选材织造方面向轻、薄、柔、软等方面发展，研究适合于制作高档时装的云锦面料，使古老的云锦在时尚中绽出新蕾。现代服饰艺术潮流中的民族风、中国风，给云锦面料提供了大量的用武之地。即使是日常生活中的服装，也可展现出中华民族服饰的风尚和韵味，如在衣服的领、袖、缘、衣襟等处饰以云锦滚边、嵌条或镶拼等，使服装显得更加精致，既古典又时尚。二是用传统的云锦面料制作服装上的装饰物，起到点缀的效果。用云锦中的彩库锦制作，图案可采用几何纹、花卉及文字等，比较典型的有团寿纹，这是周边围绕如意祥云的纹样，寓意吉祥如意、富贵长寿。用云锦制成的钱包、贺卡、锦盒、纪念品等也受到了外国游客的欢迎。云锦生肖贺卡中的动物造型生动可爱，栩栩如生，既可留作纪念，又可馈赠亲友，实为旅游纪念品中的佳作。另外，云锦还可以用来制成与服装相配套的时装鞋等，这也是一个极具潜力的市场。总之，南京云锦在历史上曾经辉煌一时，因此被尊为"众锦之首"，但随着时代的变迁和现代人消费观、审美观的变化，云锦的发展面临新的难题。只有顺应形势，云锦这一古老的工艺才有更大、更广阔的发展空间。

(七) 加大云锦的国内外宣传力度

云锦作为丝织物中的珍品，除历史悠久外，在艺术和工艺上都有着很高的成就。云锦的纹样、色彩和工艺都十分讲究，特别是云锦的传统工艺方法，有重要的研究价值。调动一切积极因素，多渠道向国内外进行宣传，让云锦拥有广泛的群众基础。尤其要向青少年一代宣传云锦，让他们了解中国传统文化，提高对云锦的兴趣。这对云锦文化的发扬光大以及云锦市场的开发都大有裨益。

互联网的普及，电子商务的发展，已经让人们感受到了信息技术带来的方便与快捷。很多商业信息的搜索、贸易的达成只需要通过鼠标的点击、网络的交流便可以完成。目前，南京云锦研究所已经建立了自己的网站，提供有关南京云锦的详细资料，但是销售方面的信息仍然不够，云锦网络营销仍需大力发展。

(八) 制织设备向两极方向发展、引进和培养人才

在规划企业发展方向时，宜通盘考虑，可作两手打算：少部分传统精品用观瞻性好、反映原始织造工艺的逼真的脚踏、手拉织机制织；对于常规产品，可用设计操作简便，织幅宽、车速快、产量高的电子提花机和无梭织机生产，使产品产生规模效益。此外，为提高企业的竞争力，计算机辅助设计和信息化管理也是企业发展的重要手段和标志。必须加快对织锦技术人才的引进和培养，既要尊重老艺人，又要从管理体制上为技术、设计人才提供宽松的工作环境，以便他们尽快成长，如安排市场调查和采风，采用竞争上岗、优胜劣汰等方式促使其技术水平的不断提高。同时应加强企业与高等院校、科研单位的交流与合作，使产品的开发能力不断加强。

探寻南京传统特色小吃：蒋有记牛肉锅贴

小吃作为一个地区不可或缺的重要特色，其变化反映了人们在一个时期内对于食物的希望与要求。本调研旨在通过探寻新中国成立以来南京传统特色小吃的发展变化，了解南京民风民俗的更迭嬗变。

一、调查目的和意义

小吃是南京丰富"食文化"的一部分，能够突出反映南京的物质文化和社会生活风貌，能从侧面反映出南京民风民俗的嬗变以及新中国成立以来南京人思想的变化，并以小见大反映新中国成立以来南京的变化。蒋有记作为南京知名的清真饮食老店，最大的特色是牛肉锅贴，号称"秦淮八绝"之一。蒋有记已经有百余年历史，从成立到"公私合营"模式的推进，再到"文革"时期的停业变迁，直到今天依然受到大家欢迎，"蒋有记"无疑是新中国自成立以来历史最好的见证者与参与者。我们此次调查的目的便是通过分析在南京就读的大学生、南京的众多游客食客对于南京传统小吃变化的了解及看法，并通过实地走访小吃传承匠人——蒋玉友先生来深度了解南京的小吃文化，以独特的视角走进南京，了解历史，以此分析南京自新中国成立以来的变化发展，并对小吃文化发展中的不足提出建议。调查的同时也锻炼了我们实地考察、资料整理和分析问题、解决问题的能力。

二、调查方法

本次调研采取了问卷调查和个案访谈两种调查方法。

（一）问卷调查法

该调查问卷是从南京传统特色小吃所具有的特点出发，根据南京传统特色小吃继承发展的现状和不同年龄段、不同地域的大众对其的了解程度、态度等相关情况自行设定，经反复修改后形成，问卷主要采用单选题、多选题相结合的形式，并给调查对象留下了一定的自由表达的空间。通过社交软件线上发放调查问卷，总共随机发放调查问卷384份，收回384份，回收率100%，其中有效问卷384份，有效回收率100%，得到随机样本，进而对调查结果进行统计并精心分析总结，从调查对象，即南京高校大学生、南京众多游客食客的角度综合看待南京传统特色小吃的历史与发展。

（二）个案访谈法

提前联系南京市秦淮区"秦淮八绝"之一蒋有记牛肉锅贴的掌门人蒋玉友先生，并在南京市秦淮区蒋有记秦虹路店对其进行访谈，以此为基础形成了访谈稿、访谈笔录、访谈心得各一份。从小吃传承匠人的角度对南京传统特色小吃的历史与发展问题进行更加深入的思考，获得更有价值的认知。

三、调查结果与分析

此次调查旨在深入了解大众对南京著名传统特色小吃历史与发展的认知现状，以独特的视角走进南京，从而对当前南京传统特色小吃的优势与不足有更为清晰的认识，进而间接感受南京民风民俗和社会生活风貌的变化，同时分析这些变化的意义及其背后的原因，并对当前南京传统特色小吃发展中的不足给出指导性建议。

1. 调查对象基本信息

调查对象男女比例较为均衡，一定程度上使得问卷调查结果更具可靠性和科学性。调查对象在各个年龄段分布较为均衡，主要对象为在校大学生、社会劳动者、部分南京本地居民以及少量游客，调查对象的多元化使得问卷调查结果更能全面地反映客观实际，有利于进一步分析与总结。94.27%的调查对象均非南京本地人，在一定程度上削弱了主观因素对调查结果的影响，更有利于从"南京小吃"转向"中国发展"的维度发现、分析和解决问题。

2. 对南京传统特色小吃的了解现状

结果表明，南京盐水鸭和金陵回味鸭血粉丝汤被了解程度最高，分别为94.79%和85.94%。事实上，南京盐水鸭已然成为一种招牌，是游客青睐、食客称赞的佳肴之一。此外，状元豆、什锦豆腐涝和如意回卤干等小吃仅被10%左右的调查对象知悉，了解程度较低。以南京最具秦淮风味的特色小吃"秦淮八绝"为例了解其知名度，结果表明，64.06%的调查对象听说过"秦淮八绝"，可见，在南京众多传统特色小吃中，秦淮风味深入人心，声名远扬。了解南京传统小吃的途径较为多元，56.25%的人由别人推荐，49.48%的人是自己发现的（可多选）。值得一提的是，在信息时代，媒体网络、广告广播等在更好地宣传南京诸多特色小吃方面也发挥了较为关键的作用。调查对象中65.63%的人认为小吃价格适中，30.73％的人认为价格偏贵，仅3.65％的人认为小吃价格便宜。考虑到部分传统特色小吃制作成本较高，可以认为，当前南京诸多传统特色小吃的价格还是较为合理的。为进一步了解南京传统特色小吃吸引顾客的要素或特点，我们开展了问卷调查。结果显示，75％的人选择了"风味独特"，这在一定程度上表明风味独特是南京小吃最具吸引力的要素。其次是"声名远扬"，这说明南京传统小吃名副其实，有其独特优势。而食用方便快速、价格低廉等要素均处于非主导地位。89.58％的消费者喜欢在有店面的小吃店（老字号）品尝小吃而非通过外卖或自己制作，可见大部分消费者更愿意品尝正宗的传统小吃，更愿意在小吃文化氛围浓厚的地方进行品尝。店面包括摊铺是消费者品尝小吃的主要地点。57.29％的人对南京小吃比较满意，25.00％的人十分满意，极少数人对其感到不满意。结合之前关于口味与价格的调查，可以看出，南京传统特色小吃备受人们喜爱。

3. 对南京传统特色小吃及其文化内涵、历史渊源的理解

调查对象中35.42％的人认为南京传统小吃能够代表南京传统文化，60.94％的人认为其在一定程度上代表了南京传统文化，这表明，南京传统特色小吃在一定程度上是南京传统文化的象征。对于南京传统特色小吃背后的美食文化，近半数的人不太了解，非常了解的仅占5.73％。传统特色小吃背后的美食文化并不为大众所知，这在一定程度上限制了美食内涵在食客心中的进一步丰富，同时凸显了我们开展这项调研的意义。在问及是否愿意去了解南京传统特色小吃的制作工艺和历史渊源这个问题时，40.63％的人表示非常愿意，41.15％的人表示愿意，仅有极少数人不愿意，可见人们对于小吃背后的内涵有着相当程度的好奇心。在调查对象心中，南京传统特色小吃的历史与发展能够不同程度地反映出民风民俗的演变、社会生活的变化、思想观念的变化、物质文化的发展演变。可见，小吃在一定程度上是城市文化的载体，是城市文化的凝聚，是民风民俗演变、时代变迁的见证。

4. 对南京传统特色小吃未来发展的态度与见解

在南京特色小吃保持传统还是与时俱进这一问题上，不同的人有着不同的观点。调查对象中41.67％的人认为应当保持传统，无须改良；44.79％的人认为应当与时俱进，迎合大众口味，做出改良。两者占比接近，说明大众在保持传统和与时俱进两方面各有看法。在传统小吃制作工艺无法得到传承与发展这一问题上，72.40％的人认为现代食品倾向机械化生产是导致这一现象的主要原因，而传统特色小吃店利润微薄，难以为继，制作小吃的工具、配方失传，原料难以获得等因素也不同程度地导致了这一现象的产生。机械化生产与商业化是现代生产业的主要特点，这说明在人们心目中传统工艺更利于其特色的保持。在是否有必要对南京传统特色小吃进行保护这一问题上，近90％的人认识到了保护传统小吃的必要性。这说明对南京传统特色小吃进行保护和传承是民心所向。66.15％的人认为真假难辨是南京传统特色小吃的不足之一，也表明日常生活中存在对老字号的虚假宣

传与滥用，传统小吃品质参差不齐是较为常见的现象。其余不足如缺乏创新意识、缺失文化特色等均有不同程度的涉及。关于南京传统特色小吃未来的发展趋势，绝大部分人持积极乐观的态度，认为其发展前景良好。这是众多消费者发自内心的期望，是对传统、对美食文化最好的祝福！

5. 结合自己的认知和感受，谈谈对南京传统特色小吃的想法

调查结果显示，大多数调查对象对南京著名传统特色小吃有所了解，对其总体印象较好，认为其价格适中、风味独特、声名远扬。南京盐水鸭、金陵回味鸭血粉丝汤等招牌小吃更是备受人们喜爱。随着新时代信息化程度的加深，人们了解南京传统特色小吃的途径也日渐丰富，以媒体网络平台为载体的宣传收效甚好。

对于南京传统特色小吃背后的文化内涵、历史渊源，绝大多数调查对象了解程度不高，但他们都乐于近距离接触和了解小吃的制作工艺、历史文化等。在他们心目中，南京小吃在一定程度上代表着南京传统文化，同时反映着南京民风民俗的演变、南京人思想观念和南京社会生活风貌的变化以及南京物质文化的发展与演变。换句话说，小吃在一定程度上是城市文化的载体，是城市文化的凝聚，是民风民俗演变、时代变迁的见证者。

关于南京小吃的现状以及未来设想，调查对象也给出了他们心目中的答案。一方面，南京小吃具有较多的优势和特色；另一方面，小吃品牌鱼龙混杂、制作工艺无法得到传承和发展、缺乏创新意识等诸多问题无不让人感到担忧，因此众多调查对象认为有必要采取相关措施对南京传统特色小吃进行一定程度的保护。我们有理由相信，南京小吃在消费者和传承者的共同努力下，在与历史文化相结合的基础上，不断创新，定能在中华美食界留下浓墨重彩的一笔，打造缤纷卓绝的"舌尖上的南京"！

四、调研结果总论

从本次对南京传统特色小吃历史和发展的调查可以看出，随着时代的发展，人们的生活节奏越来越快，很多人不复有当年之雅兴，乘一艘游船观景或停下脚步品尝小吃，洋快餐等快捷便餐成了当今最流行的饮食方式。这意味着蕴含传统文化的南京小吃的地位已不如以前，其发展优势与劣势并存。

（一）南京传统特色小吃发展存在的几个问题

第一，品牌文化特征不明显，缺乏产品特色。

第二，商标注册未齐备，暂局限于区域保护。

第三，管理制度、产业标准化程度发展不足。

第四，经营分散，不成规模。

第五，口味单一，缺乏创新。造型和包装也显得单调普通。

（二）对蒋有记牛肉锅贴掌门人蒋玉友的访谈记录

1. 经营方式

（1）特色与传统的保留

"祖上传下来，货真价实，原汁原味。现在就是要将它发扬光大，把中国的美食带到全世界。"

（2）创新与改变

"保持传统，也有一些创新。从人工化走向机械化，机械化走向网络化。我感觉到我的责任越来越大，所以一直在保持传统口味，越做越好，良性发展。"

2. 政策支持

（1）商标归属权

"为了拿回蒋有记商标的归属权，坚持了8年。在做了多年的牛肉锅贴后，我明白了'蒋有记'三个字的价值。很多人给予了我支持，如南京理工大学的一个律师组帮助我维权，《新华日报》也报道过这件事。"

（2）国家政策

"省长亲自颁发的'老字号'牌子。三年以后再争取拿到省'老字号'。"

3. 传统文化

（1）非物质文化遗产

"能够参加亚洲商务会议我感到非常荣幸。亚洲很多国家认为中国没有私有'老字号'。在亚洲商务会议上，中国商务部部长讲中国是有私有'老字号'的，南京的蒋有记招牌就是的。"

（2）"秦淮八绝"

"在南京发扬'老字号'，传承下去，越做越好。身为'秦淮八绝'之一，我会尽最大努力让每一位慕名而来的客人享受到最好的服务。"

4. 未来规划

（1）宣传方面

"在宣传方面，从中国旅游网、国际网到第二频道，都报道过。CCTV 2已经报道过三次，《舌尖上的中国》也介绍过。"

（2）规划方面

"在网络上进行宣传，已经向政府提出来。小吃能够在一定程度上反映文化发展及至历史变迁。"

（三）对南京著名传统特色小吃现状的分析结果

1. 现状良好，仍有较大发展空间

南京地区传统特色小吃历史悠久，种类繁多，南京作为六朝古都在传统小吃方面具有悠久历史与文化优势。近二十年来，夫子庙小吃经营户陆续开发出一些新品种，"秦淮八绝"小吃品种也有了调整。在小吃文化不断发展的基础上，南京传统小吃在国内具有较高的知名度，受到消费者的普遍赞誉。同时消费者认可小吃文化与当地传统文化是结合在一起的，大部分消费者存在对传统小吃的消费意愿，愿意参与到传统文化的推广中来，这是南京传统小吃发展的群众基础。南京传统小吃在口味上保留传统，在工艺上与时俱进，已取得了很好的市场效果，未来发展前景必然是光明的。

2. 鱼龙混杂，部分商家造假

部分曾经"辉煌一时"的南京著名传统小吃陷入困境甚至有被时代淘汰的危险，原因在于部分商家为了又快又多地实现盈利而省略了传统工艺流程中的一些重要步骤，这样的缺省使得某些传统小吃的口味不再纯正，部分顾客对其评价越来越低，回头客也越来越少，且很难再吸引新的消费人群。

3. 大众对小吃背后的美食文化缺乏了解

在当前经济快速发展的时代，人们偏向于追求娱乐与利益，而忽略了对小吃背后文化历史的了解。当"网红打卡地点"不再是历史博物馆，而变成了拍照圣地；当人们蜂拥于历史遗迹，不再是为了追忆过去了解历史，而是为了假期消遣；当我们对历史文化不再感兴趣，我们也就"失去了"传统文化。不仅是消费者，一些被利益蒙蔽了双眼的商家，甚至自己都不了解小吃背后的历史，一味地提高价格，丝毫没有意识到他们所售卖的不仅仅是"小吃"，更是一个地区、一个时期历史与文化的承载物。同样，学校和家庭教育在很大程度上只注重孩子的专业知识、技能学习，竞争激烈的升学考试及就业压力使得孩子接触传统文化的机会少了，自然也更不了解传统小吃背后的文化历史了。

4. 保护力度不够，市场监管不足

政府是否重视传统小吃的保护和发展，很大程度上决定了它们的发展。如果政府的重视和支持力度不够，那么很多著名的传统小吃就可能会在竞争日益激烈的当今社会难以生存下去而渐渐消亡。

另外，对传统手艺人进行保护与宣传，可以使手艺人增加收益，同时又促进了当地文化的宣传，一举两得。很多小摊贩经营难以为继，保护和扶持这些小摊贩是很有必要的。

此外，由于监管不到位，市场上可能出现非正规的冒名小吃。这损害了"老字号"的口碑，同时给消费者带来一定的健康隐患。

5. 资本与文化的碰撞

当前，很多商家为了追逐利益、迎合大众口味，选择放弃传统小吃，而转战利润更高、销量更好的食品，如奶茶、鸡排、汉堡等。追逐利益还是坚守传统，是对商家的考验。推动传统文化获得新生需要的是创造和创新能力，而不是简单地照搬照抄或者粗制滥造，更不是打着所谓"回归传统"的旗号，为自身的利益不惜颠覆三观、扭曲历史。

肯德基、麦当劳、必胜客这类洋快餐简单快捷，抓住了很大一部分年轻人的心，而且这些快餐店都有着较高的利润，这对传统小吃的发展造成了相当大的威胁。部分传统小吃"老字号"店因店面租金、人员工资等成本高而无法取得较好的收益，最终不得不退出市场。

6. 宣传力度不足，大众了解机会少

调查表明，人们对于小吃背后的文化历史有着相当程度的好奇心，只是由于时间、资金等原因缺乏了解体验的机会。这说明商家、民间组织、政府部门等对传统小吃背后文化内涵的宣传仍不到位。

7. 网络信息良莠不齐，造成认知偏差

在传媒高度发达的今天，作为主流信息传播媒介，网络中的信息良莠不齐，在一定程度上使得想要了解小吃历史文化的人产生认知偏差。这严重地影响着人们对传统文化的认知，也耗费了对小吃文化感兴趣的人们的时间，消耗了他们的"喜欢"。

五、对策和建议

面对来南京的大量中外游客，如何让南京传统小吃成为他们用餐的第一选择，如何让南京小吃更适宜现代社会的发展并且发挥出传播中国传统文化的作用呢？我们给出以下建议。

（一）挖掘南京传统小吃背后的文化内涵

"不到长城非好汉，不吃烤鸭真遗憾"，全聚德的烤鸭已同长城齐名，成为北京的象征；"同仁堂的药——货真价实"，身处政治和文化中心的北京"老字号"企业强调把商品与"仁""和"等中国传统儒家思想相结合，这本身也是一种文化的传承。而目前南京传统小吃恰恰缺少了这一点。南京传统小吃或许已声名远扬，但其中的故事却鲜为人知。南京是六朝古都，许多文人墨客、知名政要都来南京品尝过当地传统小吃，还留下了不少奇闻趣事，而在文化传承方面，南京及周边是春秋战国时期文化交融的重要地点，这些在当今的传统小吃中都有所体现。在让人们知道"秦淮八绝"美食的同时，还需要让人们了解"秦淮八绝"背后的历史故事，需要挖掘出南京传统小吃背后蕴藏的文化内涵。在访谈中，

蒋玉友先生讲述了蒋有记牛肉锅贴百年来的历史。对于其他传统小吃，商家也应该把饮食与中国传统文化相结合，通过中国的饮食来讲中国的故事，这样可以让更多的外国游客了解到中国饮食背后的传统文化。通过中国的饮食来宣传、弘扬中华优秀传统文化，是把中国传统文化推向世界的一种极好的途径。

（二）搭上电商顺风车，加大网络宣传

"老字号"的电商服务是与市场最紧密结合的一点。目前，北京、西安等地的传统美食大多开设了网店，其网店拥有成熟的电子支付系统，提供多种支付手段，而南京小吃的网店似乎还没有规划和起步。此外，对于传统美食，网站的建设是极其必要的，如果南京小吃能够建立起成熟的电商平台，那么它的影响力也会在不知不觉中扩大。目前南京夫子庙小吃的营销主要在线下，通过口碑互动营销，但其营销缺乏新意。随着新媒体的发展，越来越多的消费者偏好于便捷、高效的营销方式，这也是南京小吃加大网络宣传、建立电商平台的必要性。

（三）加大扶持力度，完善法律，保障经营者权利与消费者权益

政府在税收、资金补贴等方面给予政策优惠，对于地区传统小吃的发展有着重要的作用。沙县小吃之所以能成为年销售40亿元、计划上市的全国知名小吃，政府的支持发挥了巨大作用。政府应对一些行业相关产品及经营模式的创新给予奖励，同时鼓励良性竞争，将经营得好、顾客口碑好的小吃店设为示范店，鼓励消费者监督。

制定专门的城市管理法规或地方条例，由国家相关部门（城管）进行监管。另外，政府可以充分利用城市公共空间，按照法定程序为一些小摊贩划定经营场所。加大对公共设施的建设，在人多聚集的地方建设市场，对摊贩经营的小吃进行统一规划管理。

（四）改变小作坊经营模式，走向现代企业管理模式

目前南京秦淮小吃城只有一家，且管理方式介于传统与现代之间，区分度不高，简单几家"老字号"的合体是没有长足的发展动力的。小吃城点餐形式模仿的是快餐文化，但是它又不像肯德基的快餐经营方式，除去价格不说，小吃城内部设置也不太合理，座位极少，难以应对日益增加的客流量。因此，小吃城有必要改变小作坊经营模式，加大自由点餐区，保留一部分包厢，注重内部文化氛围营造。小吃城可以引进先进的管理方式，制定人员奖惩制度，从员工到管理层进行秦淮小吃文化的学习培训，在目前基础上走出属于自己的经营管理之道。

(五)结合新时代特点对南京传统小吃进行创新

2021年河南卫视春晚舞蹈节目《唐宫夜宴》登上网络热搜,好评如潮。创作团队坚持舞蹈是奉献给人民群众的,深入体察当代人尤其是年轻人的审美诉求,融入国宝、国风和国潮元素;古韵十足的舞姿、精致复原的唐妆、文创版的唐朝宫殿和动漫的空间设置,将传统文化与现代潮流相结合,让观众感受到厚重的历史人文底蕴的同时,实现了形式上的新颖、赶潮和内容上的传统、厚重的统一。可见优秀传统文化有其独特魅力,小吃亦如是。"传统文化呼唤现代表达",结合新的时代特点,南京传统小吃若能在回归传统的基础上进行创新与发展,同时注重宣传其中蕴含的文化思想和文化内涵,定能穿越时空焕发出新的光彩。

(六)提升网络宣传内容真实性

在网络媒体如此发达的情况下,有关部门应加强宣传并加大对宣传内容的监管审查力度,使得对小吃文化感兴趣的人能方便、快捷地获取正确的信息。还可以对热门旅游景点的传统小吃门店设置小吃信息二维码,"扫一扫"立知小吃背后的文化与历史典故。

(七)增强商家责任感

商家不能为了自身利益而粗制滥造,这样不仅会消耗大众的耐心,更会在无形中消解传统文化的意义。商家应当坚守初心,坚持传承,用一颗热忱的心弘扬小吃文化,传承人文精神、工匠精神。

第四篇 热点问题

美丽中国、脱贫攻坚、新冠疫情、"一带一路"等都是近些年的热点词汇和人们热议的话题。本篇聚焦热点问题，结合地方发展状况展现中国特色社会主义迈入新时代的新气象。

"绿水青山就是金山银山"，南京秦淮河从"墨河"变清水，构建起"人水和谐、文旅融合"的水文化体系，完成华丽蝶变，让水与城市和谐共生，成为造福人民的幸福河，是将建设人与自然和谐共生的美丽中国从蓝图变为现实的生动体现。

脱贫攻坚是一项前无古人的艰巨任务，在脱贫攻坚战取得全面胜利的历史进程中，涌现出了一批批脱贫典范。安徽金寨县的蜕变便是全国脱贫攻坚工作的一个缩影，从"贫中之贫，困中之困"的硬骨头到"革命老区展新颜，绿色减贫奔小康"的新起点，充分展现了党的坚强领导和中华民族自力更生、艰苦奋斗的精神品质。

"就医难"一直是社会的一大热点问题，随着新冠疫情的发生并席卷全球，就医更是难上加难，远程医疗服务便成为破解"就医难"的新选择。南京远程医疗服务在疫情防控期间所积累的经验和教训需要进一步总结，以不断推动远程医疗服务的发展。

"宅经济"是数字经济的重要组成部分，是"互联网＋"发展的新业态，疫情发生以来，民众纷纷居家隔离，减少出行，使得"数字经济"异军突起，以餐饮配送、在线教育、在线问诊、远程办公、直播等业务为代表的"宅经济"魅力大显，居民在线消费大为普及，促使一些行业加快向"线上＋线下"转型的步伐。

"一带一路"不仅是经济繁荣之路，也是文化发展之路，"国之交在于民相亲，民相亲在于心相通"，民心相通是"一带一路"建设的重要内容，也是"一带一路"建设的人文基础。中国民乐是中华文化的载体之一，推动中国民乐"走出去"，既是中华民族文化自信的体现，也是促进与"一带一路"沿线国家进行文化交流与沟通、提升影响力的重要举措。

美丽中国建设中的河流治理与保护情况调查
——以南京秦淮河为例

"生态兴则文明兴，生态衰则文明衰。"[①] 生态环境是人类赖以生存和发展的根基，影响着人类文明的兴衰演替。党的十八大将生态文明建设纳入中国特色社会主义"五位一体"总体布局，党的十九大提出"到本世纪中叶建成富强民主文明和谐美丽的社会主义现代化强国"的目标，党对生态环境的治理与建设高度重视。作为三大攻坚战之一的污染防治，更是全国人民极为关心的议题，"绿水青山就是金山银山"，河流的治理与保护更是其中的重中之重。

一、调查目的与意义

河流治理与保护工作作为"美丽中国"建设的一部分，受到国家有关部门的高度重视。"河长制"的创立和推行是政府部门高度重视河流治理的显著体现。秦淮河作为长江下游右岸重要支流之一，是南京市最重要的河流。本次实践活动通过走访南京市秦淮河河流治理的相关单位，深入了解政府在河流治理方面的相关举措。以秦淮河的治理工作为范本，展现政府部门治理河流的不懈努力，探究河流治理中仍然存在的问题，并通过深入了解政府在河流治理方面的工作情况，为政府部门积极出谋划策，以更好地推进河流治理工作。

二、调查方法

（一）问卷调查法

为了解人们对政府部门河流治理工作的满意程度及看法，本次问卷调查采取线下和线上两种方式，对秦淮河沿岸一些住户进行线下问卷的发放，对社会公众进行随机线上问卷

[①] 《习近平关于社会主义生态文明建设论述摘编》，中央文献出版社，2017年，第6页。

调查，以帮助我们更客观地看待秦淮河的治理与保护工作。本次共发放问卷354份，回收354份，有效率为100%。

(二) 访谈法

本小组为深入了解政府部门治理秦淮河的详细情况，特意造访了南京市秦淮河水利工程管理处，与管理处河湖科陆晓平科长和石雯倩科员进行了深入交流，针对河流治理工作做了详细的访谈笔录，这为我们后期的成果展示提供了重要素材。此外，小组成员参观了管理处的展馆。展馆内展出的河流治理工作成果，配上相关工作人员的解说，使我们了解到迄今为止秦淮河治理方面所取得的成绩，也为我们的调查提供了权威的资料来源。

三、调查结果与分析

(一) 问卷调查结果与分析

此次调查通过了解公众对我国河流水环境现状、河流治理和保护的认知情况，分析当前我国河流治理方面存在的问题，并探讨河流治理的有效途径。18～35岁的人群也就是大学生和社会工作者是我们此次调查的主要对象。

第1题：请问您的年龄？(单选题)

调查数据显示，在全部354名被调查者中，62.43%的人年龄在18～25岁，24.58%的人年龄在26～35岁，8.47%的人年龄在36～45岁，4.24%的人年龄在46～55岁，剩余0.28%的人年龄在55岁以上。本次调查主要以年轻群体（大学生、社会工作者）为调查对象，但由于部分问卷是线上分发，容易导致被调查者中有一些大龄受访者，因此团队设置此题目以避免数据结果造成较大误差。

第2题：您从事的职业是？(单选题)

在全部354名被调查者中，53.11%的人是在校学生，32.20%的人是企业人士，5.37%的人是个体户，1.41%的人是政府机构人员，3.67%的人为自由职业者，4.24%的人为其他。

第3题：您的学历是？(单选题)

在全部354名被调查者中，67.80%的人学历为本科/大专，23.16%的人为高中/中专，6.21%的人为初中，剩下的2.82%的人为硕士及以上学历。从被调查者的学历来看，我们可以确定他们具有辨识问题、分析问题的能力，因此我们对此份问卷的真实性加以肯定。

第4题：您对目前城市河流整体水环境状况是否感到满意？(单选题)

从调查数据来看，65.54%的被调查者对城市水环境现状满意程度为一般，比较满意和很满意的总人数也只占到了23.16%，由此我们可以得出，现阶段城市河流整体水环境还不能让市民普遍满意，大多数人认为河流水环境依然存在一定的问题，需要加以改善。因此，政府在河流的治理方面需要继续努力。

第5题：您认为您的生活质量与周边水环境的关系？（单选题）

从调查数据来看，被调查者中超过85.03%的人认为其生活质量与周边水环境存在着密切关系，其中有30.79%的人认为关系非常密切，仅有1.41%的人认为水环境与其生活质量关系不密切。由此可以得出，水环境是很多人关心和重视的问题，是关乎人民生活质量能否得到保证的一个重要因素。

第6题：您认为近年来河流环境的变化趋势是？（单选题）

从调查数据来看，对于河流环境的变化趋势，不同的人有不同的看法。被调查者中24.01%的人认为河流环境没有很大变化，38.14%的人认为河流环境比之前有所改善，37.85%的人认为河流环境污染比之前更加严重。以上数据表明，当前阶段河流的治理效果并不显著，因此给人一种好坏难定的感觉。

第7题：您关注河流治理的方式有哪些？（多选题）

从调查数据来看，人们关注河流治理主要是通过电视和网络，分别占64.97%和68.64%，而书本、报纸、杂志和课堂、讲座只占两成，还有少数人通过亲人、朋友或其他方式进行关注。这一结果与被调查者主要为大学生和社会工作者，他们更多地使用网络平台，较少使用传统媒介密切相关。

第8题：您关注河流保护相关信息的频率是？（单选题）

从调查数据来看，人们关注河流保护相关信息的频率绝大多数是"有时"，占总体的59.60%，不关注河流保护相关信息的人数占30.79%，而每天或者经常关注河流保护相关信息的合计约占10%。大部分被调查者对于河流治理方面的信息与知识了解较少，因此关注河流保护相关信息的频率较低。

第9题：您最关注河流治理的哪个方面？（单选题）

从调查数据来看，人们对河流治理的效率、治理的及时性、治理的彻底性、治理效果的维持这几个方面的关注比例相差不大，治理效果的维持所占比例略高于其他方面，占34.75%，治理的效率、治理的彻底性分别占22.03%和28.25%，治理的及时性所占比例最小，为14.97%。

第10题：您是否了解政府推出的河流治理或水环境治理的相关举措？（单选题）

结果显示，有超过半数的人了解政府推出的河流治理或水环境治理的相关举措。从中我们可以看出，首先政府的政策宣传是比较到位的，其次政府确实做了一些惠民利民的实事，这些实事给人们留下了深刻印象。虽然仍存在22%左右的人不了解相关政策和举措，但这正是未来政府在这一领域的努力方向，要让人们切实了解到国家政策已在现实中落地实施，而不是仅停留在报道上。

第11题：您认为目前的河流环境还存在哪些问题？（多选题）

就目前的河流环境来看，被调查者认为河流环境存在较多的问题是河流水质尚未得到有效改善，河流中的垃圾较多及河水污浊，分别约占78%和62%。紧随其后的是河流污染问题尚未得到有效的控制，占57%，也超过了半数。还有少数人认为河流两岸植被较少，表面有杂草。调查数据从某种程度上反映出当前河流环境最主要的问题还是水质以及水中漂浮的垃圾问题。

第12题：您认为造成这些问题的具体原因有哪些？（多选题）

根据第11题的数据情况来看第12题，被调查者认为河流污染最主要的原因是工厂的违规排放，约占78%。生活污水排放与生活垃圾入河选择人数差不多，均占70%左右。无论是工业还是居民本身都被认为是破坏河流环境的"主凶"。这说明河流环境的污染跟我们每个人都脱不了干系，对于河流治理的工作，我们每个人也都要身体力行，做好自己分内的事。有超过半数的被调查者选择了违章工程侵占侵犯河流。

第13题：您认为目前的河流治理工作还有哪些不足？（多选题）

在354名被调查者中，70.62%的人认为有关部门管理不到位，44.07%的人认为河流治理资金不足，51.98%的人认为群众的参与度不高。选择群众的反馈得不到及时处理和河流治理政策宣传不到位的人基本持平。被调查者大多认为河流治理工作主要依赖于政府的主导作用，政府有治理、保护、宣传的责任，群众只是参与配合，因此矛头往往指向政府及相关部门。

第14题：为了加快河流治理进度，您认为可以采取哪些措施？（多选题）

从调查数据来看，各项指标的占比不相上下，其中比例最高的是健全法制，完善制度，如"河长制"，占78.81%。70.62%的被调查者认为治理前应当充分听取市民的建议。61.58%的人认为河流治理中的相关信息应当及时公开。75.42%的人认为在进行河流治理时应该处理好拆迁和征地的问题。60.45%和70.62%的被调查者分别认为有关部门应当在项目监管和民众监督方面下功夫。被调查者还是更倾向于有一套系统的有法可依、执法必严、违法必究的完善的法律政策来规范河流的治理。

第15题：您认为政府应该采取的具体的河流保护措施有哪些？（多选题）

从调查数据获知，81.07%的人认为政府应当做好生态护岸，截污控污；77.68%的人认为政府应当实施科学合理的设计与规划；71.75%的人认为政府应当优化水体结构，提高水体协调能力；58.76%的人认为政府应当积极实施清淤工作，61.30%的人认为政府应当加大河流治理与水环境保护的宣传力度。被调查者具有一定的分析河流污染源的能力，能发现问题在水里、根源在岸上的实质，并提出了解决问题的举措。

第16题：请在下面选择您支持的观点。（单选题）

在有效的354份问卷中，大部分被调查者认为保护河流是每个公民的责任，保护河流能保障生活的质量，占比78.81%。16.1%的人认为居民对河流的影响不大。3.67%的人认为保护河流只需要相关工作者参与。仅1.42%的人认为治理河流是政府的事，与个体无关。被调查者大多是高素质人群，从自身出发承担责任、参与保护，大多愿意为美好的生活做出贡献。

第17题：您有向相关部门反映过水污染问题吗？这些问题是否得到了解决？（单选题）

从调查数据中得知，选择"没反映过"和"想反映但是没有途径"的人占绝大多数，分别是43.22%和39.27%。此外，有14.69%的人向有关部门反映过，但是问题没有得到解决，只有2.82%的人声称他们反映的问题已经得到了解决。河流治理方面还没有出现人人都发现问题的情况，所以大部分人是没有意见或者有意见但是因为自身原因没有参与反映。另外，政府部门还需要加大相关宣传力度，同时政府与群众的互动机会、途径有待增加。

第18题：您希望参与河道治理工作的哪些环节？（多选题）

在354份调查结果中，选择参与监督的人的比例最高，占64.49%。其次是通过参与宣传的方式来参与河流保护工作，占48.02%。选择参与决策、治理以及管护的人占比相差不大。被调查者大多不是专业人士，没有进行过河流治理与管护方面的专业学习，因此更多的人愿意参与简单的工作如监督、宣传等。

第19题：您更倾向于通过哪些方式来加入河流保护的行列？（多选题）

在354份调查结果中，绝大部分人（85.03%）认为参与河流保护工作可以从身边的小事做起，如节约用水、使用无磷洗衣粉等。35.88%和33.05%的人倾向于学习河流保护知识以及亲身参与河流保护工作；21.19%的人倾向于通过担任河流保护宣讲员来为河流保护工作贡献力量。被调查者大多倾向于从身边的小事做起，操作方便简单且可行性高。

综上所述，通过本次对公众对于我国河流现状的认知情况调查可以看出，我国在河流水环境治理方面仍存在很多不足。造成河流环境难治理的原因是多方面的。

1. 人们对河流环境的保护意识差

目前河流环境存在的最大问题依然是水质问题，水污染的主要来源是工业污水以及生活污水、生活垃圾。相对来说，大学生群体整体素质较高，已经有保护水环境的意识，然而部分中老年人，尤其是一些未接受过系统教育的农村居民对河道水环境的保护意识较差，生产生活垃圾、禽畜粪便等乱堆乱放，有些近河村寨直接向河道倾倒废水、垃圾、死亡动物，既堵塞了河道，影响了泄洪，又导致河道水环境严重恶化。

另外，在经济利益的驱使下，大多数工矿企业重产出，轻环保。特别是采选矿企业废水净化处理不达标，有的企业甚至直接向河道排放废水，河道水域环境受到严重污染，局部地段原有鱼类等水产资源灭绝。而农业生产投入品如农药、化肥的大量使用，使得农田径流污染严重，致使水体有机磷、有机氯、总磷、总氮含量增大。

2. 政策宣传不到位，人们关注度不够高

调查结果显示，大部分人关注河流保护相关信息的频率不高，关注方式集中于电视和网络；对于与河流治理有关的举措，也极少有人完全了解。究其原因，主要有以下两点：一是政府对相关政策宣传不够，且宣传方式陈旧，没有顺应时代潮流；二是民众的环境保护意识较差。虽然大多数人认为河流水环境与生活息息相关，但民众并不能完全了解河流水环境恶化带来的严重后果，即使平时发现周围有污染水环境的现象，大部分人会选择视若无睹，而不是上前劝阻甚至向有关部门反映。在信息传播如此快速的时代，人们通常采用网络接收信息。如果政府依然使用传统方式宣传相关政策，那宣传效率会大大降低，宣传效果将不尽如人意。

3. 有关部门管理不到位

调查结果显示，大部分人对目前河流水环境现状满意程度一般，并且人们对于近年来河流环境变化情况意见不一，说明目前河流水环境治理效果不显著。在被问及是否向有关部门反映过水污染问题这一问题时，仅有 2.82% 的人声称他们反映过问题并得到了解决，而 53.69% 的人选择了"反映过但没有解决"或"想反映但是没有途径"，说明有关部门在监督反馈方面的工作做得不够。

（二）访谈调查结果与分析

南京城不仅有充满历史遗韵的夫子庙，还有夜色下色彩斑斓的秦淮河。秦淮河作为享负盛名的河流，不仅承载了南京这座城市数百上千年的文化，还肩负着防洪排涝的重任。作为中国第一历史文化名河和南京人的母亲河，秦淮河是如何保持长久的清澈与美丽的呢？我们调研小组很荣幸地对秦淮河幕后的水利人进行了访谈，了解到秦淮河近几十年的治理历程以及这些幕后的水利人为秦淮河治理与保护做出的巨大贡献。

1. 秦淮河如今的繁荣美丽离不开背后这些水利人的努力

通过对管理处的人员访谈得知，管理处负责管理的是两闸一站，即秦淮新河节制闸、武定门节制闸和秦淮新河抽水站，负责秦淮新河和武定门两座秦淮河流域大中型控制性水利枢纽的运行管理，承担秦淮河流域的防洪减灾、抗旱灌溉、城市排涝、水环境改善等多项重要任务。

自新中国成立以来，政府对秦淮河水系的治理从未间断，最开始主要是河流工程的建设，在 20 世纪 60 年代和 70 年代，管理处先后建造了武定门水利枢纽和秦淮新河水利枢纽，负责城市的排水和农田的灌溉。在当时工程技术不发达的情况下，很多工程都是靠人工完成的，可以想象当时水利人的艰辛。进入新时代，在河流保护政策的引导下，管理处对秦淮河的治理集中于河流自然形态的保护。2005年实行的引江换水工程极大地扩大了秦淮河的河流流域，增大了径流量，改善了秦淮河的水质。河湖长制是以保护水资源、防治水污染、改善水环境、修复水生态为主要任务，全面建立省、市、县、乡四级河湖长体系，构建责任明确、协调有序、监管严格、保护有力的河湖管理保护机制，为维护河湖健康生命、实现河湖功能永续利用提供制度保障。2020年11月，习近平总书记在南京主持召开全面推动长江经济带发展座谈会时指出，"长江经济带生态环境保护发生了转折性变化"，充分肯定了江苏河湖治理的成效。

最近几年管理处先后建立了水文化科普展厅、水文化景观艺术墙等，在水文化建设上取得了很大的成就。结合在水文化展厅的参观，我们对秦淮河的变化有了全新的认识，以前我们只看到秦淮河的繁荣与丰富的文化，却不知道秦淮河水质曾经常年处于劣V类，沿岸居民生活环境极其恶劣。而这一切的转变，依赖的是秦淮河幕后水利工作者不懈的努力。通过与管理处人员交谈，我们还了解到由于水利工程的特殊性，许多管理人员要亲自去基层调研，条件十分艰苦。俗语说"饮水思源"，我们在沉醉于秦淮河动人的风光时，也不应忘记背后水利人所付出的努力。正是一代代水利人的艰苦奋斗和薪火相传，才有了如今秦淮河的繁荣美丽。

2. 未来河流治理的关键在于政府与居民的协作

在先前的问卷调查中，我们发现仍有一部分人认为河流的治理与保护是政府的事，工业污水排放是最主要的污染源。然而河流的保护涉及包括居民、企业和政府在内的多方主体。陆科长多次强调"问题在水里，根源在岸上"，加强对河流两岸的治理，防止河岸的污染物流入河流是治理的关键。在治理河流方面应更多地倾向于污染前的污染源头，而不是污染之后的治理。只要掐断污染源头，加上河流的自我净化功能，河流的水环境将大为改善。

企业乱排乱放现象一直饱受市民的诟病，大家普遍认为它是河流污染的元凶。但在实地走访和与管理处人员交谈之后，我们发现事实并非如此。工业污染对于河流的危害极大，各种工业废料排入河中会极大地破坏河流的水生态平衡，让整条河流彻底陷入瘫痪，从而影响居民的正常生活。也正是因为它的危害如此之大，政府部门对工业排放废料的管控和治理尤为严格，不合格的企业甚至遭到了大面积的关停。有关部门检测工厂工业废水的达标程度，进行达标排放，优化入河排污口布局。经过多年的努力，秦淮河周边的工业排放污染问题已经基本得到了解决，因此，工业排放并不是目前造成河流污染的最主要原因。相反，生活污染和农业污染成为河流污染的元凶。居民生活垃圾排放的监管难度很大，因此居民的环保意识极为重要。大家要从自身做起，做好垃圾分类工作。同时我们也发现，即使管理处已经做了很多宣传工作，但大多面向小学生群体，成年人对于河流治理的一些政策仍然不太了解。以大学生为例，了解河长制的仍然是少数，这也说明政府应该扩大宣传面，除了在校园中开展相关的宣传活动，还应充分利用互联网平台和相关媒体，以达到更好的宣传效果。另外，应更多地让居民参与一些监督活动，通过抖音、微信公众号等平台宣传环保志愿者的行动，号召更多居民自发参与到保护河流环境的活动中。

3. 加强新技术的推广与应用是必备方法之一

从访谈中我们了解到农业污染主要是养殖业污染和土地化肥污染两个方面。对于这类污染，政府机关很难进行监控和管理。秦淮河的治理和保护职责确实归属于管理处，但其中涉及的权责范围并不限于管理处这一个部门，它需要多个部门的协调配合，这就导致这类排查工作很难进行。当然，这并不意味着管理处等部门可以不闻不问，相反，他们应积极地寻求相关方案以解决这类问题。

在社会快速发展的时代，新型的技术与智慧系统给管理者提供了巨大的帮助。无人机巡查和卫星遥感等技术可应用于河流治理与保护工作。无人机巡查主要是用于生活养殖方面，以加强河湖水域岸线管理保护，严格水域、岸线等水生态空间管控，严禁侵占河道、围垦湖泊；探寻河流的利用是否合理，一旦发现不合理利用的情况，政府部门就会派相关负责人前往调查，如果不合格或违规，则会勒令撤除或重建。在秦淮河的监测方面采用水质遥感监测，地表水或海水中存在的污染物会影响和改变水面的反向散射特性，因而可以通过高空遥感手段探测水中光和水面反射光，以获得水色、水流、水面形态等信息，并由此推测有关浮游生物、浑浊水、油污、污水等的质量和数量以及水面风浪等有关信息。新技术的合理使用既发展了经济，又保护了生态环境，实现河流流域的全面协调可持续发展，为构建河流流域生态文明建设理念做出了巨大贡献。

4. 多部门联合建设水文化是未来河流治理的重点

水与人有着紧密的联系，俗话说"一方水土养一方人"，水文化与人类的生产生活密切相关。而秦淮河在水文化建设上就别具一格，我们之所以能感受到秦淮河蕴含的丰富文化，也是与水文化建设分不开的。在与管理处人员的访谈中和先前的参观中，我们发现管理处精心打造了秦淮水文化水科普展厅、水情教育长廊。在保护秦淮河水环境的前提下，河流治理处需要通过河湖长制来协同旅游局开展秦淮河的旅游、文化宣传等相关工作，包括布置《秦淮水韵》大型石刻景观墙，依托处属水利工程，建设省级秦淮河枢纽水利风景区等，锻造出秦淮河流域特色的人文水景和乡愁记忆。这不仅可以更好地保护秦淮河的历史文化，也将河流治理推向了一个新的高度。当一条河孕育了深厚的文化，人们就会更加关注它、爱惜它，这也是未来河流治理一个新的发展方向。

5. 艰苦奋斗的精神与做好当下在新时代也具有宝贵的意义

在与管理处人员的交流中，我们了解到"忠诚、干净、担当、科学、求实、创新"的新时代水利精神。了解到很多水利人常年在基层调研、工作十分辛苦时，我们才对校训中的"艰苦朴素"有了更深的理解。作为新时代的水之子，我们也应该学习秦淮水利人艰苦奋斗与认真求实的精神，做好当下，努力学习本领和专业知识，当社会需要时我们能站出来,为国家的事业做出自己的一份贡献。

四、调查结果总论

(一)政府的宣传不到位

政府的宣传存在两个问题。一是忽略了对大众的宣传教育,导致很多民众不了解水环境保护的基本知识,不清楚水环境破坏给自身生活带来的影响。倘若人们都了解水环境保护相关知识且不破坏水环境,那么水污染又从何而来?政府在治理问题河流、湖泊上的压力也就大大减轻了。水环境的治理应从源头抓起,要让民众自觉保护周围的水环境。二是忽略了对政府工作的公示,政府部门已经将工业废水直排入河的问题处理到位了,但宣传并没有跟上,致使人们对政府的行政能力产生了一些误解,误以为政府没有做到对工厂的监管。因此,政府有必要在未来加大宣传力度,提高宣传水平。宣传是政府工作不可缺少的组成部分。2021年3月,生态环境部、中央宣传部、中央文明办、教育部、共青团中央、全国妇联等六部门共同制定并发布《"美丽中国,我是行动者" 提升公民生态文明意识行动计划(2021—2025年)》,计划中部署了研习、宣讲、新闻报道、文化传播、道德培育、志愿服务、品牌创建、全民教育、社会共建、网络传播十大专题行动。计划明确从繁荣生态文化、培育生态道德、广泛动员社会三个方面开展社会宣传,积极运用微博微信、社交媒体、视频网站、手机客户端等传播平台开展线上宣传。计划到2025年,习近平生态文明思想更加深入人心,"绿水青山就是金山银山"理念在全社会牢固树立并广泛实践,"人与自然和谐共生"的社会共识基本形成;公民生态文明意识普遍提高,导向鲜明、职责清晰、共建共享、创新高效、保障有力的生态环境治理全民行动体系基本建立。

(二)部分人的环保意识不强,环保知识不足

从问卷结果来看,大学生群体整体素质较高,已经在有意识地保护水环境,然而部分中老年人,尤其是一些未接受过系统教育的农村居民对河道水环境的保护意识较差。生产生活垃圾、塑料袋、禽畜粪便等乱堆乱放成为污染水环境的重要因素。未来河流治理的关键在于政府与居民协作,也就是说河流保护需要包括居民、企业和政府在内的多方主体共同努力。居民的环保意识极为重要,这也正是垃圾分类等政策实施的意义所在。居民从自身做起,将垃圾投放到指定区域,便是对政府工作以及河流治理最好的配合。

此外,以大学生为例,了解河长制的仍是少数,这说明大学生对于生态文明的认知还欠深入,也缺乏环境治理的相关知识。生态环境部等六部门制定的《"美丽中国,我是行动者" 提升公民生态文明意识行动计划(2021—2025年)》中也提出要将生态文明教育

纳入国民教育体系，完善生态环境保护学科建设，加大生态环境保护高层次人才培育力度。通过全民的生态文明教育，提升公民的生态文明意识和环保科学素养。通过河流保护相关的教育，提升公民保护河流的意识与积极性。

（三）农业对水环境的污染问题亟待解决

农业生产过程中使用的化肥、农药通过农田排水及地表径流等方式进入河流、湖泊、水库等地表水，造成了污染，进而渗入地下水影响地下水的水质。另外，农村畜禽养殖业带来的生产污水也会造成水污染，从而引起水环境的全面退化。因此，由农业生产带来的水环境污染的控制与农村水环境保护问题已成为十分重要和迫切需要研究解决的问题。与此同时，近河村寨直接向河道倾倒垃圾及死亡动物，既堵塞了河道，影响了泄洪，也污染了河道水。

（四）居民向政府反映问题的渠道问题

政府在接受群众投诉、反馈意见后的问题解决意识和能力有待提高，河流治理和保护关键在于各行各业的通力合作，群众积极主动反映问题，政府相关部门重视群众的反映并及时给予解决和反馈，河流治理和保护工作才能顺利开展。针对群众反映难的问题，《"美丽中国，我是行动者"提升公民生态文明意识行动计划（2021—2025年）》提出环境保护部门要主动曝光负面典型，同时定期召开新闻发布会，组织"媒体走基层"活动，及时回应公众关切，充分体现公众监督、舆论监督成效；有效运用媒体监督手段，形成舆论监督合力。河流保护离不开民众的监督，采用有效的监督与反馈手段，可以让广大群众积极参与到河流治理中，为生态文明建设贡献自己的力量。

五、对策与建议

调研小组通过这次社会实践，了解到目前区域内水环境存在的问题以及政策实施的情况，总体来看，我国的水环境相较于2005年有较大的改善，随着政策的完善与实施，未来的总体态势还是向着好的方向发展。通过此次社会实践走访调查，我们提出以下建议。

（一）加强宣传，全方位展示政府工作的开展、完成情况

调研小组到江苏省秦淮河水利工程管理处访谈调查时，询问了河流主要污染物的情况。河湖科的陆科长谈到现如今真正对秦淮河造成影响的主要是两个方面：一是居民生活，二是农业。而工业废水未经处理直接入河的问题经政府部门不断地督察、指导，得益于科技的发展等已经基本解决。问卷结果显示，高达77.97%的被调查者认为工业废水直

排入河是造成河流污染的主要原因，这与实际情况并不相符。

我们的建议是：对于工业废水直接入河问题，政府部门已经处理到位，并取得了较好的效果，应该对其加大宣传报道力度，避免民众产生误解，认为政府不为民众办事。只有让民众知道政府做了哪些惠及人民的实事，民众才会更加认可、爱戴政府，政府接下来的工作也会开展得更加顺利。

（二）倡导居民从自身做起，参与到河流保护中

在接受调查的354人中，有高达78.81%的人（279人）表示保护河流是每个公民的责任。在问及"您希望通过哪些方式加入河流保护的行列"时，有高达85.03%的人（301人）选择从身边的小事做起。事实上，当我们询问政府工作人员时，他们给出的答复也是一样的——如果每个居民都能做好分内的事，不污染环境，那就是对他们工作的最大支持。对于河流来说，保护比治理更有效。

虽然绝大部分居民认为应该做好分内的事来保护河流，但仍存在因部分居民不正确的生活生产活动而造成河流污染的现象。原因有二：一是他们缺乏相应的知识，不明白自己的行为会对水环境造成污染；二是虽然知道自己的行为会对环境造成影响，但是不愿意克制自己的行为。无论是哪个原因，都说明居民对水环境保护的相关知识了解不够深入，不清楚其中的利害关系。未来，还应该加强水环境保护的宣传教育，让人们从自身做起，保护水环境。

（三）以高校为单位开展河流保护活动，提高大众保护河流环境意识

河流环境与我们的生活息息相关，保护河流环境是每个人的责任。大学生是一个朝气蓬勃的群体，首先应对大学生进行思想教育，如开展主题班会，邀请专家进高校进行演讲，让大学生深刻理解河流治理的重要性和必要性，从而以身作则，促使更多的人加入河流环境保护队伍。政府的力量是有限的，有了大学生群体的加入，就为水环境保护工作注入了活力。平时看到向河流倒污水、扔垃圾的现象时，大学生应更积极地去阻止并说明其不妥之处；鼓励大学生开展河流环境保护方面的宣传及社会实践活动，把在学校里接受到的环保思想教育带到自己的家庭、家乡甚至社会中去，在潜移默化中提高人们的环境保护意识。

（四）加强对农业生态环境的管控

前面提到，现如今居民生活和农业已经成为秦淮河水域最主要的两大威胁，那么解决农业污染的问题也应该提上议程。我们认为应以习近平生态文明思想为引领，以"生态经济"理念指导农村工作；对农业的产业结构进行调整，发展清洁生产；大力发展有机、绿色、无公害农产品；加强农村环保宣教工作和环保管理能力建设；积极推动农村环境保护

基础设施建设。对于农业污染的问题应该对症下药，尽快采取各种有效措施使情况不再恶化，努力实现农村地区的经济和环境保护的持续、健康、和谐的发展。

（五）完善监督反馈制度，让大众参与到监督环节中

在呼吁更多人参与河流环境保护的同时，也要完善监督反馈制度，让大众的参与不仅是思想上的参与，更是行动上的参与。在有关部门的公众号、网站、微博上提供监督反馈渠道，如电话、邮箱等；定期整理反馈信息并公开，让大众了解自己反馈的问题是否得到了解决；建立奖惩制度，对于如实举报的人给予适当奖励并对恶意提供虚假信息的人进行处罚，保证反馈机制正常运行。

（六）区域（辖区）内做到无缝监督

辖区主管部门组织人员开展巡河行动，对发现的随意排污的行为及时制止，并进行思想教育。各包片领导负责对各自包抓区域进行督导。对整治污染源不力、保护水源力度不够的村组、街道，由镇纪委对主要责任人进行诫勉谈话，同时将水污染防治工作纳入各村、街道年底考核，落实不力的有关单位及个人取消评优资格。

（七）从源头彻查工业污染问题

加强日常督查与检查，对流域范围内存在的不符合产业政策的小型工业严重污染水环境的生产项目、污水处理设施不完善的企业实行限期整改，整改不到位的依法实施停产整顿或关闭。引导产业向园区集中，加强区域内经济技术开发区、高新技术产业开发区、出口加工区等工业集聚区的污染治理。加强监督管理，提高环保执法力度，开展各项环保专项执法检查。利用环境监控平台加强网上监管，对安装在线监控设备的省市重点污染企业、饮用水源地进行实时监控。加强对污染源的监督监测，增加监测频次，对连续监测不达标的企业通过媒体给予公开曝光。

从金寨县看美丽乡村建设与精准扶贫

从"美丽乡村"到"美丽中国",从"脱贫攻坚"到"乡村振兴",在扎实推动共同富裕、全面推进乡村振兴的当下,本课题以祖国大地的一个县城为样本展示美丽乡村建设与精准扶贫的成果,并展望未来。

一、实践目的与意义

精准扶贫是全面建成小康社会的根本需要。党的十八大以来,党中央、国务院把扶贫工作提到了前所未有的高度。习近平总书记和李克强总理多次看扶贫、讲扶贫,亲自抓扶贫。习近平总书记在提出"科学扶贫、精准扶贫"新要求的同时,强调指出:"全面建成小康社会,最艰巨最繁重的任务在农村、特别是在贫困地区。没有农村的小康,特别是没有贫困地区的小康,就没有全面建成小康社会。"明确了目标和方向,同时意味着全面建成小康社会与实施精准扶贫有着必然的联系。只有实现了精准扶贫,让贫困人口不愁吃、不愁穿,能够平等享受基本医疗、基本养老、教育、住房和康复等服务,早日走出贫困深渊,实现共同富裕,才能体现社会主义制度的优越性。习近平总书记曾多次强调,"对各类困难群众,我们要格外关注、格外关爱、格外关心"。实践团队希望通过本次美丽乡村的实践调查,了解当地的交通、环境、文化背景状况,通过村民的反映了解当地村民的真正需要,以及他们对精准扶贫政策的看法。

二、实践的主要内容

(一)乡村道路交通调研

安徽金寨县属于大别山地区,当地山路狭窄陡峻,却是当地村民走出大山的必经之道。实践团队对当地乡村道路交通情况进行了调研。调研发现,当地有一条省级通道穿越

本篇写于2019年。

绵延的大山，省级通道又延伸出许多县级通道，经这些县级通道可以进入各个村庄。盘山公路通行不畅，同时存在许多安全隐患，成为制约当地发展的重要因素。经过询问当地政府得知，经过长源村的县级通道继续往北就到了湖北省的边界，在边界处湖北省当地正在建造公路，最终可以使两省连通（截至2022年还在建设中）。当地山路很多，由一座座桥梁进行连接。

（二）乡村集中安置与搬迁调研

集中安置工作是精准扶贫中的一项重要工作。汤店村集中安置工作在金寨县具有代表性，本次社会实践活动就是从调研汤店村集中安置工作开始的。社会实践团队成员乘车前往六安市金寨县，中午到达汤店村村委会。在当地领导的带领下，团队成员在汤店村就集中安置工作进行考察，详细地询问了当地集中安置工作的具体做法，仔细地调研思考集中安置对汤店村日后发展的影响。

（三）乡村留守儿童教育调研

实践团队来到了当地小学——金寨县留守儿童之家访问，向校领导了解当地的教育情况，并且询问有关学生涉水过龙潭河桥上学的安全问题。校领导带领团队参观了教室和办公室，并且让团队融入班级，翻阅课本，旁听课程。经过一段时间的相处，团队成员了解到在这里读书的绝大多数是父母出远门打工的留守儿童，全校六个年级共有近两百名学生，由此可见，长源村的留守儿童现象非常严重。在参观办公室时，团队成员发现该校的教育资源较为稀缺，不仅体现在教材、教学设施的短缺上，还体现在教育工作者的稀少上，学校教师平均每个年级一位。

团队在离开小学之前赠送给孩子们一些礼物。这些礼物是团队成员在南京精心挑选的适合小学生的读物及文具。孩子们挑选了自己喜爱的物件，爱不释手，笑逐颜开，校领导和老师也对团队的行动表示感谢及肯定。团队看到这一幕也非常开心，一方面队员们为当地教育献出了一点爱心，另一方面也感受到了此次公益活动的意义。

（四）特色农业及文化产业调研

华润希望小镇是吴家店镇一道亮丽的风景线，是当代美丽乡村的新范本。华润集团凭借其资源及技术优势引领小镇建设和发展，对于此次实践活动有深刻的借鉴意义。在华润希望小镇走访时，团队注意到，华润希望小镇的房屋呈现出浓浓的徽派建筑风格，虽然建筑材料、建筑方式都是现代化的，但外表统一为白墙黛瓦，地域特色鲜明。小镇外围是一大片猕猴桃种植基地，经过询问，团队了解到当地居民与华润集团合作，实行土地流转等特色农业政策。

团队还来到了吴家店的西庄村，在当地村委会占主任的带领下对该村进行调研。占主任引导团队成员参观了当地的黑毛猪、板栗等产业，并展示了当地浓郁的红色文化。此外，团队考察了当地村民的生活状态，并对温泉旅游业等产业进行了考察。

最后团队来到当地镇政府，采访了张镇长和文化部门的漆主任，收集到了吴家店镇和长源村的发展历史、文化传承和特色农业的发展现状等资料。

三、金寨县美丽乡村建设特点分析

（一）汤店村集中安置特点分析

汤店村的美丽乡村建设目前已经卓有成效，成片的集中安置房拔地而起，白墙黛瓦，村口的汤店新桥上还有一对高耸的门楼，体现出浓浓的徽派建筑风格。村外就是县道，为一条可供两车并排行驶的水泥铺筑的山路，平时车来车往，行人络绎不绝。村内配备了卫生室、健身广场、花园凉亭等公益性建筑，绿化也做得十分到位。村内还有农家乐等可供游人落脚的地方，已经颇具旅游村的规模。

但是村内还有住户没有得到妥善安置，这与村内现如今的经济发展水平有关。换句话说，汤店村脱贫致富任重而道远。

1. 集中安置简介

汤店村移民搬迁安置点充分利用现有土地资源向空中发展，推行集中安置，提高土地利用率，促进城乡统筹发展。

集中安置的优势体现在以下几个方面：

第一，节约土地和基础设施建设费用。按每户 0.2 亩计算，如果集中建 6 层楼，每户一层，则 6 户只需占地 0.2 亩。当然，居住用地的减少，也意味着基础设施等公益用地占地数量下降。

第二，聚集效应增大。移民搬迁能够带动很多产业发展，繁荣该地段经济，从而提升该地段区位优势。

第三，解决了就业问题。以 1 万人为单位计，集中安置的这 1 万人的生活会产生各行业的就业岗位，而其中相当一部分数量岗位的劳动力还需由这些迁移进安置小区的人来提供，因此也就部分地解决了这些人的就业、生存问题，随之加快了城镇化建设步伐。

汤店村集中安置实施的可能性：

第一，群众基础。大多数群众都有向城镇迁移的意向，子女上学、个人就业、生活等，让基层群众向城镇迁移的愿望日益强烈。这就为集中安置提供了基础。

第二，经济基础。一般建一层占地 0.2 亩的房屋造价约需 10 万元，而高层建筑的成本在每平方米千元左右，以当前的形势看，大多数家庭通过一些渠道是可以解决购买高层房产生的差价的。

第三，政策基础。省里有搬迁移民政策、推进小城镇建设政策，县里有危房改造、扶贫搬迁项目支持等，这些政策的综合运用，可放大各项政策实施产生的效果。

关于汤店村推行集中安置，实践团队认为要做好以下工作：

第一，出台详细规划，结合中小城镇建设，及时编制移民安置规划，确定详细安置点，避免多头安置和分散安置。

第二，吸纳社会资金或按保障房的模式进行建设。

第三，综合各项优惠政策，采用几个"一点"的办法，即以"户上拿一点、政府补一点、抵押贷款筹一点"的方式购得房屋。

第四，政府要加大基础设施、入学、求医等方面的投入力度，保证移民住得下、住得好，经济有保障，并融于当地社会生活中。

第五，各县还可通过建造廉租房等方式解决移民搬迁后的住房困难问题，将移民纳入保障范围，对确实没有能力购置房屋的人可安排保障房、廉租房进行前期安置，待其有条件后再在安置点购房居住。

2. 集中安置政府工作

"八山一水一分田"是安徽不少地方的真实写照，在早期城市形成时，大多已占据了依山顺水、条件较好的土地资源。如今，要在这些地方再选址建新的搬迁安置点，问题就更为突出。

早期实行的分散安置的搬迁群众，往往一家占地就达到 0.3 亩。如果实行集中安置，尤其是楼房化安置，不仅选址相对容易，而且节约集约用地效果非常明显。

干净整洁的房屋，便利的水电路通信等基础设施，便捷的就医、上学、购物等生活环境，不仅是搬迁群众的向往，也是移民搬迁努力的方向。

长期以来，农民建房大都习惯单门独院。政府在反复调研的基础上推出集中安置方案后，不料遭到了部分村民的反对。一来村民们没有尝到过集中安置的甜头，二来集中安置后每户的前庭后院面积比以前单门独户的面积小了，三是以前分到手的承包地可能离现在的安置点太远。村民们反对的声音，既有认识观念上的问题，也有实际困难。针对这些情况，国土资源部门和当地政府不气馁，迎难而上，双管齐下。一方面，轮流上门做思想工作，不厌其烦地给村民们讲保护耕地、节约用地的重要性以及集中安置的各种好处；另一方面，他们积极主动想办法解决农民的实际问题。对承包地确实离得远的农户，承诺出面负责就近置换或重新分配。同时，国土资源部门与乡党委、政府研究决定，坚持"政府主导、多方筹措"的原则，对集中安置点的公路、饮水、电力、电视等配套设施统筹解决，以减轻农民负担；国土资源、林业等部门减免相关审批费用；汤店村国土所负责安居基地打水井、修水塔的工作。

3. 集中安置后的管理与发展

解决就业是关键，后续管理要跟上。

搬迁之后的生活是否习惯，对政府的扶贫工作是否满意，对于我们的问题，村民们都给予了肯定的回答。但同时，村里的一位老人也表达了自己的担忧：现在年轻人都在外打工，有活干，万一哪天没活干了、没收入了该如何维持生活。

老人的话，道出了搬迁群众的心声，也表明了不少搬迁群众的后顾之忧。"移民搬迁只是第一步，更重要的是帮助他们改善生活生产方式，首要的就是要让他们有事干。"市县领导在与队员座谈时如是说。

尽管政府负责人在实施移民搬迁时就提出，搬迁安置点要结合产业园区进行布局，但金寨县经济基础薄弱，产业项目少，吸纳就业能力低，加之农业园区投资成本大、周期长，工业园区又受限制，"稳得住、能致富"仍将是今后一段时间移民搬迁的难点。对此，乡镇政府已提出"一市一策，一户一法"精准服务，针对不同搬迁家庭的条件，制定不同的就业办法，实现增收致富计划到户、项目到户、帮扶到户。

除了搬迁后对生计问题的担忧，移民搬迁也面临着社区管理的问题。很多搬迁群众，原有的耕地、山林还在山上，社保、养老金等费用的领取仍依赖户籍所在地，这些都成了他们的不便和烦恼。汤店村已先在居住证制度上率先探索，即给搬迁群众颁发新的居住证，由社区统一管理，以解决社保、养老金等费用领取不便的问题。同时，明确原有的山林资源仍归搬迁群众所有，打消他们的顾虑。

汤店村农民安居工程是一项惠及广大农民的民生工程，是国土部门与地方政府联手共同破解农民宅基地需求难题的大胆探索。它为经济欠发达山区在整合资源、突破制约发展瓶颈方面闯出了一条新路子。

（二）华润希望小镇企业合作模式分析

1. 华润希望小镇发展思路

2008年春，正值华润集团成立70周年，基于感恩回报、履行企业社会责任的价值观念，华润集团积极响应党中央、国务院"以工促农、以城哺乡"的号召，提出发挥华润多元化经营的优势资源，利用华润企业和员工的捐款，到贫困地区、革命老区建设希望小镇的想法。八年来，华润已建成广西金寨、河北西柏坡、湖南韶山、福建古田、贵州遵义、安徽金寨和江西井冈山华润希望小镇。华润建设希望小镇，就是通过环境改造，彻底改变农民的居住环境；通过产业帮扶，帮助农民发家致富；同时以农民专业合作社为平台，引导农民发展新型农村集体经济，重塑农村治理结构，使希望小镇走上可持续发展的道路。

华润希望小镇是央企履行社会责任的一项创新实践，是华润对"整村推进、连片开发"扶贫模式的一项探索实践，也是华润积极参与社会主义新农村建设和城镇化建设的一种模式探索。

建设希望小镇也是为了给华润人搭建一个精神家园。通过实施希望小镇项目，华润人真真切切地感受到自己的工作成果可以直接转化为推动社会进步的力量，可以为一群跟自己毫无利益关系的人带来幸福和快乐；通过实施希望小镇项目，不同行业的华润人聚集在一起，可以真真切切地改变中国最底层农民的日常生活，真正践行"与您携手，改变生活"的华润理念。

华润集团创建华润希望小镇要实现的目标愿景为：在地方各级政府的支持下，本着"共建家园"的建设理念，通过统一规划，就地改造、重建，彻底改变农民的居住环境；利用华润自身的产业和资源优势，帮助农民成立专业合作社，发展新型农村集体经济，把华润希望小镇建设成为生态、有机、绿色，和当地自然环境保持和谐一致，具有农业发展活力和民族特色的社会主义新农村；用创新的精神为国家探索一条企业利用自身资源积极参与社会主义新农村建设的新模式、新道路。

2. 土地流转机制

土地流转是指土地使用权流转，指拥有土地承包经营权的农户将土地经营权（使用权）转让给其他农户或经济组织，即保留承包权，转让使用权。可以通过转包、转让、入股、合作、租赁、互换等方式出让经营权，鼓励农民将承包地向专业大户、合作社等流转，发展农业规模经营。

流转模式包括土地互换、土地出租、土地入股、宅基住房、股份合作。

一是土地互换。互换土地，是农村集体经济组织内部的农户，为方便耕种和满足各自的需要，对各自土地的承包经营权进行的简单交换，是促进农村规模化、产业化、集约化经营的必由之路。1978年，我国农村实行土地联产承包责任制，农民分到了土地。其时土地肥瘦不一，大块的土地被分割成条条块块。划分土地时留下的种种弊病，严重制约着生产力的发展和产量的提高。如何让土地集中连片，实现规模化、集约化经营，于是互换这种最为原始的交易方式进入农民的视野。

二是土地出租。在市场利益驱动和政府引导下，农民将其承包土地经营权出租给大户、业主或企业法人等承租方，出租的期限和租金支付方式由双方自行约定，承租方获得一定期限的土地经营权，出租方按年度以实物或货币的形式获得土地经营权租金。有大户承租、公司租赁、反租倒包等模式。

三是土地入股。入股，亦称"股田制"或股份合作经营，是指在坚持承包户自愿的基础上，将承包土地经营权作价入股，建立股份公司。在土地入股过程中，实行农村土地经营的双向选择（农民将土地入股给公司后，既可继续参与土地经营，也可不参与土地经营），农民凭借土地承包权可拥有公司股份，并可按股分红。该形式的最大优点在于产权清晰、利益直接，以价值形态形式将农户的土地承包经营权长期确定下来，农民既是公司经营的参与者，也是利益的所有者，是农村土地流转机制的新突破。

四是宅基住房。以重庆为例，被国家批准为统筹城乡综合配套改革试验区后，重庆在土地改革领域率先进行大胆探索，创造了土地流转的九龙坡模式，即宅基地换住房、承包地换社保。也就是说，农民放弃农村宅基地，宅基地被置换为城市发展用地，农民在城里获得一套住房。农民放弃农村土地承包经营权，享受城市社保，建立城乡统一的公共服务体制。

五是股份合作，即"股份＋合作"。山东省宁阳县探索土地承包经营权流转新机制，建立起"股份＋合作"的土地流转分配方式。这种模式是，农户以土地经营权为股份共同组建合作社。村里按照"群众自愿、土地入股、集约经营、收益分红、利益保障"的原则，引导农户以土地承包经营权入股。合作社按照民主原则对土地统一管理，不再由农民分散经营。合作社挂靠龙头企业进行生产经营。合作社实行按土地保底和按效益分红的方式，年度分配时，首先支付社员土地保底收益每股（亩）700元，留足公积公益金、风险金，然后再按股进行二次分红。

金寨华润希望小镇建设使原来的村风村貌焕然一新，农户的生活环境得到改善。但更重要的措施是华润以农民专业合作社为平台，开始进行"土地流转试验"，通过土地流转使农户得以分享土地增值收益，真正富起来。下面介绍华润金寨希望小镇土地流转的具体做法。

土地承包经营权流转的管理机构：整个小镇土地流转的管理以"农户＋合作社＋企业"的模式开展，具体措施有两个。一是成立华润金寨希望小镇土地流转、整理试点工作领导小组，负责对小镇土地流转、整理、经营种植等工作的指导和协调。二是成立华润金寨希望小镇润农农民专业合作社土地流转分社，这是华润在金寨希望小镇开展产业帮扶的重要平台，其主要职责是负责经营管理流转出来的土地。在土地流转分社下设农庄，定名为"华润希望农庄"，设场长、副场长、技术员各1名，组长1名，工人60名，同时聘任农业局2名专家为农庄技术顾问。

土地承包经营权流转规模和范围：为使土地流转整理稳步、有序开展，华润金寨希望小镇在土地流转试验中先拿出120亩土地作为流转整理试点。试点区域涉及洞郁小区2个小组和塘雄小区1个小组的86户农户。2012年，在前期土地流转试验基础上，增加流转山地和林地500亩左右。2013年，华润加快推进金寨市片区土地经营权流转，第二期又签约流转10 000亩左右土地开展猕猴桃种植，涉及金寨县3个乡镇。

农村土地承包经营权流转机制：华润金寨希望小镇土地流转采用的是土地入股的形式。首先由区直相关部门、永乐乡政府开展宣传和走访，然后组织召开合作社领导、社区组干及群众土地流转大会，征求群众意见。村民自愿将土地以土地入股的形式流转到华润金寨希望小镇专业合作社，每亩土地为28股，折合股金2 800元，流转的土地第一轮流转期限为5年，流转的土地经营不论盈亏，合作社每年都保证按入股股金数额红利（2 800元）兑现给入股农户，其余的按盈利分红。土地流转后，合作社出资进行平整、兴修灌溉设施、引进先进的耕种设备、由专业技术人员指导耕种。在该模式下，农户的家庭收入将由土地流转收益、在农庄务工收益（外出务工收益）共同构成。希望农庄试点成功后，借鉴希望农庄的模式，华润进一步引导金寨希望小镇村民开展水田及山林地流转，将大部分土地纳入希望农庄统一管理。

3. 产业帮扶模式分析

通过产业帮扶，积极引导和培养当地农民的市场意识，大力扶持富有地方特色、能与华润产业发展相结合的种养殖业，运用创新、改革、科学的方法提高农业产出效益，推动当地农业发展模式向可循环发展的生态农业方向转变，从而改变传统的农村经济模式，增加农民收入，从根本上提高农民生活质量。

金寨希望小镇坐落在大别山革命老区腹地，农业产业相对落后，人均年收入不足7 000元。为彻底改变当地贫穷落后的面貌，快速提高农民收入水平，经过深入调研、决策，金寨华润希望小镇提前开展了产业帮扶工作。小镇以润农合作社为平台，重点发展"双一千"产业帮扶项目，即1 000亩猕猴桃种植项目与1 000头黑毛猪养殖项目。截至小组调研时，已建设种植完成100亩猕猴桃示范园，同时启动黑毛猪养殖基地规划设计。

4. 华润希望小镇建设成效

华润集团将通过环境改造、产业帮扶和组织重塑，彻底改变当地村民的居住环境与生产生活状态，同时保护传统乡村景观、保存优秀传统产业、弘扬乡村文明、保持乡村特色；将金寨希望小镇建设成"绿色生态小镇、简约现代小镇、经济活力小镇"，成为安徽省美好乡村的示范。结合当地的山形地貌、民俗风情、气候特点等因素，对希望小镇进行整体规划设计，华润与村民一起，共同建造具有民族特色、能充分体现新农村风貌的农舍民居。通过改造，帮助农民实现"走平坦路、喝干净水、用清洁灶、上卫生厕、住整洁房"的新生活，从根本上改变当地农民的生活、医疗、教育及休闲娱乐环境，促进当地农村向城镇化方向转变。

良好的环境整治和得体的民居设计：环境改造过程中保护山林、水体和田园风光。限制拆改和新建的工程总量，适当迁并民居形成完整聚落。通过新建与修缮提升村民住宅的居住设施配套标准，改善民居周边环境，协调建筑外观，满足现代生活与景观整治需要。

完善配套设施和绿色能源供给：建成金寨希望小镇综合服务中心与六年制完全小学，改建敬老院并保留重要的组团公屋。合理规划能源供给，确保污水污物处理生态化，充分利用可再生能源，并划定循环农业示范区，稳步推进小镇建设并保证未来的持续发展。

优美的景观塑造和充满活力的山居生活：保持小镇"山区"特色景观结构，塑造小镇优美的景观环境。保护和修缮规划用地范围内有代表性的历史建筑，在功能设置上兼顾当地风俗习惯与民俗活动传统，丰富小镇居民的精神文化生活。

（三）西庄村文化旅游产业分析

1. 温泉旅游业发展

西庄村位于吴家店镇南部，与湖北省罗田县交界，于2008年2月与原夏坳、庙岗、西庄村合并为西庄村。全村辖20个村民组，926户3 762人，全村面积22 392.7亩，人均年收入为7 000元。村民经济收入以务工、种植业和养殖业为主，包括种植水稻、花生、板栗、茶叶和养猪牛羊、经营鱼塘和水产等。全村通水泥路12.2公里，油茶基地2 000亩，有机稻种植500亩。有中心小学一所，为周边村落共用，有500多名学生；还有教学点两处、卫生室一所、居民安置点三处，安置住户180多户。

从2003年起，各种投资商纷至沓来。吴家店镇党委政府把西庄温泉的开发定位在"不求快，只求好，不怕招商任务完不成，只图做大做强温泉龙头"的战略位置上，从严控制温泉区的再投入和土地占用，力图把温泉区保持在"一张空白纸"上，好让客商来开发出最新最美的"图画"。2008年12月，这一集生态养生、休闲度假、观光旅游、传统教育于一体的旅游综合开发项目开始了热火朝天的建设。西庄温泉综合开发项目以西庄温泉核心区为主体，对吴家店境内实施综合性开发。整个项目由四大板块组成，其中之一就是西庄温泉旅游休闲度假核心区开发项目。该项目区位于吴家店镇西庄村境内、竹根河畔，初步规划面积900亩，建设服务区、疗养区、商务区、别墅区、接待区五个部分。开发建设的主要内容为：拟定钻三个井深为150米的井，建两个容量为1 000立方米的蓄水池；建两栋六层（每层20间）度假村楼房；建一座占地1 200平方米（12×100）的游泳池；建一座占地2 000平方米、3米深的特种养殖场和垂钓中心；建一座4层80间的疗养中心。

西庄温泉将温泉开发的六大模式，即特色温泉景区模式——"特色温泉＋景区"、温泉会议中心模式——"温泉＋会议休闲"、温泉休闲乐园模式——"温泉＋运动游乐"、温泉康复基地模式——"温泉＋康复疗养"、温泉生态庄园模式——"温泉＋生态农庄"、温泉度假社区模式——"温泉＋旅游地产"有机统一，做到了以高水准的策划来规划、设计和指导开发，充分把握温泉度假村未来发展大势，通过文化主题的整合及泡浴模式的创新，以温泉带动特色休闲产业发展，实现温泉度假村综合开发价值最大化，又把景区化打造理念引入温泉度假村的开发，提升温泉度假村整体品质。

2. 历史人文发展过程

西庄温泉项目的文化背景是底蕴深厚的红色文化。历史上，金寨爆发过立夏节起义、"六霍"起义，均取得成功。金寨地区是鄂豫皖主力红军的主要诞生地和组建地，是中国工农红军重要发源地之一。整个土地革命战争时期，在金寨组建的红军队伍及金寨籍红军将士，一部分成为红四方面军的主力和骨干，经历了川陕革命根据地的创建、长征三过雪山草地的艰难困苦以及西路军的惨烈征战，后编入八路军第129师出师抗击日本帝国主义的侵略，一部分成为红25军的重要组成部分，转移征战鄂豫陕地区，创建了鄂豫陕革命根据地，率先完成长征与陕北红军会师，组建为红15军团，迎接中央红军到陕北，编入红一方面军，参加了直罗镇等战役并取得胜利，后编入八路军第115师奔赴抗日前线，还有一部分留在根据地，除再建为红28军外，还创造性地组建了党政军"三位一体"的便衣队，实行主力红军、地方武装和便衣队相互配合，坚持了艰苦卓绝的三年游击战争，直至改编为新四军第4支队开赴抗日战场，使革命的红旗始终高高飘扬在大别山上。而立夏节起义的圣地——穿石庙就在温泉景区附近。

西庄温泉项目的开发将本地的历史文化与旅游业紧密地结合在一起，让人们在旅游过程中体悟到红色文化的厚重感，这也成为温泉开发的一大特色。同时向游客介绍从金寨县走出的优秀将领，宣扬英雄的伟大事迹，充分发挥文化资源的教育效能。最后，将当地的美食与温泉有机结合，让游客流连忘返，常做回头客，提高知名度。

3. 乡村人文旅游建设发展思考

西庄村的温泉开发项目在当地得以发展，有以下一些原因。首先，项目没有停留在对温泉这一旅游资源加以利用的表面阶段，而是对当地的各种自然资源与人文资源进行立体式开发。要想真正地将温泉文化融入游客的温泉体验过程，就要将温泉文化与温泉所在地的文化包括其历史、民俗等结合起来，以丰富产品内涵，增强产品吸引力。随着温泉越来越向着一种文化、一种生活方式、一种生活态度的方向发展，温泉项目整体休闲度假氛围的营造就显得越来越重要，这不仅与产品有关，更需要完备的设施、舒适的环境和贴心的服务。酒店和休闲区为游客营造出舒适的环境。当地为大别山区，为红军革命根据地之一，紧邻立夏节起义的圣地——穿石庙，红色历史文化氛围浓厚。当地美食天麻焗南瓜、吊锅宴等更是让游客食指大动。该项目将当地的这些历史文化特点——红色文化和美食文化融入其中，增色不少。其次，温泉项目成功的关键，不是就温泉做温泉，而是跳出温泉，寻找更大层面的着眼点，挖掘温泉内涵，拓展温泉外延，形成内容丰富、体验多彩、行住食游购娱兼备的综合性温泉旅游目的地。而且，温泉开发时不只着眼于旅游业，更扩大到休闲产业、健康产业、房地产业等领域，借旅游聚集人气，借人气提升地块价值，通过完善的配套设施提高房产开发档次，最终获得高额投资回报。当地政府在招商引资时严格删选，建造过程严格把控，力求在不破坏原生态的基础上将温泉产业完美开发。最后，西庄村以温泉产业反哺乡村经济发展，提高村民生活水平。温泉产业带动了一大批产业包括服务业、运输业等的发展；村民开始规模化养殖黑猪、种植水稻和板栗、采茶等，极大地促进了当地脱贫计划的完成和美丽新农村的建设。以上都是西庄村温泉旅游业发展成功的重要原因。

(四) 长源村美丽乡村建设探讨

1. 长源村发展现状分析

(1) 自然地理环境

长源村位于吴家店镇东南部，四面环山，是典型的山区村。长源村又位于安徽和湖北的交界处，距离湖北的罗田县只有六七公里。村内只有一条主干道——县道X053，且为单车道。村内桥梁众多，以拱桥为主。

长源村位于大别山腹地，地势由西南向东北倾斜，其地形地貌特征为山高、坡陡、谷深。长源村位于北亚热带与暖温带的过渡地带，具有典型的山地气候特征，日照时间短，季风明显，夏热冬冷，四季分明，雨量充沛。适宜的气候使村内物产丰富。山林盛产毛竹、松杉等，有蕨菜和野竹笋等多种野生蔬菜以及野猪、黄鹿、獾子、山鸡等多种野生动物。雨量适中，温度适宜。其自然地理环境对于长源村日后的发展不失为一个有利条件。

(2) 道路交通困境

长源村连通湖北省和安徽省，地理位置十分重要。但由于经长源村连接两省的公路刚刚建成，长源村的地理优势没有凸显。落后的交通设施水平无法满足当地日益增长的交通需求，主要体现在长源村公路较窄、只有单车道，且村中地势崎岖、支流众多，村中的小桥大多年代久远，无法满足今后激增的交通流量。

长源村的道路交通面临很大的困境。由于长源村位于大别山腹地，村中龙潭河和长源河交汇，泥石流和洪水是当地的重大安全隐患。每年4—7月为龙潭河汛期，河水上涨3米左右，完全阻断河流上下游村民的联系。当地对泥石流和洪水的防护措施也不够完善，村中桥梁围栏扶手较低，且很多桥为漫水桥，村民出行特别是孩子上学时过小桥十分危险。

(3) 村民收入来源与生活水平

长源村共463户1 782人。全村包含9个居民组，其中龙潭河上游包含3个居民组，合计100多户500多人。长源村经济状况在吴家店镇属于中等水平。当地村民人均年收入三四千元，基本达到脱贫要求（参照2016年贫困线人年均收入3 000元），村中贫困户多数为因病致贫，生活条件十分艰苦。长源村村民住房一般为2~3层楼房，调查期间没有发现危楼和土房瓦房，楼房使用面积平均为200~300平方米。以龙潭河组村民居住水平为例，龙潭河组所有住户保证通电通信，饮用水取自龙潭河，家中电器齐备，电视、电饭煲、冰箱等小型电器普及率较高，个别村民家中有电脑。村民衣着简朴，外出一般步行或骑摩托车，有汽车的人家较少。村中以米饭为主食，食材较为丰富。

实践团队通过问卷调查发现，村民的经济来源主要是务农（34%）和外出务工（35%），这主要是因为山区生产资源单一，旅游业尚未发展起来，只有通过种植农作物才能获得一定的经济来源。但务农只能勉强达到自给自足，无法带来较多的经济收入，所以一部分村民外出打工，从而导致空巢老人、留守儿童的问题突出。经济水平方面，大多数村民（75%）认为自身处于小康水平，对自己的生活水平是颇为满意的。具体表现在，村内的房屋多为二层小洋房，徽派建筑风格与欧式风格并存，说明村内的文化不因地处深山而封闭，反而呈现出开放交融的态势，村民们也都安居乐业，幸福指数较高。这一方面体现出国家的扶贫政策落到实处且卓有成效，另一方面体现出村内的生活风气是积极向上的。

（4）历史文化特色

金寨县是当地著名的革命老区，也是中国第二大将军县，被誉为"红军的摇篮、将军的故乡"。长源村位于大别山腹地，深受红色文化的熏陶。金寨县有著名的"三关五寨"。"三关"即松子关、铜锣关、栗子关，"五寨"即永安寨、三姑寨、鹭鸶寨、招军寨和黄狮寨。"三关"自古以来就是军事要地，地势险要，在抗日战争时期也对抵御日军入侵起到重要作用，可见"三关"的重大军事战略意义。"五寨"形成于明清时期，主要是农民起义首领占领的据点和百姓躲避战乱的处所。长源村所在即为永安寨，此寨侧面有一孤峰，形似钵盂，因此又名钵盂寨，在长源村向远处眺望，永安寨的轮廓清晰可见。如今永安寨依然屹立于山巅，见证了岁月的变迁，人们在村中漫步时依然可以看到革命先辈在这里奋斗的痕迹，感受长源村的红色记忆。

抗日战争时期，国民党省政府一度迁往金家寨，在吴家店曾辟有一座临时军用机场（现飞机场村）。新中国成立后吴家店行政区划变动频繁，曾是乡政府驻地，1952年在此设吴家店区，1972年区驻地迁至斑竹园，1992年撤区并乡，原西庄、包畈、吴店三乡合并成吴家店乡，1999年撤吴家店乡，建立长源村所在镇吴家店镇。同时，金寨县民间文艺创作活跃，诞生了大量民间歌曲，如《道花名》《相思情》《十把扇子》《十把剪子》《八仙出洞门》《送郎当红军》《吴店山歌》等，还有传唱革命历史的大别山诗会、歌会。长源村可利用其丰富的文化资源为乡村建设助力。

（5）留守儿童及空巢老人

由于长源村大量青壮劳动力外出务工，村中空巢老人、留守儿童较多。村中老人主要负责照顾小孩和务农，偶尔也会外出干活贴补家用。留守儿童、孤寡老人现象能够反映出当地民生状况。实践团队针对长源村儿童和老人的生活现状进行了问卷调查，调查结果显示：

第一，村民对国家基础设施建设较为满意，山村道路都铺上了水泥，极大地方便了村民的出行。但是一旦洪水暴发，大水漫过桥面，村民出山的唯一道路便被切断。

第二，青壮年外出打工导致村内劳动力大量流失，村内老人孩子居多，这对于老人赡养及儿童抚养教育是不利的。孩子从小脱离父母生活，对孩子的心理成长有着不良的影响，而老人得不到周全的监护，一旦出现险情，在山里通信、交通都不便的情况下，很难得到及时的救护。这一切村民都看在眼里，忧在心里，但是为了生活，他们不得不做出让步。这并不是个例，如何解决这一问题值得我们深思。

2. 长源村精准扶贫对策探讨

（1）既有脱贫政策分析

长源村所属金寨县为革命老区，当地扶贫政策具有特点也较为完善。为了深入开展脱贫攻坚工作，当地提倡精准扶贫，保障脱贫人口不因病因灾返贫，不因病因灾致贫，一并完善基础设施建设。长源村在脱贫政策的指导下稳步推进脱贫工作。金寨县全面开展十大脱贫工程，即产业扶贫工程、易地搬迁扶贫工程、就业扶贫工程、教育文化扶贫工程、健康扶贫工程、金融扶贫工程、生态保护扶贫工程、社保兜底扶贫工程、基础设施扶贫工程、强本固基扶贫工程。我们能实实在在地看到工程建设给村内带来的巨大变化。

产业扶贫工程中提到启动实施"金猪计划"，带动1.5万户贫困户脱贫。金寨县黑猪饲养得到了鼓励和支持，很多村落都有养猪大户并取得了可观的经济效益，长源村也有养猪的村民但饲养规模较小。金寨县实施乡村旅游带动扶贫，发挥"长寿之乡"金字招牌影响力，带动当地经济发展。长源村龙潭河大峡谷开发计划旨在带动当地旅游业发展，实现经济腾飞。该项目也得到了当地村民的支持。

易地搬迁扶贫工程通过实施移民避险解困、易地扶贫搬迁、农村危旧房改造等项目，引导边远高寒山区、地质灾害频发区、洪水淹没库区、生态保护重点地区的贫困户有序向县城、集镇和中心村庄搬迁安置。长源村洪水、泥石流等自然灾害频发，山区村民集体搬迁可以更好地保护村民的生命财产安全，政府也给搬迁村民提供经济补助。但是此项政策的开展有一定难度。首先，村民搬迁后的工作保障问题十分棘手，村民搬迁后不一定能寻找到新的经济来源；其次，村民搬迁需要大量资金，政府补贴有限，村民难以偿还搬迁费用；最后，许多村民有乡土情结，即使生活有安全隐患也不愿搬离原住址。在易地搬迁工程上，汤店村落实得比较到位，对我们有借鉴意义。

基础设施扶贫工程坚持科学规划、资源整合、重点建设，加快71个贫困村村级道路、农村住房、自来水输送、农田水利等基础设施建设，帮助已具备条件的贫困村通水泥路、通自来水和通宽带，让村民的生产生活用电需求得到保障，全面完成贫困户危房改造任务，人居环境得到显著改善。长源村基础设施建设基本到位，村内交通方面建设也有投入。龙潭河桥周边的月亮岩公路和村内白色80米拱桥均为政府移民资金建设。

（2）集中安置发展模式可行性分析

汤店村的集中安置模式具有借鉴意义，长源村日后发展可以参考汤店村集中安置的先进做法。现如今集中安置模式在贫困山村屡见不鲜，山区村民或是从条件恶劣的深山搬迁到安置地，或是从库区移民到安置地，开荒拓土，谋求出路。他们从分散居住到集中安置，从传统农业到经济种植，从移民变富民，如今正在小康路上阔步前行。

在贫困山村集中安置固然是引领村民奔小康的有效途径，但集中安置是一大型工程，长源村要进行集中安置需要解决很多问题，很多工作开展需要进行可行性分析。集中安置首先要解决的就是建房选址问题。在有限的土地资源基础上，要合理分配土地。住房选址需要相对平缓且集中的土地，长源村在大别山腹地，地势崎岖，村子又位于长源河和龙潭河的交汇处，土地被两条河流划分得支离破碎，长源村的土地资源很有限。还有住房用地和种植用地的分配问题，住房用地需要的土地地势要相对平缓，但往往地势平缓的土地又是种植用地的优选。在长源村这种土地资源匮乏的山区，住房用地和种植用地的分配矛盾更加突出。调研发现，种植业并不是长源村的支柱产业，长源村种植土地面积少，土地肥沃程度不高，村民种植主要是自给自足，若政府给予补贴，村民反对占用耕地的情绪也不会太强烈。长源村领导透露，长源村后山有一块土地，只需占用少量菜地和部分林地就可以平整出大量宅基地来，长源村集中安置的建房选址问题就可以解决。

村民的观念也成为集中安置的一项阻力。此次调研采访中，村民对搬迁也有两种声音：有些村民很乐意搬迁，也有村民不愿意搬迁，原因是家族世世代代都居住在这里，乡土情结浓厚。这时就需要当地政府采取相应举措。一方面，轮流上门做思想工作，给村民讲保护耕地、节约用地的重要性，讲集中安置的种种好处；另一方面，积极主动想办法解决农民的实际问题。

集中安置最大的问题就是资金问题。农民集中安置，统一建房，这在我国经济发达的农村早已不是什么新鲜事，然而在经济欠发达地区，要走这条路子，资金成了拦路虎。农民的安居工程牵涉方方面面，靠任何单一部门难以完成，必须整合各路资源，而政府牵头是最佳选择。由政府出面，整合农、林、水、电等各项涉农项目资金，解决集中安置点相关配套设施的建设问题。村民建房以自筹为主，政府相关部门适当扶持，国土部门、林业部门免收相关审批费用。相关收费减免的到位，极大地调动了农民在安置点建房的积极性。

长源村集中安置如果不精心组织、周密规划，很可能好心办坏事。建设和谐新农村要符合"四个统一"。一是统一规划。根据地形和村民的生活情况，对安居基地的楼房、绿化设施、出进公路、庭院、杂房、过道进行统一设计和布局，对各农户所建房屋要求高度统一，外装修颜色统一，建筑面积统一。二是统一管理。政府通过分组召开村民会议，统一农户思想。根据安居基地建设的需要和有关政策，统一标准收购基地内的承包地。同时，村委向建房者征收农用地使用费，保证安居基地公共设施建设和征地补偿费的支付。这样既解决了安居工程的用地问题，又很好地避免了农户之间互换用地带来的一些经济纠葛。三是统一安置。安居基地对农户全面开放，符合建房条件的村民皆可报名在安居基地建房。政府审核后，依法办理相关用地手续，再召开户主会议，采用抽签方式确定建房位置，保证安置工作公平、公正。四是统一施工。对安居基地内的绿化带等公共设施实行统一招标，统一施工。地基由长源村负责平整，每户负担500元的土地平整费。通过统一施工，安居工程建设进度加快，也降低了建设成本。

经分析，长源村集中安置具有可行性，集中安置建房，对国家好，对农民更好，既保护了耕地，杜绝了违法用地，又减轻了农民负担，保证农民能与城市居民一样享受公共资源，每个居民点有自己的卫生站、图书室、统一的垃圾站。新农村建设的步伐从这里就迈开了，更重要的是为国家节约了财力、物力、人力。因此建议长源村开展集中安置工作。

(3) 企业合作发展模式可行性分析

华润希望小镇主要是依托于华润集团特有的资源和组织能力而建设成的一座生态环保、设施齐备和民居重新改造的希望小镇。长源村是否可以采取与华润希望小镇类似的企业合作发展模式，需要从其现有条件和发展潜力方面来分析。

华润希望小镇是华润集团为了帮助国家解决"三农"问题而实施的一项公益性项目。截至小组调研时，已在全国建成百色、金寨等9座希望小镇。此小镇可以在全国众多贫困山村中被挑选为华润集团的投资山村，肯定有其特有的条件。长源村也拥有对日后发展的有利条件。

经分析，长源村对企业投资有一定的吸引力，但企业援助模式下哪些工作需要开展，可参照华润小镇发展模式进行分析。长源村想要建造成一座"绿色小镇、生态小镇、现代小镇"，首先要有完善的规划建设，需要生态环保的市政基础建设、齐备的公共配套设施以及和谐的民居改造三管齐下。以生态环境建设为例，长源村道路可以采用全方位的太阳能照明；每家每户都设计有沼气池，禽畜的粪便可产生沼气供农户做饭，沼气产生的沼渣又可当作有机肥料来种植农作物，从而形成种（种植）、养（养殖）、沼（沼气）生态农业循环链。这样不仅可为农户节约大量的生活成本，也将带来更清洁、更优化的生活环境。配套建设中心小学和卫生站，连通水电路网以完善公共设施，齐全的配套设置服务功能给长源村发展提供助力。

长源村可以借鉴华润希望小镇的创新专业合作模式。在农村改革实施家庭联产承包责任制40多年后的今天，不可否认小镇农民的个人收入已经有了不同程度的提高，但是长源村的持续发展面临着一个突出问题：集体经济缺失，公共积累几乎为零。这也是中国很多农村发展中存在的问题。农民专业合作社模式可以给长源村的可持续发展提供方向。农民专业合作社，可以用现代企业管理的理念来管理农业生产，使小镇农业生产活动由原来的散户小农无组织生产，转变为有组织有计划的规模化集约化生产，使农业生产更科学、更贴近市场，更为有序地发展。作为一个独立法人单位，农民专业合作社设有理事会和监事会，有明晰的章程及议事、财务管理、民主理财等多项内部管理制度；兼具统一采购农资、有效组织生产、统一营销农产品、技术培训、进行涉农投资等职能。长源村若开办合作社，可联系社会上的企业开展一系列农业产业投资：在种植业方面，长源村可开办育苗厂，以育苗厂为基地，合作社将逐步优化升级小镇现有的种植品种，积极引导村民种植适销对路、经济效益好的农作物新品种；在养殖业方面，农民专业合作社可兴建家禽孵化厂，统一为村民孵化鸡、鸭、鹅等家禽。合作社将集中统一采购农资，有效地组织生产，对产业项目进行集体表决并进行村民公示，且统一对外注册农副产品商标，统一对外销售，再由对口业务部门采购相当一部分的农产品。这将是一个完整的、可持续发展的产业链。因此，长源村采取专业合作社模式具有可行性。

长源村的企业合作模式是想依托企业资源和先进的管理技术来科学合理地规划长源村的发展。问题的关键在于长源村如何吸引企业与其进行合作。这就需要长源村立足自身优势，做好宣传工作。如果暂时没有吸引到企业投资，企业合作模式的先进做法也可以借鉴，比如专业合作社模式现在就可以开展起来，科学指导村民提高收入。

（4）乡村旅游业发展模式可行性分析

乡村旅游是中国旅游发展新热点，是最具潜力与活力的旅游板块之一。西庄村紧邻长源村，而西庄村就利用其温泉资源开发了温泉旅游业，虽说规模较小，但也促进了西庄村的发展。长源村发展旅游业的潜力更大，长源村中有一尚未开发的龙潭河大峡谷。基于龙潭河大峡谷这一资源，长源村的乡村旅游业有很大的发展前景。

龙潭河大峡谷位于吴家店镇长源村，处于女儿尖等五座山峰环绕之中，背依江淮分水岭的国家级天马自然保护区。瀑布壮观，树木葱郁，水草丰茂，鸥鹭飞起，是整个皖南地区为数不多的尚未开发的自然宝地，可开发户外探险、河道漂流、石壁攀爬、森林氧吧、生态露营等诸多户外旅游娱乐项目。

如何利用龙潭河大峡谷这一旅游资源，需要结合当今乡村旅游发展趋势和特点。当前，乡村旅游发展的总趋势是：乡村旅游已超越农家乐形式，向观光、休闲、度假复合型转变；个性化休闲时代到来，乡村旅游产品进入创意化、精致化发展新阶段。长源村如果想要模仿农家乐乡村旅游模式的话，效果不会很好。农家乐面向的消费者主要是城市人群，因此农家乐主要办于城市近郊。长源村地处偏远山区，远离城市，就算开展农家乐，消费者也会匮乏。长源村旅游开发不能局限于农家乐之类小规模旅游项目，要以龙潭河大峡谷旅游项目为主体发展周边的度假观光等配套设施，从而带动长源村周边消费需求。

长源村乡村旅游要突出全域化、特色化、精品化。金寨县地方要共同规划、协调发展，以全村、全镇、全县之力来做乡村旅游。在推动乡村旅游的过程中，为避免同质化竞争、取得差异化优势，各村镇宜采取诸如"一村一品""一户一业态"的差异化发展策略，深挖潜力，精心设计，打造精品，使乡村旅游呈现出特色化、精品化的特点。

很多游客到乡村已不再是单纯的旅游，而是被乡村的环境所吸引，想在当地较长时间地生活和居住。有些年事已高的退休人员，一年中往往有数月栖居于乡间。他们认为乡村的生态环境好，能更好地亲近自然。长源村可以抓住城市消费者的这种心态，主打从乡村旅游到乡村生活的新理念，当然长源村建设者有必要更新对乡村及乡村旅游的认识。第一，重新认识乡村，全面认识乡村在生态、文化、生活方式上的特色和优势；第二，复兴乡村，从事乡村规划建设的人，应该有一种复兴乡村的使命。

如今中国乡村旅游的十大新业态是：国家农业公园、休闲农场/休闲牧场、乡村营地/运动公园/乡村公园、乡村庄园/酒店/会所、乡村博物馆/艺术村、市民农园、高科技农园/教育农园、乡村民宿、洋家乐、文化创意农园。其中，乡村营地、乡村博物馆发展形态较符合长源村村情。乡村营地当前正与国际积极接轨，迎接需求旺盛的自驾游客群。野营地旅游是国际上非常流行的一种旅行方式。龙潭河大峡谷山势陡峭、地形崎岖，是很多攀岩爱好者的圣地，茫茫大别山也无法阻止他们的热情。长源村地处的金寨县文化底蕴深厚，有很多文化元素可以用来发展乡村博物馆。应选定古民居、古村落、古街巷，进行保留、保护和维修利用，建成综合性、活态化的乡村博物馆。

乡村博物馆应做好保护和活化乡村历史文化工作，包括风情文化、建筑园林文化、姓氏文化、名人文化、饮食文化、茶酒文化、婚庆寿庆文化、耕读文化、节庆文化、民俗文化、宗教文化、作坊文化、中医文化等。长源村也可以展示当地建筑、曲艺等文化，相信会得到当地政府的大力支持。

长源村的乡村旅游业是长源村发展的最可行途径，当地政府也对龙潭河大峡谷进行了多次勘探，以寻求开发方案。长源村若要发展旅游业，还需注意的是如何通过旅游业来帮助村民致富。若开发龙潭河大峡谷，可能会大大影响村民的生活甚至断绝村民的生计，发展旅游业的同时村民的安置工作显得尤为重要。

汤店村、华润村、西庄村、长源村各自采用了不同的方法走上了脱贫致富的道路。汤店村采用集中安置、指导就业的方式，不仅大大改善了村民的居住条件，而且帮助村民找到了新的生产资源；华润村则与企业合作进行土地流转、产业帮扶、村落组织重塑、华润集中安置房建设，企业与当地村民互惠互利，发展形势十分乐观；西庄村大力开发温泉旅游业，深入挖掘金寨当地的红色文化，在提供游乐场所获得收益的同时，还能对游客起到教育意义，可谓一举两得；长源村依托自身的地理位置和旅游资源，打造全域化、特色化、精品化乡村旅游。这仅仅发生在安徽省一角，全国各地有成百上千的贫困乡村，它们有共性也有特点，所以发展的方式及方法也是五花八门。或许各地采用的方法不一定是最有效的，但一定是最符合各乡村具体情况的。各村领导干部着眼于发展、立足于实际，因地制宜合理规划，带领村民打赢脱贫攻坚战。

四、社会实践总结

（一）实践与社会公益

本次实践活动中团队成员深入农村，调查贫困农村最真实的情况。实践团队始终坚持公益的主题。为了让实践团队设计的小桥可以最大限度地满足当地的需求，实践团队进行了多次调查和多方访问。除了此次龙潭河桥所在地长源村，实践团队还来到金寨县汤店村、华润希望小镇和西庄村进行调查，以通过多地调研更好地了解当地的实际情况。团队成员还深入走访，分发了50份调查问卷，以了解当地村民的真正需求。

实践过程中团队成员十分关注当地的孤寡老人、留守儿童，并对他们进行了调研。调查结果表明，由于青壮年大多外出务工，长源村孤寡老人、留守儿童现象普遍。本着"公益"的原则，团队成员调查了儿童和老人的桥梁使用情况，并在桥梁设计中对于老人、儿童此类特殊人群予以考虑。

实践团队还开展了一项公益活动，给长源村当地留守儿童中心小学送去书本和文具，献上爱心，并对他们进行了宣讲，希望可以帮助他们打开知识的大门。

（二）实践与精准扶贫

我国扶贫攻坚实施精准扶贫方略，针对不同贫困农户状况和区域环境，坚持因人因地分类施策。在实施过程中，取得了显著成效，也暴露出诸多问题。

在汤店村、华润村、西庄村和长源村走访时，团队成员发现这四个村的领导层坚持"因地制宜、分类指导，精准识别、管理、帮扶、脱贫"的原则，真正瞄准扶贫对象，逐村逐户制定帮扶措施，实现了由"大水漫灌"向"精确滴灌"转变。在走访过程中，当地领导为团队成员介绍了扶贫工作的具体情况。针对个体户，首先建立精准识别机制，接着科学分类扶贫对象，制定精准帮扶措施，然后建立"包村、包户"制度，实行定点帮扶机制。立足于整个村子，加大产业扶贫力度，完善教育资助体系。此次团队走进大山还为留守儿童们带去了书籍和学习用品，与当地的扶贫政策不谋而合。

但是在扶贫过程中，当地的领导班子也面临着诸多问题。首先，农民人均纯收入核定难，影响了精准识别机制的实施。其次，贫困人口体力、智力、能力等差异大，导致扶贫难以满足个性化需求。最后，山区客观条件限制，增大了精准扶贫压力。但是，领导表示将带头发扬不畏难的精神，誓要带领村子走向繁荣。实践过程中的所见所闻引起了团队成员的思考，从而对山村精准扶贫提出建议：

第一，从严从实核准家庭收入，采取精准分类帮扶措施。

第二，加强农村社区建设，充实精准扶贫力量。

第三，加强基础设施建设，改善生产生活条件。

第四，整合各类扶贫发展资金，形成多元化投入机制。

第五，建立多元化、常态化的监督考核机制，强化扶贫项目跟踪问效。

（三）实践与文化传承

本次实践更是一次文化传承的体现。团队还未进入金寨县就已经在高速公路上被浓浓的红色文化——满眼的红色宣传板和宣传栏所吸引。进入金寨县，就见到几处红军烈士纪念馆和纪念碑，被当地浓厚的红色文化所深深感染。长源村位于大别山腹地，深受红色文化的熏陶，其所在地即为"永安寨"，现在依然可以看到革命先辈在这里奋斗的痕迹，感受到长源村深厚的文化底蕴。

在来回的路上，徽派建筑也夺人眼球。依山就势，造型丰富，白墙黛瓦，体现出典型的徽派建筑文化。以砖、石、木为原料，木结构为骨架，马头墙、小青瓦、建筑雕刻为特色，浓厚的历史文化气息令人印象深刻。

这些文化是金寨县鲜明的旗帜，也是团队此行的收获之一。这样的历史文化不应被湮没在历史长河中，而应得到更好的发扬与传承。

疫情防控背景下南京远程医疗服务发展前景调研

远程医疗是传统医疗服务模式在信息时代条件下发展而成的一种新型医疗服务模式，它为医疗资源世界范围的共享展示了美好的前景。医疗资源分布地域性不均衡是造成在中国"看病难、看病贵"的主要原因之一，开展远程医疗无疑为解决这一问题提供了一条可能的道路。

一、调查目的与意义

远程医疗是依托云计算与通信技术构建的多学科远程医疗平台，联通不同机构和患者进行跨地域的医学诊疗及医疗问题学术交流等，可以克服时间与空间给求医问诊造成的障碍，是调整资源分布失衡的重要抓手，是加快基层医疗服务体系建设、推进城乡医疗卫生服务均等化、解决病患医疗问题的有效途径。远程医疗行业在我国过去几年一直处于不温不火的状态，受新冠疫情的影响，国家提出大力发展远程医疗，社会上也逐渐意识到远程医疗的重大意义。远程医疗是大势所趋，是医疗行业在信息化时代必须经历的一场变革。

南京市作为国家区域中心城市，其医疗卫生事业走在全国前列，南京市的远程医疗服务发展态势也在一定程度上反映了中国远程医疗服务的发展情况。通过此次调查，小组意在了解南京市民对远程医疗服务的需求及认知，以研究南京市远程医疗在各方面发展的可行性，进一步分析南京市远程医疗服务的发展前景，并总结出全国远程医疗服务的总体发展趋势，为推进中国卫生事业发展贡献微薄力量。

二、调查方法

（一）问卷调查法

我们通过社交软件面向南京市民线上发放调查问卷《关于疫情防控背景下南京市民对远程医疗服务需求的调查问卷》，以了解南京市民对远程医疗服务的潜在需求。总共发放

537 份线上问卷,共回收 537 份,回收率 100%,有效回收率 100%。

(二) 访谈法

我们通过线上访谈、当面访谈以及在江苏省人民医院和江苏省中医院随机对求医者进行采访三种方式进行访谈,采访人群主要分为有就医需求的不同年龄段的南京普通市民、南京在读大学生和南京医护从业者,共计 26 人。由于问卷偏重于南京市民对远程医疗的服务需求,我们在实地采访时另选了医护从业者进行访谈,以便从需求方与供给方两个角度探讨远程医疗服务的发展情况,以此增强数据的有效性。我们在后续工作中整理了相应的访谈笔录、访谈报告以及对策建议,以此分析南京市不同特征人群对南京远程医疗服务及南京市公共医疗卫生事业发展情况的关心程度和认知水平。

三、调查结果与分析

(一) 问卷调查结果与分析

此次问卷调查主要是了解南京市民对于南京市远程医疗服务的了解程度、看法和建议,并在此基础上探究南京市远程医疗服务的现状、缺陷以及可能改进的方向。

1. 结果

第 1 题:您的性别是?(单选题)

调查数据显示,在线上问卷全部 537 名被调查者中,45.6% 的被调查者是男性,54.4% 的被调查者是女性,差距不是太大。此项数据表明,问卷中得到的其他数据差异不是性别因素导致的。

第 2 题:您的年龄是?(单选题)

调查数据显示,在线上问卷全部 537 名被调查者中,6.5% 的被调查者年龄在 20 岁以下,27.4% 的被调查者年龄在 20~40 岁,50.3% 的被调查者年龄在 41~60 岁,还有 15.8% 的被调查者年龄在 60 岁以上。说明本次调查对象各个年龄段均有涉及,覆盖范围较广,且以中老年人为主。

第 3 题:您的职业是?(单选题)

调查数据显示,在线上问卷全部 537 名被调查者中,13.0% 的被调查者是在校学生,事业单位工作人员占比 27.0%,外企、私企工作人员占比 19.7%,自由职业者及个体工商户占比 25.5%,还有 14.7% 的被调查者从事其他职业。可以看出,本次调查是以上班族为主。

第 4 题：您目前的月工资/生活费是多少元？（单选题）

调查数据显示，在线上问卷全部 537 名被调查者中，20.5% 的被调查者月工资/生活费在 5 000 元以下，53.6% 的被调查者月工资/生活费在 5 000～10 000 元，19.4% 的被调查者月工资/生活费在 10 001～30 000 元，6.5% 的被调查者月工资/生活费在 30 000 元以上，被调查者覆盖各个收入层。通过观察不同收入层次的人对于南京市远程医疗及医疗卫生花费的看法，可以确保数据的普遍性。

第 5 题：您的月医疗花费在什么范围？（单选题）

调查数据显示，在线上问卷全部 537 名被调查者中，月医疗花费在 500 元以下的有 364 人，占比 67.8%；月医疗花费在 500～2 000 元的有 103 人，占比 19.2%；月医疗花费在 2 001～5 000 元的有 47 人，占比 8.8%；月医疗花费在 5 000 元以上的有 23 人，占比 4.3%。由此可见，被调查者中月医疗花费大多在 500 元以下。大部分被调查者对重大疾病的就医需求度较低，对小型疾病的就医需求度较高，适宜使用远程医疗服务实现就医治疗。

第 6 题：您在南京生活了多久？（单选题）

调查数据显示，在线上问卷全部 537 名被调查者中，没有在南京居住的有 26 人，占比 4.8%；在南京居住 5 年以内的有 65 人，占比 12.1%；在南京居住 5～10 年的有 81 人，占比 15.1%；在南京居住 11～20 年的有 133 人，占比 24.8%；在南京居住 20 年以上的有 232 人，占比 43.2%。由此可以看出，本次问卷调查的对象多数在南京居住时间较久，具有较高的代表性。

第 7 题：您在南京哪些医院看过病？（多选题）

调查数据显示，在线上问卷全部 537 名被调查者中，去过省级医院（如江苏省人民医院）的达 447 人，占比 83.2%；去过市立医院（如南京鼓楼医院）的有 292 人，占比 54.4%；社区医院和其他医院数据依次减少。由此可见，在这些被调查者中，更多的患者还是趋向于去医疗水平较高的医院就诊。

第 8 题：您认为地理距离是否对看病的方便程度造成影响？（单选题）

调查数据显示，大部分被调查者认为地理距离对看病的方便程度产生影响。在 537 名被调查者中，认为十分影响的有 155 人，占比 28.9%，认为影响较大的达 251 人，占比 46.7%。因此，地理距离对绝大多数患者就医造成了困扰，远程医疗有其存在的必要性。

第 9 题：您自己或者亲人好友是否有过跨地诊疗的经历？（单选题）

调查数据显示，在 537 名被调查者中，有过跨地医疗经历的有 291 人，占比 54.2%，超过一半的人有过跨地区诊疗的经历。跨地诊疗是指患者为了获得更好的医疗资源，得到更好的医疗救助，前往其他城市寻找更高水平的医院进行医疗。相较于传统的线下就医，远程医疗服务摆脱了高昂的交通费用。患者对远程医疗服务的潜在需求较大。

第 10 题：疫情期间您是否在南京？（单选题）

调查数据显示，在 537 名被调查者中，疫情期间有 467 人在南京，占比约 87%。疫情期间留在南京的市民很大可能会接收到南京市各级医院远程医疗服务的相关信息，留在南京的市民数和接触到南京市远程医疗服务相关信息的南京市民数有直接的正相关性。这说明，可能有更多的市民接触到远程医疗服务的信息。

第 11 题：您是否了解疫情期间如何去医院就医？（单选题）

调查数据显示，在 537 名被调查者中，对疫情期间如何去医院就医有一些了解以及完全不了解的分别占比 60.7% 和 18.1%，对此十分了解的占比 21.2%。这说明大部分被调查者了解如何就医，在一定程度上说明疫情期间市民的潜在就医需求度很高，远程医疗服务得到了大家的关注。

第 12 题：疫情期间，您会出于安全考虑选择自行买药等方式而不去医院吗？（单选题）

调查数据显示，在 537 名被调查者中，认为需要视病情而定的被调查者高达 358 人，占比 66.7%，选择自行买药处理的和选择直接去医院看病的则分别占比 17.5% 和 15.8%。多数人会视病情严重情况而定，在一定程度上说明会有更多的人通过远程医疗询问相关医师，来判断自身病情的严重情况。

第 13 题：目前南京的线下诊疗是否满足您的期待？（单选题）

调查数据显示，在 537 名被调查者中，多数人对南京市的医疗抱满意的态度。十分满意的有 71 人，占比 13.2%；满意的有 199 人，占比 37.1%；较为满意的有 197 人，占比 36.7%；不太满意的有 63 人，占比 11.7%；不满意的有 7 人，占比 1.3%。线下诊疗仍然存在一些问题，这些问题可能会在远程医疗下得到解决。

第 14 题：您了解什么是远程医疗吗？（单选题）

调查数据显示，在 537 名被调查者中，对远程医疗了解的有 71 人，占比 13.2%；听说过但不是很了解的有 368 人，占比 68.5%；从未听说过，完全不了解的有 98 人，占比 18.2%。在这些被调查者中，对远程医疗了解的人并不是很多，可以看出远程医疗仍然没有走进普通市民的生活，仍然有需要进一步改进的空间。

第 15 题：您是否有通过远程医疗进行预约挂号、会诊、开药、回访的经历？（单选题）

调查数据显示，在 537 名被调查者中，有 393 人表示曾经有过远程医疗的体验，占比 73.2%，而没有过相关经历的有 144 人，占比 26.8%。这也表明现阶段仍然有许多人没有接触过远程医疗，相关部门仍应继续加大宣传力度，让更多的人了解远程医疗。

第 16 题：您对已使用的远程医疗服务的满意程度是？（条件：第 15 题选择"是"的回答第 16 题；单选题）

调查数据显示，在 393 名参与过远程医疗的被调研者中，有 61 人对远程医疗十分满意，占比 15.5%；92 人表示满意，占比 23.4%；208 人表示比较满意，占比 52.9%；27

人表示不太满意，占比 6.9%；5 人表示完全不满意，占比 1.3%。由此可见，超过 90% 的参与者对远程医疗服务表示满意，南京市远程医疗发展势头很好，但仍存在一些问题，使得仍有 8.2% 的人表示不满意。

第 17 题：据您个人了解，相较于传统看病方式，远程医疗有什么优势？（多选题）

调查数据显示，在 537 名被调查者中，有 499 人认为远程医疗可以避免长途寻医带来的麻烦和苦恼，占比高达 92.9%；有 372 人认为远程医疗有利于接诊医院和患者把握最佳诊治时机，占比 69.3%；有 319 人认为远程医疗可以为患者节约大量的外出求医花费，有效解决"看病贵"、因病致贫返贫问题，占比 59.4%；有 394 人认为远程医疗过程中高素质的专家资源可以保证会诊结果的高质量和权威性，占比 73.4%；有 286 人认为远程医疗有利于消除病人和医务人员之间传染病传播可能，占比 53.3%。如果想要加速远程医疗的发展，相关部门应对以上几个方面的工作予以重视。

第 18 题：您觉得远程医疗服务还存在的问题有哪些？（多选题）

调查数据显示，在 537 名被调查者中，有 444 人认为远程医疗可能会使受保护的健康信息由于电子存储和传输而增加泄露风险，占比达 82.7%；有 440 人认为远程医疗在没有注册专业人员的情况下，提供医疗服务时出错的风险增加，占比 81.9%；有 414 人认为远程医疗实际上可能会降低效率，患者不能立即开始治疗，占比 77.1%；有 443 人认为在远程医疗过程中，网络交流可能导致对患者的病理报告产生误判，影响疾病治疗，占比 82.5%；有 442 人认为远程医疗实践的法律法规不明确，占比 82.3%。如果想要加快远程医疗的发展，相关部门需着重关注可能出现的问题并及时解决。

第 19 题：远程医疗技术服务项目包括远程病理诊断、远程医学影像（含影像、心电图、肌电图、脑电图等）诊断、视频门诊、远程监护、远程挂号、病床预约等，您是否对此在当前或者未来有需求？（单选题）

调查数据显示，被调查者中有 414 人认为自己现在或者未来对远程医疗的这些项目有所需求，占比 77.1%；有 123 人认为自己当前或未来对远程医疗所涵盖的这些项目没有需求，占比 22.9%。由此可见，多数人认为远程医疗在未来可能会被用到，远程医疗的潜在需求很高。

第 20 题：如果有选择，您更倾向于网上看病还是传统的线下诊疗？（单选题）

调查数据显示，在 537 名被调查者中，仅有 37 人选择在网上看病，占比 6.9%；选择线下诊疗的有 130 人，占比 24.2%；选择线上、线下相结合的有 370 人，占比 68.9%。多数人选择线上、线下相结合，所以在未来，医院可以着手将远程医疗发展为线下诊疗的一个得力助手。但从调查中也可以发现，仍然有许多人不会选择远程医疗，因此想要大力发展远程医疗，应尽力弥补远程医疗的不足。

第 21 题：对于远程医疗监护平台终端系统价格（包括生命监测设备、康复设备、医疗

诊断、视频门诊、远程监护、挂号、病床预约等多项服务）以及年度服务费，您可接受的费用范围是？（单选题）

调查数据显示，在537名被调查者中，有355人可以接受的费用范围为2 000元以下，占比66.1%；2 000~4 000元的有85人，占比15.8%；4 001~6 000元的有39人，占比7.3%；6 001~8 000元的有38人，占比7.1%；可以接受8 000元以上的有20人，占比3.7%。由此可见，多数人可以接受的费用范围在2 000元以下。通过与前面的统计数据相对比，这可能与收入水平有关。如果政府想要加大对远程医疗的宣传或是扶持，在远程医疗费用上可以做出相关的限制，这样可以让更多的人参与到远程医疗中来。

第22题：您对南京远程医疗服务未来发展的建议。（主观题）

第一，规范专家坐诊的准入条件并严格实施。

第二，增加顶尖专家坐诊次数。

第三，施行惠民相关措施。

第四，改善远程医疗过程中医务人员的服务态度。

第五，完善相关的法律法规。

第六，加大远程医疗的宣传力度。

2. 分析

综上数据分析，在当前状况下，市民对于远程医疗有较高需求，远程医疗有着广阔的前景。当市民跨地就医、当他们挂不到专家号、当他们怕接触到传染病、当他们不清楚就医操作流程时，他们可能会有这样一种想法：要是能在家看病就好了。很多人都在期待远程医疗的普及，他们希望可以线上、线下结合，提高就医效率。

还有许多人并不十分了解远程医疗，这就需要相关部门加大对远程医疗服务的宣传力度，让更多的人深入了解远程医疗。

远程医疗相较于传统的线下诊疗，有其独特的优势。目前，南京市的远程医疗正处于高速发展期，受到了来自患者的很多好评。虽然远程医疗也有一些弊端，这使得一些人对远程医疗有所顾虑，这些弊端需要一定时间慢慢改善，但瑕不掩瑜。总之，远程医疗的推广和发展是大势所趋。

（二）访谈结果与分析

本小组的实践主题是"疫情防控背景下南京地区远程医疗服务的发展前景调研"，此次实践采取线上访谈、当面访谈、实地采访的形式，共计访问26人，其中不同年龄段的南京市民20人、南京地区医护从业者2人、南京在校大学生4人，以便从需求方与供给方两个角度了解不同特征的人群对于远程医疗的理解与需求及其特点。通过访谈，小组能够有效了解受访者对于远程医疗的了解程度以及对于其医疗服务功能的感知，从而反映出市民对于该问题的关心程度和认知水平。我们希望通过调查南京地区目前传统医疗方面存在的问题、影响医疗服务满意度的具体因素，深入了解南京市民的医疗需求与远程医疗提供服务的契合度，讨论目前南京地区医疗服务需求存在的缺口，探寻未来南京地区远程医疗的发展前景与发展方向。

1. 市民对于南京医院医疗服务的满意度受多种因素影响，对远程医疗接受度高

从结果来看，市民总体上对于南京各大医院的医疗服务满意度比较高，但医院仍存在一些问题，对市民的满意度造成了一定的影响。许多市民表示医院还存在需改善之处，并且在了解过远程医疗的具体含义后，对其未来的发展具有较高的接受度，认为未来自己有尝试的可能。小组认为造成这种现象的原因主要有以下几点：

第一，市民对于专家医师的需求度较高，但医院的专家号较少，供不应求。平常的小病挂不到专家号尚可接受，但遇到疑难杂症时，专家号难以获取，使得看病成为难题。有些大医院有名的专家号甚至需要提前几个月排队，这同时也滋生了"黄牛"倒卖排号等乱象，导致有人按规矩排队，却没有排到号，造成了许多不公平与不公正的现象。

第二，传统线下的就医方式需花费大量时间在路途、排队挂号、排队就诊上，缺乏灵活性。首先，地理距离就对患者看病造成了一定的影响。有些家住郊区的患者需要耗费大量时间进城看病，加上城区堵车严重，就医不便。其次，在医疗服务方面，门诊拥挤，排队时间较长，等待时间久等问题，也对患者就医舒适度造成了一定的影响。此外，如果不在同一家医院就医，每次换医院时要重新出具病史病例，十分麻烦。但这些问题，远程医疗基本都能解决，因此市民对于远程医疗的接纳度比较高。

第三，跨地诊疗路途遥远，费时费力。为了得到特定领域内顶尖专家的会诊与治疗，市民会选择前往北京、上海等地就诊，路途遥远，周转不便，使看病舒适度大打折扣。

第四，远程医疗方便快捷，在一定程度上弥补了传统看病方式的种种缺陷，符合当下需求。线上挂号节省时间，保障公平，线上问诊让人们足不出户解决常见病症，也使医疗资源得到更合理分配。数字化转型是当前所有行业发展的必由之路。疫情背景下，远程医疗实现较快发展，一定程度上能增强人们对远程医疗的了解和认可，建立对远程医疗的信任与信心。

2. 市民对于远程医疗的认识较为有限，缺乏对远程医疗的具体了解

从结果来看，绝大部分受访者听说过"远程医疗"，但是对于远程医疗的具体概念及涉及范围了解却不多，大部分人局限于从字面意思理解远程医疗的含义，对于哪些方式与内容属于远程医疗，远程医疗具体的运作方式以及远程医疗所能发挥的重要作用、近年来我国相关的政策和建设都不太了解。而大部分受访者表示，自己是通过网络、新闻等媒体途径得知"远程医疗"这个名词的。这些现象表明，目前国家正在积极通过互联网等方式宣传远程医疗的重要性，但仍然存在一定的局限性。通过这些途径，大众只是知道了"远程医疗"这一专有名词，而对于远程医疗具体是什么，国家制定了哪些规划、出台了什么政策，近年来有哪些改变和措施等，都没有留下比较深刻的印象。小组认为，首先，远程医疗是近些年在国家的大力扶持下发展起来的，很多方面还在不断改革与发展中，同时对于远程医疗的宣传不到位，可能会影响其未来的需求趋势。其次，目前远程医疗的重点可能依然在专家会诊方面，大众对此接触较少，而对远程医疗的其他方面，如网上挂号、自助单打印等也并不了解，导致大众并没有意识到远程医疗其实就在身边，以及其重要作用。

3. 市民大多倾向于选择远程医疗与传统就医相结合的方式，对远程医疗存在疑虑

在访谈中，我们发现大多数受访者出于种种因素考虑，更倾向于将远程医疗与传统就医相结合，而对远程医疗仍存在一些疑虑。远程医疗的优势在某些情况下可能会变成劣势。

第一，部分患者担忧远程医疗会存在一定的误诊率，造成额外的时间与金钱的消耗，甚至造成不可挽回的损害。医生诊断病情要通过望、闻、问、切，而线上会诊只能提供"望"和"听"，可能存在一定的误差。同时，很多病症状相似，仅靠患者口述或视频语音，医生并不能准确判断疾病，可能会导致无法确诊甚至是误诊的情况发生。

第二，远程医疗现阶段可进行诊疗的病种有限。受医疗器械、无法接触等限制，市民很难单独通过网上诊疗确诊某些疾病，很多需要再结合线下具体的诊断才能做出判断。远程医疗在此过程中仅仅具有辅助作用，无法实现效率最大化。面对突发情况，远程医疗也有可能无法满足患者的紧急需求。

第三，患者个人隐私与医疗信息存在安全隐患。在远程医疗过程中，患者的敏感病史和诊断结果很容易通过各种方式被其他无关人员得到，因此，远程医疗存在着泄露患者个人隐私的可能性。

第四，远程医疗平台构建的政策尚不健全。远程医疗平台的建设尚处于探索阶段，国家虽出台了具体实施政策，但还需进一步细化明确，出台相应的操作指南，规范远程医疗平台构建的程序、步骤和方法，统一设备购置的技术标准，以真正实现大规模的应用和共享。

第五，远程医疗的医保方案尚不明确。部分受访者担心采用远程医疗后无法进行报销与拿药。目前各地的医保政策和医保报销标准尚不统一，大多数地区还未将远程医疗服务项目纳入医保报销范围，这给远程医疗的医保结算支付带来了困难，制约了远程医疗减轻个人医疗负担这一优势的发挥，无法有效提高患者使用的积极性。

4. 远程医疗具有不可替代性，在疫情中发挥重大作用

根据受访者的回答，我们可以总结出远程医疗具有不可替代性，在疫情中发挥了巨大优势。远程医疗已经在中国发展多年，服务内容逐渐从挂号问诊为主向更加多元化的方向发展。目前，中国远程医疗主要应用于在线挂号、在线咨询和问医、查询个人检查报告、医生信息查询等方面，方便快捷，其作用不可替代。

新冠疫情期间，远程医疗加速发展。南京各大医院开通网上门诊，推进分时就诊模式，看病先预约变成了市民的习惯，大大节约了就诊等待时间。近年来，南京市针对看病就医流程烦琐、等候时间长、优质医疗资源供需矛盾突出等问题，推行改善医疗服务行动，让群众享受到看病就医的便利和实惠。目前，医院均可通过电话、网站、微信等形式开展诊疗服务预约。通过建立远程医疗制度、临床路径管理制度等，不断提高医疗服务质量，让群众看病就医更方便。此外，从供给端来看，疫情使得线下医疗资源被大量使用，医护人员相对平时出现紧缺。将线下问诊模式搬到线上，能够有效缓解医疗资源及人员紧张的状况，避免出现无处问医的情况。从需求端来看，出于疫情防控的需要，人们在疫情期间尽量减少外出，到医院就医的意愿大大降低，一定程度上催生了患者对线上就医的需求，一些常见小病症有了更方便的问诊途径。

5. 不同层次的医院及不同科室对远程医疗的涉及程度差异较大

新冠疫情的发生对我国医疗卫生事业造成巨大影响，对全国卫生服务供给能力提出了新的挑战。疫情期间，针对国家提出的关于推进远程医疗发展的各项要求，江苏省市医院快速反应，医院远程医疗在总体建设和功能建设方面都得到了较快发展。目前，南京市公立医院远程医疗体系初步建立，大部分医院已开展远程医疗服务，专科已覆盖发热门诊、内科、外科、妇科、儿科、心理科等对远程医疗需求较大的科室，但其他较少使用远程医疗的科室尚未覆盖。

不同层次的医院建设水平及开展的远程会诊服务也存在差异。省级医院由于人才、技术、平台建设等优势，开展远程会诊服务较多。许多已经筹建互联网医院的医院，远程会诊、远程诊断、远程健康管理服务开展较多，因为互联网医院的建设在促进分级诊疗、远程医疗、慢病管理、优质资源下沉等方面起着重要作用，而一些社区医院对此涉及较少。

由此可知，不同层次医院远程医疗涉及与普及程度的差异，对于未来南京地区远程医疗的发展也会造成一定程度的影响。

四、调查结果总论

新冠疫情的发生，让远程医疗进入更多人的视野，其在疫情中发挥了重要的作用：一方面，远程医疗满足了基层定点医院的服务需求，通过远程医疗服务平台，专家组可打破疫情防控和病患筛查的时间、空间和地域的限制，采取多种会诊模式，将远程会诊和临床教学相结合，让所有联网的医院共享优质医疗资源，更好地为患者提供优质高效的医疗服务。另一方面，远程医疗的应用提升了新冠患者的救治质量。远程医疗可让优质医疗资源下沉，既减少了专家跨区域指导的疫情传播风险，又提高了基层定点医院应对处置疫情的能力和效率，降低了危重症患者的病死率。远程医疗可突破时间、地域限制，改变传统的医疗服务模式，快速为疫区和边远地区提供优质服务，有效降低感染风险，提高疫情防控质量和效率。

目前，远程医学在我国按模式可划分为五类：远程会诊、远程诊断、远程医学指导、远程监护、远程教育。由于本组调查方式有限，本次调查着重点在于远程会诊和远程诊断。其中，网上预约挂号和线上咨询是远程医疗中比较普及的两项，也是我们与远程医疗接触最紧密的两项，因此将其作为我们实地调查收集的主要数据来源。

此次调查面向的人群主要为南京市民和南京在校大学生，运用问卷调查、访谈及实地调查相结合的方法，了解社会各界人士对远程医疗的看法及建议。其中，调查问卷一共回收了537份，线下访谈人数为26人，实地调查医院共2家（江苏省人民医院与江苏省中医院）。根据调查结果可知，大部分南京市民虽然亲身体验过远程医疗，也对南京现有的远程医疗服务较为满意，但对远程医疗的知晓程度仍较浅。但值得一提的是，绝大部分南京市民对远程医疗持肯定及支持的态度。

原因在于：

第一，去医院就医路程过长（特别是跨地区就医）及排队挂号耗费时间过长，在一定程度上降低了人们线下就医的欲望，降低了人们对医疗服务的满意度；

第二，"黄牛号"的出现增加了人们就医的难度（现场挂号存在一定困难，特别是专家号）；

第三，存在医疗资源分配不均及医疗服务质量良莠不齐的问题。

因此，市民期望远程医疗的应用及发展能有效解决这些问题，在便利人们就医的同时减少就医成本。医院作为远程医疗的提供方，其服务水平与定价机制在一定程度上会影响市民对远程医疗的使用程度与满意程度。调查结果显示，大部分市民希望远程医疗的定价较为合理（2 000元以下的占比66.1%），正说明市民对远程医疗的期望是降低就医成本，或将其作为线下诊疗的辅助手段。另外，根据南京市民对现有远程医疗的建议可知，通过权威专家坐诊、改善远程医疗过程中医务人员的服务态度等完善提供机制来提升服务水平，能有效提高远程医疗的普及程度和人们的满意程度。

由上可知，目前远程医疗处于高速发展期，有很好的发展前景。但此过程中仍存在一些亟待解决的问题。

远程医疗在发展过程中所存在的问题，需要政府、医院、公众一起努力解决，以政府为主导，医院为主体，公众为参与者、监督者，共同努力，为远程医疗的发展与变革贡献力量。

五、对策和建议

（一）供给方（医院方面）

1. 问题

第一，远程医疗平台的建设资金投入不足。中央和省级财政尚未有专项资金投入，大部分经费需要各级医疗机构自行承担，因此远程医疗平台的建设较为缓慢，且各地建设进度不一。另外，现有的远程医疗平台多为医院自筹资金，所以参与服务主体主要是大型三级甲等医院，而大医院医疗业务过度饱和，医生业务繁忙，对开展远程医疗缺乏积极性；基层医生在远程医疗过程中，因会诊资料准备烦琐，需要额外增加更多的工作时间，相对更愿意让病人直接去大医院就诊。

第二，医院、医生的积极性不高。从基层医院的角度看，由于各级各类医疗功能定位不够清晰，双向转诊制度难以充分发挥作用，基层医院担心病源流失；从基层医生的角度看，开展远程医疗如不能增加其自身收入，加上预约时间长、会诊资料准备烦琐、参与会诊时间消耗较多，难以有持久热情和参与积极性。

第三，我国远程医疗平台在技术上存在诸多问题：各地远程医疗信息系统数据交互标准不一，远程会诊系统缺乏维护长效机制。远程会诊系统还没有建立统一完善的系统规划，系统数据交互标准不一，各地医院重复开发软件，系统不能兼容，使得各地远程医疗系统很难实现互联互通，跨系统合作和优质医疗资源无法及时共享和发挥最大效用。远程会诊系统仍缺乏可以操作和维护的人员，并且缺乏信息技术自主创新激励机制，国产化自主可控仍有待提高。加之，现有的会诊系统缺乏对病患的人文关怀，在很大程度上无法满足用户实际所需，没有建立有效的操作流程。

2. 对策

第一，发挥远程医学平台优势，助力做好城乡对口支援工作，进一步提高受援医院业务技术及管理能力。通过远程教学，同时推动远程医学在广大医务人员中形成共识，在更大范围上惠及广大群众，扩大远程诊疗服务范围。

第二，筹建远程医学专业委员会。该委员会作为专业性的医学教育社会团体，可致力于搭建远程医疗咨询、远程健康数据监测和管理、远程医疗教育和远程医学科普平台，探索远程医学领域关键问题的行业标准、制度规范制定，为政府开展、管理远程医学服务提建议，开展远程医学科技交流、人才培养等工作。

第三，以医院专业类别为单位，设立全行业疾病远程医学质量控制中心（以肿瘤病医院为例，可设立全行业肿瘤病远程医学质量控制中心）。加强质量控制，依托远程医学专业委员会专家对各级医疗机构的远程医学专业进行督导、质量控制、管理和评价，最大限度地发挥人员、设备和技术协同攻关优势，引导和推动辐射全区的远程医疗服务标准化、规范化健康发展。

第四，设立专项资金，制定相应的补偿机制。建议各医疗机构将远程医疗系统建设资金作为专项支出纳入预算。医疗卫生管理部门也可将开展远程医疗规定为医院评审的重要指标，同时对开展远程医疗服务的机构给予合理补偿或政策倾斜。只有平衡患者、医院、远程医疗服务第三方机构、远程合作机构间的各方利益，才能保证远程医疗的顺利开展。医联体合作单位间也要明确职责，建立健全远程合作机制，在利益分配上达成共识，形成良好的合作氛围。

第五，各级卫生行政部门应积极组织宣传和培训，在各级医疗机构建立健全配套的管理模式和奖惩措施，同时调动医生的积极性，增强患者选择远程医疗服务的意愿。

第六，从国家层面整合远程医疗服务平台，规范数据接口和服务流程，构建医疗数据"互联互通"的国家级远程医疗协同平台。

第七，在远程医疗服务平台的开发中，要更加注重用户体验。只有建立一套有效闭环决策流程，通过循环往返的系统测试、用户反馈，才能使系统可靠运行的同时提升用户对系统使用的满意度。将用户体验注入远程医疗平台设计需要更加注重智能化驱动个性的服务应用。未来远程医疗平台设计在智能化的驱动下必将充分利用大数据、云计算和人工智能等对用户进行分析，进而通过数据分析、用户模拟等方式实现用户的精准行为定位，从而满足不同的用户需求，全方位提升用户的远程会诊体验。以优化用户体验为目标，根据目标用户的健康状态及心理需求，倾向于自动形成个性化服务系统，纵向发展功能需求，注重个人健康的全方位远程监控，使远程会诊逐渐自动化、专业化，推动个性化服务在系统中的应用。

（二）需求方（患者方面）

1. 问题

大众对远程医学的认识不足是阻碍远程医疗发展的一大因素。受传统思维的影响，患者认为在远程会诊中，医生无法亲自"视触叩听"，医患之间无法面对面交流，因此对远程医疗效果持怀疑态度。远程医学作为一门新型综合性边缘学科，其内在潜力还有待挖掘。目前，远程医学在我国按模式可划分为五类：远程会诊、远程诊断、远程医学指导、远程监护、远程教育。大众对远程医学的认识通常仅限于远程会诊模块，对于其他模块了解较少，这也在一定程度上制约了远程医学的内容拓展。

2. 对策

远程医学"互联网＋"在医疗卫生服务领域的应用，开创了全新的医疗服务模式，是推动分级诊疗、优化医疗资源配置的重要措施。

第一,以患者需求为核心,展示和宣传远程医疗的优势及其带来的积极影响,提高远程医疗模式的知晓度,转变大众就医思想观念。大力倡导医务人员弘扬无私奉献精神,特别针对远离中心城市或是偏远地区患者看病难的需求,尽力做好远程医疗服务,牢固树立质量第一的强烈意识,让患者足不出户就能享受到大医院的医疗服务,简化就医流程,节省医疗以外的费用,切实改善就医体验。

第二,以树立品牌为核心,通过宣传,调动医务人员开展远程医疗服务的积极性,提升基层医务人员运用远程医疗服务的能力,不断提高远程医疗病历信息采集的质量,进一步保证医疗质量和医疗安全。

(三)第三方监管(政策法规方面)

1. 问题

一方面,目前我国远程医疗的规范仅见于政策文件和主管部门的管理规定,尚未上升为国家层面的法律法规,缺乏应有的权威性和科学性,导致相关医疗机构在开展远程医学活动中无法可依,长足发展受到限制。目前,我国远程医学主要存在以下几个方面的制度缺陷:一是政策法规制度不健全;二是服务价格、补偿机制不完善;三是医保配套政策不完善;四是远程医疗技术监管、医疗安全风险管理等配套制度不完善;五是电子病历、健康档案等健康信息数据的规范性及安全性制度不完善;六是远程医疗 App 软件、可穿戴设备数据等未统一标准。远程医疗的顺利开展有赖于一套可行的制度规范及健全的监管机制,缺乏具体章程可能导致远程医疗开展的过程中出现诊疗不规范、收费不透明、患者医疗信息被暴露等问题。

另一方面,国家未出台相应的法律法规来解释远程医疗引起的医疗意外如何处理解决。当一些客观因素出现,例如影像学资料不清晰、图像重建处理失真、病历资料不完整等,导致远程诊疗出现误诊或治疗效果达不到预期,此时无相应制度作为依据,难以明确双方责任,易导致医疗纠纷。

2. 对策

第一,立法保护患者隐私权与知情权。远程医疗服务开展之前,当地的医生应向患者或者近亲属充分解释远程医疗的目的、实施方式,在征得患者或家属同意后开展(告知的法律主体应为初诊医生,告知内容包括开展远程医疗的目的、服务内容及产生的费用。为了避免纠纷和以后发生纠纷时有据可查,应采取书面告知的方式,患者或其家属签署告知同意书,有利于患者明确相关的权利与责任)。同时,立法应加强患者个人信息保护。患者的个人信息如电话号码、家庭住址、病史等在远程医疗中会在多个机构之间传输,被泄露的风险加大。因此,无论是医疗平台、属地医院,还是远程医院,都要建立严格的保密措施和规定。

第二,明确远程医疗的承担主体。远程医疗责任分为两种:一是远程会诊,远程会诊由邀请方做出最终诊断以及实行治疗,被邀请方的会诊意见对于邀请方没有约束力。患者和直接邀请方发生医患法律关系,被邀请方和患者不发生法律关系。另一种是远程诊断,远程诊断由被邀请方做出诊断意见,在法律上被邀请方和病人之间存在着直接的医患法律关系。

第三,健全远程医疗准入制度。远程医疗服务作为医疗服务的一种,直接关系到人们的生命健康,需要对相关机构、人员、设备设施、服务的范围做出规定。《远程医疗服务管理规范(试行)》对于医疗机构的基本条件、邀请方和受邀方的人员基本条件及设备设施基本条件进行了规定。在有第三方搭建平台的情况下,应对平台的准入进行规定,以保证信息传送的安全、高效、稳定。医疗平台应满足以下几个条件:第一,注册资金1 000万元以上,有开展远程医疗的设备和技术,并且有自主研发的专业医疗平台;第二,有相关专业技术人员能够满足标准医疗服务活动开展的要求;第三,有完善的信息化技术和信息安全保障措施;第四,营业期限达到3年以上,没有侵害消费者信息和数据泄露的情况。同时,为保证医疗的非营利性,保障人民群众的身心健康,应对收费项目做出以下禁止性规定:第一,远程医疗服务按实际开展的单个项目收费,不得多个项目重复收费;第二,远程诊断项目不得收取其他费用;第三,远程会诊的准备时间不计入会诊时间。

疫情背景下"宅经济"发展模式调查研究

新冠疫情对我国的经济发展造成了影响。疫情发生后，民众纷纷居家隔离，减少出行，尽管对线下消费冲击较大，却催生了大量以互联网为载体的线上新业态，"宅经济"异军突起，魅力大显，改变了疫情期间人们的生活和消费方式。

一、调查目的与意义

2020年，在新冠疫情的影响下，很多人在相当长一段时间内过上了居家隔离的生活，由此刺激了线上消费、线上娱乐，为"宅经济"创造了广阔的发展空间。疫情对经济的冲击毕竟是暂时的，疫情结束后经济稳步增长。如何在疫情基本结束后继续保持"宅经济"的活力，维持用户活跃度，提升用户购买力等是促进"宅经济"持续升级的关键。针对这些问题，本次调查主要从三个方面展开：调查消费者对于"宅经济"发展现状的看法与满意度，可以帮助我们了解和分析目前"宅经济"发展的优缺点、人们对"宅经济"的参与程度及参与感受；探究不同行业市场"宅经济"发展特点及发展前景，有助于我们更加深入地了解"宅经济"的经济模式并对"宅经济"发展趋势进行合理预测；分析疫情背景下"宅经济"持续化发展的可行性，有助于我们看清"宅经济"所处的经济形势及未来发展空间，并对其进一步发展提出建议。总之，研究疫情背景下"宅经济"消费模式的发展，能让我们更好地了解"宅经济"迅速发展带来的机遇和挑战，引导我们进一步思考如何抓住机遇，迎接挑战，有助于我们理解"宅经济"快速增长背后的经济学原理，针对其出现的问题思考原因及对策，总结发展过程中的经验与教训；同时有助于为探索商业运营新模式和更多经济新形式提出建设性的意见与建议。

二、调查方法

本调研小组将多种研究方法融入实践并充分考虑各种研究方法的适用性，以便展现各种研究理论的科学性。我们主要运用了下面几种方法。

1. 问卷调查法

本次调查研究的对象覆盖全社会。由于疫情影响，我们采用线上发放问卷的方式，对全国各地不同年龄、不同身份的人进行调查研究。本次调查共发放问卷300份，回收问卷285份，回收率为95%，有效问卷285份，有效率为100%。

2. 访谈法

考虑到问卷的填写人员多为大学生，存在年龄上的局限性，调查小组还对6名青年、中年、老年的受访者（每个群体2人）进行线上访谈，了解他们疫情期间对"宅经济"的使用和参与情况，对"宅经济"概念、发展原因、面临挑战、未来前景的认识以及对"宅经济"发展的满意度等。

3. 案例研究法

小组以在线教育与生鲜电商两大"宅经济"利好行业为主要研究案例，选取行业内的典型对象，运用SWOT分析法分析其疫情期间发展的优劣势，研究"宅经济"市场的发展潜力与风险，进而提出相应的措施与对策。

三、调查结果与分析

(一) 问卷调查结果与分析

为了解新冠疫情期间"宅经济"的主要受众、不同行业"宅经济"的发展情况等，此次问卷调查从"宅经济"类型、消费频率、消费占比、产生的原因、带来的影响、面临的挑战及前景趋势等方面展开调查。通过问卷调查了解疫情期间"宅经济"的发展情况和人们满意度情况，并在此基础上提出"宅经济"未来发展的建议及对策。

1. 被调查者的基本情况

第1题：您的年龄是？

参加此次调查问卷的人员年龄层次较为广泛，从十几岁的学生到耄耋之年的老人都涵盖在内，少年、青年、中年、老年比例关系约为5∶33∶8∶4。年龄在19岁以下的占9.82%，19～35岁的占到了六成以上，36～55岁的占15.79%，而55岁以上的占8.42%。

第2题：您的性别是？

数据显示，在全部285名被调查者中，39.65%是男性，60.35%是女性。可以看出，本次调查的对象主要是参与"宅经济"的女性。

第3题：您的职业是？

被调查者的职业广泛而多样，他们来自社会的各行各业、各个领域。我们小组归纳了9种具有代表性的职业供被调查者选择。具体情况为：专业技术人员占比8.42%，政府工作人员占比 5.61%，个体工商户占比 1.05%，自由职业者占比 3.51%，服务业人员占比 3.16%，务农人员、工人占比 4.56%，学生占比 67.02%，无业/待业/失业人员占比 0.35%，离退休人员占比 4.56%，还有 1.75% 是其他职业者。调查显示，"宅经济"参与人群来自各行各业，人员构成复杂，其中占比最大的是学生群体。

由 1~3 题可以看出，被调查者中主要人群是 19~35 岁的女性，大学生这一群体占了很大比例，这可能是由于小组成员都是在校大学生，所以线上接受问卷调查的大多是同龄人。然而这部分群体对于"宅经济"的认知具有年龄与眼界上的局限性，因此后面小组决定进行一些访谈，对问卷调查的结果进行补充和扩展。

2. 疫情期间"宅经济"行为现状

第 4 题：疫情期间您日常生活中接触较多的宅经济类型是？（多选题）

本题采用多项选择的形式，调查大家对"宅经济"的参与情况和了解程度。对于线上购物、教育办公、餐饮外卖、网络兼职、线上游戏、线上医疗等"宅经济"类型，有 81.75% 的人接触较多的是线上购物，49.82% 的人接触较多的是教育办公，50.18% 的人接触较多的是餐饮外卖，6.32% 的人接触较多的是网络兼职，36.84% 的人接触较多的是线上游戏，另外有 9.12% 的人接触较多的是线上医疗。根据调查结果，大多数人疫情期间日常生活中接触较多的"宅经济"类型是线上购物、餐饮外卖、教育办公和线上游戏。

第 5 题：疫情期间您使用"宅经济"进行消费行为的频率是？

"宅经济"消费行为频率共分四个指标："从不"、"偶尔"、"经常"和"总是"。在 285 名被调查者中，有 9.12% 的人总是使用"宅经济"消费，47.72% 的人偶尔参与到"宅经济"消费中，40.70% 的人经常使用"宅经济"消费，仅有 2.46% 的人从不参与"宅经济"消费。由此可以看出，使用"宅经济"消费的人中近一半是固定人群，是"宅经济"的常规消费者，"宅经济"消费的使用率较高。原因如下：第一，调查对象大多为在校大学生，较为集中。对于大学生这类对象，由于疫情期间出行受限，加上课程学习，网上购物、线上教育及餐饮外卖等方面的消费需求急剧增长。另外，学生在学习之余也喜欢玩游戏，疫情时无法出校，导致大量的娱乐方式受到限制，线上娱乐迅速增长。第二，快节奏的时代，时间越发珍贵，生活压力是当今时代几乎人人都要面对的。对于年轻人来说，传统的购物、学习及娱乐方式已经难以适应快节奏的生活，相比之下，线上购物、学习及娱乐来得更加方便。随着科技的发展，更多的人选择用手机进行消费，手机里内容丰富、信息量大，只要随手一搜、一点，就能获得自己想要的内容，方便快捷。老年人对手机的使用及线上消费不太熟悉，他们有足够的时间和精力而更多地采用线下购物、学习及娱乐，但他们往往又不能成为"宅经济"消费的核心力量。第三，当今时代，科技飞速发展，人们的生活节奏及消费观念发生了巨大变化，越来越多的人向往足不出户便能享受到相关服务，因此使用"宅经济"消费的人越来越多。从数据来看，经常使用"宅经济"进行消费的比例并未超过50%，可能是受疫情影响，消费的频率有所下降，因此，还需要结合"宅经济"消费占总消费的比例才能看出"宅经济"的参与程度和发展状况。

第6题：疫情期间您每月线上消费占总消费的比例是？

本题是为了了解大家疫情期间参与"宅经济"的程度。疫情期间线上消费占总消费0%~20%的为29.47%；占20%~40%的，为32.63%；占40%~60%的，为22.46%；占60%以上的，为15.44%。从以上数据可以看出，线上消费占总消费20%~40%的人数较多，线上消费占总消费50%以下的超过60%。这说明疫情期间"宅经济"的参与程度总体来说不是很高。这与我们所预想的结果有出入。经分析，我们认为原因在于：疫情期间快递受到影响，甚至无法正常流通，被调查者只能选择线下消费；即使快递没有停运，但需层层把关，快递流通速度也比平时慢很多，一些急需的东西人们就不会选择线上消费。

第7题：疫情期间，"宅经济"的发展对您的消费习惯是否产生了影响？

认为疫情期间"宅经济"的发展对其消费习惯产生影响的被调查者占48.77%，这部分被调查者认为疫情期间"宅经济"参与程度较高使得他们的消费习惯发生了改变，变得更倾向于在家消费；认为疫情期间"宅经济"的发展对其消费习惯没有产生影响的被调查者占51.23%，他们觉得自己的消费习惯和以前差不多，没有明显改变。结合前面获得的数据，疫情期间经常和总是使用"宅经济"进行消费的约占50%，"宅经济"消费占总消费40%以上的约占38%，可以看出，疫情期间经常使用"宅经济"进行消费的群体，他们的消费方式几乎都发生了变化，对"宅经济"消费模式产生了一定的依赖。疫情结束后"宅经济"要想保持快速发展，还得依靠这部分群体，而对于另外51.23%的群体，则需要思考如何将"宅经济"的消费模式渗透进他们的日常生活中。

第8题：疫情后期或结束后您是否会继续"宅经济"行为？

调查结果显示，57.54%的人选择会继续"宅经济"行为，42.46%的人选择不会。结合上一题中选择消费习惯没有明显变化的人占51.23%，可以看出，有8.77%的人疫情之前就习惯于"宅经济"消费行为，这部分人是较难改变消费习惯的。由此可以得出，疫情后"宅经济"仍然有很大的发展空间。

3. "宅经济"认知情况

第9题：您是否了解"宅经济"这一概念？

调查结果显示，了解和清楚"宅经济"概念的人占61.75%，不太清楚的占30.88%，从没听说过的占7.37%。在被调查者中，大部分人对"宅经济"有些了解，可以研究接下来的一些问题。

第10题：您认为"宅经济"模式发展过程中面临的挑战主要有哪些？（多选题）

小组经过研究列出了"宅经济"发展过程中面临的四个主要挑战：传统商业模式的冲击、互联网的技术门槛、地区差异导致的资源差异和相较于实体经济的不确定性。另外，我们还增加了"其他"选项，用于收集不同意见。从数据可以看出，在以上四个挑战中，"相较于实体经济的不确定性"占比最多，为64.56%，其次是"地区差异导致的资源差异"，占60.35%，然后是"传统商业模式的冲击"，最后是"互联网的技术门槛"，占51.93%。四个选项的比例都在50%以上，说明小组所列的四个挑战都具备一定的代表性。因此，我们可以认为，目前"宅经济"发展面临的挑战主要有上述四个。还有2.46%的人有其他想法。如果能很好地解决这些问题，将会对"宅经济"的进一步发展带来很大帮助。

第11题：您认为"宅经济"迅速发展的重要原因是什么？（多选题）

小组经过研究讨论，列出了"宅经济"迅速发展五个方面的原因，分别是"互联网的快速普及和商业模式的创新"、"当代人们生活节奏日益加快，消费观念改变"、"受世界经济形势的影响"、"宅家文化的发展"和"新冠疫情的影响"。其中选择最多的是"互联网的快速普及和商业模式的创新"，占比83.86%，"当代人们生活节奏日益加快，消费观念改变"占比78.25%，"宅家文化的发展"占比48.42%，"新冠疫情的影响"，占比45.26%，最后是"受世界经济形势的影响"，占比31.93%。从上述数据可以看出，大部分人认为"宅经济"快速发展的最主要原因是互联网的普及和当今生活节奏的加快，是大势所趋，新冠疫情的出现也是一个重要因素。

第12题：您对于"宅经济"发展的满意程度？（多选题）

对"宅经济"发展满意和非常满意的占58%左右，一般满意的占38.25%，不满意和很不满意的仅占4%左右。由此看来，"宅经济"的发展能让大部分人感到满意，大多数人能够在"宅经济"消费中获得良好的体验。这对于"宅经济"的后续发展是一个很好的现象。

第13题：从您自身的认知来讲，"宅经济"的前景是否乐观？

认为"宅经济"发展前景乐观和非常乐观的占72.28%，不乐观和很不乐观的占4.56%，一般的占23.16%。从数据可以看出，大多数人对"宅经济"的未来发展比较有信心。

第14题：您认为"宅经济"与传统实体经济的未来发展趋势如何？

认为"宅经济"对实体经济有冲击，但传统实体经济仍占主流的占62.81%，认为"宅经济"可能取代传统经济方式，"宅经济"时代浪潮不可阻挡的占37.19%。从以上数据可以看出，虽然有很多人看好"宅经济"的未来发展前景，但还是有很大一部分人认为传统经济的主流地位不可撼动，"宅经济"要想取代"传统经济"是很难的。

第15题：您认为"宅经济"模式可以在哪些方面有进一步发展？（多选题）

通过研究讨论，小组总结出了五个方面："拓展业务范围"、"提升服务质量"、"开发交互模式，优化用户体验"、"多元发展，吸引更广大的用户群体"和"简化操作步骤，降低技术门槛"。其中选择最多的是"提升服务质量"，占71.58%，其次是"开发交互模式，优化用户体验"，占68.42%，然后是"多元发展，吸引更广大的用户群体"，占58.25%，

"拓展业务范围",占55.09%,最后是"简化操作步骤,降低技术门槛",占49.12%。从以上数据可以看出,所有选项的选择比例都接近或大于50%,说明目前这些方面都存在欠缺,需要进一步完善。

第16题:您对"宅经济"未来的发展有何意见和建议?(填空题)

根据被调查者提供的信息,比较有代表性的有:

第一,政策方面:希望国家在鼓励"宅经济"的同时,提前预控"宅经济"的不良影响,让"宅经济"成为更好的生活方式。

第二,"宅经济"消费平台方面:

a. 降低相关软件操作难度,使经济活动能更简便快速地进行;

b. 希望平台对服务方和被服务方多点人文关怀,更加人性化,无论是功能还是操作都要充分考虑中老年群体和不能熟练掌握智能手机的特殊人群;

c. 操作更简约化、大众化,进一步降低时间成本。

第三,相关服务方面:

a. 产品的质量有待提高,信息的真实可靠性需要加强;

b. 客服态度有待加强,售后服务有待加强;

c. 加强物流管理,提升速度,落实送货上门。

(二)访谈结果与分析

1. 访谈内容总结

(1)青年受访者

我们发现,青年受访者作为最年轻的受访者群体,他们更乐于接受新兴事物并支持其发展。首先,相较于中老年受访者,青年受访者对"宅经济"的了解程度更深。"宅经济"作为一个新兴概念,是随着网络的兴起而出现的一个新词,它更为贴近青年人的生活方式,而较少上网的中老年人甚至没有关于"宅经济"的信息来源渠道。其次,无论是疫情前还是疫情后,青年受访者相比于中老年人更倾向于线上消费和活动。调查结果显示,20岁以下的人群占网购人群总数的26.2%,20~40岁人群占网购人群总数的30.1%,由此可见,青年人几乎占据了线上消费人数的50%。其实在疫情发生之前,青年人就是"宅经济"的主要受众。最后,青年人比较愿意支持"宅经济"的发展。根据访谈结果,青年受访者都明确表示"愿意继续支持'宅经济'发展",这无疑是一个好消息。

总的来说,青年人无论在疫情前还是疫情后,都是"宅经济"的主要受众,也都比较愿意支持其发展。

(2)中年受访者

根据对两位职业不同的中年受访者的访谈,我们了解到部分中年群体对于"宅经济"

的态度及他们在疫情期间主要的消费模式与转变。首先，就对于"宅经济"概念的了解而言，中年人或因职业、生活地区环境不同而异，不具有共性和群体特征。其次，在疫情期间，不同职业的中年人最常接触的"宅经济"领域有所不同，但都接触过"网购"。他们都认为疫情对于生活的影响较大，这期间线上购买频率最高的是生鲜食品，而对于娱乐领域，他们纷纷表示在疫情期间的消费金额是极低的。我们明显发现，普通职工在疫情期间较为频繁接触的还有办公领域如钉钉等平台，而教师等职业的中年人不可避免地需要接触在线教育平台。由于社会、家庭身份的特殊性，大多数中年人对于家庭日常生活的消费支出较多，需要购买蔬菜水果、日常用品等，疫情带来的巨大消费模式转变最直接作用于中年人群体。在被问及"是否愿意继续支持宅经济发展"时，他们皆持有较积极的态度，表示愿意支持，但也指出"宅经济"仍存在一些问题与不足。

总的来说，在疫情期间及疫情平缓期，中年群体对"宅经济"的接触是越来越多的，尽管部分人并不完全了解"宅经济"这个概念，但却参与其中。在疫情平缓期及常态化管理期，中年群体也有望成为"宅经济"的主要受众之一，特别是在在线生鲜、办公等领域。

（3）老年受访者

通过访谈分析，我们发现，老年人对于"宅经济"的了解程度和参与程度都较低。作为年龄最大的受访群体，老年人对于新兴事物的接受能力较弱。首先，老年人的经济消费能力较弱，手机和电脑的匮乏使他们很少能接触到互联网上的新事物。其次，老年人受教育程度相对较低，很多老年人不识字或不会操作略显复杂的互联网支付系统，因此，在"宅经济"中老年人参与程度最低。疫情前，老年人本身就偏好线下消费，疫情使得他们减少了日常购物采买的次数，增加了每次购物的购买量，以此来减少外出。老年人的"宅经济"参与度本身较低，疫情对老年人线上消费影响不大。老年人需要在子女的帮助下，或者完全由子女代劳才能完成线上消费行为，而在疫情期间，由于外出购买不便，子女下单为父母买菜的情况更为普遍。

总的来说，老年人对于"宅经济"的了解较少，参与程度低。因此，在发展"宅经济"的过程中，要考虑到在老年群体中的宣传与普及，努力将互联网购物向"老年人友好化"发展，拓展"宅经济"的范围与体量。

2. 访谈结果分析

（1）"宅经济"在中国的流行与认同

2008年爆发的全球金融危机促进了"宅经济"在中国的迅速发展，自此，源自日本的"宅经济"概念引起了社会学等领域学者的关注。在互联网和科技高度发达的当今时代，"宅文化"已经成为一种全球化浪潮。与此同时，"宅经济"开始渗入我们的生活，"宅经济"的定义越来越清晰与完善，"宅经济"的形式也在不断地完善着。城镇化程度越来越高，自然环境压力越来越大，人们的生活节奏越来越快，从而使得越来越多的年轻人希望能最大限度地"慢"下来。通过访谈，我们发现人们对于"宅经济"的了解大致随着年龄的增长而减少，青年人是其最主要的受众。探究其背后的原因，我们认为是这个群体对新事物的接受程度最高。"宅经济"作为"宅文化"的衍生物，可以给青年人带来身份及文化认同。在"宅文化"的传播中，要求个体从他文化参照系中反观原始文化的同时又能够对其他文化持一种独立、超然的立场，而不是盲目地陷入另一种文化的刻板印象。我国民众尤其是青少年群体，在接受"宅文化"的初期，为了能够顺利交流和融合，有意识地突破本民族的文化束缚，通过移情的方式实现在认知和情感上顺利沟通的最大化，保留异国文化魅力，加入本土化特色，焕发出了新的生命力。因此，访谈得到的对于"宅经济"的理解与认同随年龄变化体现出的差异性是合理的。

（2）疫情对中国"宅经济"发展的影响

"宅文化"并不是疫情的产物，我们日常生活中提到的"宅文化"是其传入中国后的一种变体，属于一种"寄生式"的生活方式。这种狭义上的"宅文化"群体集中于青年一代，涉及的领域也较为小众化。直到新冠疫情发生，一小部分中老年群体开始主动接触"宅文化"，并尝试选择"宅文化"的生活方式，具体体现在由于居家隔离将大多数消费由线下转至线上等，壮大了"宅文化"群体的队伍，可以说，疫情的产生加速了"宅文化"的成熟。自新冠疫情发生以来，为了切断传染源，打赢疫情阻击战，我国各地区实行管控，人们不走亲、不访友、不聚会，几乎处于"面对面零社交"的状态，其中就有一部分人开始被迫接触"宅经济"、了解"宅经济"，成为"宅经济"的一员。"宅经济"的队伍很快壮大，也有部分人选择通过互联网科技，开启"云××"模式如"云购物"。正如我们访谈结果所显示的，不论哪个群体，受疫情的影响，都或多或少主动或被动地接触"宅经济"。在这一过程中，部分人感受到了"宅经济"的便捷，"宅经济"也在一定程度上从小众变得大众。

（3）后疫情时代"宅经济"的生存之道

随着我国新冠疫情防控取得阶段性胜利，各地陆续开始有序地复工复产。"宅文化"是消费社会的产物，反过来又促进了"宅经济"的欣欣向荣。不论是疫情期间的"全民被迫宅"，还是疫情后的"自由宅"时代，"宅经济"都值得我们关注和思考。疫情促进了"宅经济"规模和领域的扩大，但"宅经济"的基础依托仍是互联网技术的迅猛发展、居民消费水平的提高、消费结构的升级和消费理念的变化。从访谈中我们可以发现，在这次新冠疫情中，"宅经济"在为中国民众提供"无接触式"服务的同时，无形中培养了人们的新型消费习惯，催生了人工智能、大数据、云计算等一批新型信息技术的发展，为新兴产业带来了历史性的新机遇，创造了可观的收益。当然疫情期间的"有闲"消费并非常态，疫情过后"宅经济"业态必然会有所下降。如何根据已经培养的用户习惯进一步完善线上消费场景，如何打造后疫情时代的"宅经济"，使其品类从无到有，从小众到大众，从大众到全民,如何引导"宅经济"长期健康发展,延续"宅文化"的生命线,这些都是我们需要深入思考的问题。

(三) 案例研究结果与分析

1. 在线教育行业——以猿辅导为例

面对突如其来的疫情,国家马上采取了积极措施,在无法正常开学及上课的情况下,教育部开展了"停课不停学"的大规模在线教育实践。学生们虽然无法正常在学校上课,但是可以采用线上学习方式,以保证正常的学习进度。疫情期间,在线教育行业迅猛发展:全国中小学互联网接入率从25%上升到98.4%;多媒体教室比例从不到40%增长到92%;全国师生网络学习空间开通数量突破1亿个,同比提高31.6%;3 000门国家精品在线开放课程、7 000门国家级线上线下精品课和1万门省级线上线下精品课,形成了示范课例的辐射效能……这次疫情无疑是我国在线教育的"试金石",而中国交出了一份令人满意的答卷。

在在线教育行业中,猿辅导的发展可以说是一路高歌猛进,尤其是2019年以来猿辅导进入快速扩张期,注册用户数量和付费用户数量一路飙升,颇有问鼎K12在线教育行业第一的架势。2020年发生的新冠疫情给猿辅导带来了新的机遇。2020年1—3月,猿辅导提供了超过5万分钟的免费直播课程,吸引了2 000多万人在线听课,反响热烈。猿辅导在同行业中具有哪些优势和劣势,将有怎样的机遇和挑战呢?我们将采取SWOT模型,从以下四个方面展开分析。

(1) 优势

一是具有优秀且具有战斗力的教研团队,形成了成熟的商业模式。

猿辅导以其雄厚的师资力量、成熟的双师模式、高效有趣的授课方式以及完善系统的课程规划,再加上相对于线下机构来说极高的性价比,顺利获取了家长和学生的信任,为学生和家长提供了更优质、更具个性化的课程选择。同时以灵活的薪酬体系和职业发展规划吸引了大批优秀的教师人才,而优秀的教师人才又会吸引家长和学生续报及拉新,从而形成良性循环,使得猿辅导的用户规模快速扩张。新冠疫情期间,猿辅导在线教育紧急投入356名主讲老师、457名辅导老师,以满足大众需求。

二是建立起了规模巨大、忠诚度高且仍在迅速扩张的用户群体。

目前猿辅导的注册用户规模已超过4亿,按照原先1.6亿注册用户规模即有100万以上付费用户的比例,目前付费用户规模估计已接近300万。而且报道显示,猿辅导在2019年的续报率高达70%~80%。这样庞大且忠诚度高的用户群体为猿辅导的发展开辟了一条深深的护城河,成为猿辅导的核心竞争力之一。猿辅导旗下5款主要的App在2020年9月份的日均活跃用户数量加总约为650万。从单个App来看,小猿搜题覆盖的用户量级最大,而小猿口算、斑马AI课及猿辅导的日活用户增长速度较快,分别较2018年增长了9倍、34倍和3倍。

三是优秀的运营策略建立了良好的品牌形象。

猿辅导有着稳扎稳打、步步为营的运营策略,从早期专注打磨产品,引流培养种子用户,到成长阶段的以学霸直播讲座宣传,到现阶段的大力投放广告和与政府相关单位合作。尤其是其运营策略非常讨巧,推出免费直播课,通过和学习强国、央视频、《人民日报》等合作,一方面吸引了大批流量,另一方面建立起较高的认同度,风头之劲一时无两。

(2) 劣势

一是在线教育的教学效果与线下存在一定的差距。

比起线下教育,线上教育的教学效果会打一定的折扣。面对面授课时老师可以督促学生,迫使学生纠正不良课堂行为,提升专注度,而线上哪怕是小班也不能完全做到。辅导采取的双师模式可以说是目前在线教育模式的最优解,但是纯线上的教学和互动不具备线下课堂的氛围,学生的自我驱动和自律程度严重影响着教学效果,不少学生的学习需要家长的督促。

二是快速扩张需要扩大招聘,新招聘的员工质量无法保证。

猿辅导在2019年上半年总的员工数量为5 000人,而截至2020年3月,仅武汉分公司的人数就已经达到5 000人。据人力资源负责人介绍,为保障疫情期间的人力供给,2020年春招聘10 000多人,到2020年底仅武汉分公司的员工数量就已超过10 000人。这样大的招聘规模之下,猿辅导势必无法保持原来较高的师资准入门槛,这带来了一定的风险。

(3) 机会

一是在线教育行业处于快速增长阶段,仍有巨大红利。

政策、经济、社会文化、技术等因素的共同作用推动了近几年K12在线教育行业的大发展,市场规模以30%~40%的速度快速增长,并且在未来几年将持续保持一定的高增长率。猿辅导在在线教育行业逐渐规范化的进程中占据了先机。猿辅导旗下猿辅导、小猿搜题等6款应用通过了首批教育移动互联网应用程序备案审核,这个行业准入门槛使得猿辅导可以慢慢构建起自身的行业壁垒。尤其在疫情影响下,教育部发出了"停课不停学"号召,更促进了在线教育行业的飞速发展,给在线教育带来了大量红利。疫情期间学校停课,线下的培训辅导机构无法营业,所有的教学活动都转到了线上,由此培养了用户习惯,而且利用免费直播课等方式建立了品牌形象,也扩大了注册用户群体,使得猿辅导成为一款家喻户晓的App。

二是5G和人工智能的成熟提供技术支持。

随着5G、人工智能等新兴技术的推动,直播教育模式将愈加成熟,动画、声效等元素运用在直播教育中将更加流畅,教学场景将更加丰富,教学内容更有趣味性,学生与教师互动性更强。运用大数据、AI等技术可帮助学生检测知识点以及构建知识体系，帮助他们正确归因，给予正确的学习任务，树立目标，帮助老师和家长更了解孩子，实现"因材施教"。

（4）挑战

一是疫情和"宅经济"背景下，竞争压力增大。

2020年初，疫情加快了在线教育行业的发展，原本的学校及校外线下教学活动几乎都搬到了线上，使得家长对于在线教育产品的接受程度有了很大的提高，在线教育的市场竞争压力增大。在线教育行业中，学而思网校、猿辅导、有道精品课、作业帮等处于第一梯队。虽然学而思网校和猿辅导暂时占据了领先的位置，但是并没有哪家公司形成绝对的优势，仍然胜负未分。由于在线教育的结果导向性质，从未来的发展方向上看将集中在"优质师资""优质内容""优质服务"方面的竞争上，如何提高师资和内容产出水平以提升产品的"服务"质量，从而让客户"引得来，更要留得住"，这是猿辅导在未来发展中需要重点关注的。

二是教学模式突破性创新较难。

目前K12在线教学模式复制性较强，创新性不足。K12在线直播大班课、小班课、1对1，学而思网校、猿辅导、作业帮等机构皆在发展这几种教学模式，但完全相同复制型平台是没有发展空间的。现阶段K12在线教育领域中，提高分数是所有参与者的共同要求，所以寻找有效的教学模式依旧是行业关注的焦点。

2. 生鲜电商行业——以每日优鲜为例

受新冠疫情影响，全民宅家隔离防疫成为常态，消费者购买从线下向线上转移。对于生鲜食品等民生必需品，超市线上需求激增。此次疫情后，消费者生鲜购物习惯有望加速从农贸市场、连锁超市向生鲜电商转变，加速了生鲜行业的变革进程。每日优鲜、叮咚买菜等前置仓模式的生鲜电商迎来新的发展，实体超市抢抓时机入驻平台向线上拓展，京东到家、多点等第三方服务平台顺势增长，线上线下全渠道布局的实体商超也得以崭露头角。在这一全民防疫的阶段，商超到家服务模式成为全民购物的主流消费方式，也为保供应发挥了巨大作用。

每日优鲜是一个围绕着人们餐桌的生鲜O2O电商平台，覆盖水果蔬菜、海鲜肉禽、牛奶零食等全品类，在主要城市建立起"城市分选中心＋社区配送中心"的极速达冷链物流体系，为用户提供全球生鲜产品"2小时送货上门"的极速达冷链配送服务。在疫情影响下，各地居民的买菜方式发生了重大变化，以"无接触配送"为特征的生鲜电商在疫情中大放异彩，快速增长。作为生鲜电商领域的头部企业，"前置仓"每日优鲜凭借着4.95亿美元的融资，一举刷新了生鲜到家行业目前的最大融资规模。每日优鲜交出的这份答卷，在新冠疫情期间多数投资紧缩的大环境下，显得尤为突出。

受新冠疫情影响，生鲜电商市场竞争越来越激烈：美团推出美团买菜；饿了么推出叮咚买菜；盒马推出盒马买菜；就连中石油、中石化也加入了生鲜电商的行列。那么，每日优鲜这家公司为什么能在竞争如此激烈的环境中取得成功呢？我们采用SWOT分析模型，从以下四个方面展开分析。

(1) 优势

一是独创的"自营前置仓＋到家"模式保证产品的运输与储存。

每日优鲜利用首创的前置仓模式解决运输与储存问题。前置仓是布局在社区附近，集仓储、分拣、配送于一体的仓储点，不开门营业而仅作前段配送的仓储功能使用，能够较好地满足高频、短距离配送的需求。前置仓设置在离消费者最近的地方，每个前置仓辐射1~3公里的用户，一般用户下单后0.5~1小时就能拿到商品，疫情期间也有效地保证了运输效率。相较于"到店＋到家"模式，前置仓发货模式的优点是配送及时；由于只需要承担仓储功能而不开门营业，对选址的要求不高，因此租金压力相对较小。就储存模式来说，每日优鲜利用冷链物流技术，将加工包装后的生鲜运往全国各地的前置仓进行保鲜，冷链物流和前置仓技术很好地保证了食品的新鲜程度。丰富的菜品种类、优质新鲜的产品、便捷迅速的消费体验使每日优鲜在疫情期间得到了发展。

二是多元化业务探索助力后疫情时代的健康持续发展。

每日优鲜在疫情期间进行了多元化的业务探索：通过"双品网购物节"、"517吃货节"、"品质生鲜节"、新人特价、多渠道支付、发放优惠券等一系列活动，使得后疫情时代的用户活跃数量基本维持稳定，并且使用户在疫情期间被培养起来的线上生鲜采购习惯得以延续下来。除了每日优鲜App外，微信小程序目前也已成为其主要销售渠道，到家商品丰富度高且配送体验好，强大的便捷性增强了用户黏性。再加上一站式全品类即时购物送达的服务，消费者的购物满意度和复购率提升。在后疫情时代，每日优鲜还在尝试探索更多流量入口以获取、留存用户。未来用户数量持续提升，交易规模逐渐扩大，用户的留存率高于预期等迹象表明，每日优鲜将迎来第二春。

(2) 劣势

每日优鲜投资压力大，经营成本高。每日优鲜资产过重，自建物流、自建前置仓造成前期投资很大，包袱重。其前置仓模式虽然提高了配送效率和顾客满意度，但是需要投入大量资金去进行建设。且前置仓模式一般无线下门店，缺乏线下流量入口，需要较高的营销成本和高额补贴来引流获客。总体来看，前置仓模式需要高昂的成本投入和较长的回报周期。同时，每日优鲜还面临着经营成本过高的问题。每日优鲜大部分订单的产品数量较小，但为了保证运送时效，不得不在顾客下单后短时间内完成配送，大大提高了物流成本。其快速更新率也是造成经营成本过高的重要因素。每日优鲜每周的产品更新率为10%，每天需要60多名经验丰富的买手开展寻源及采购工作以支撑此服务，人工成本、采购费用及存储成本高。

（3）机会

一是疫情期间的政策支持创造发展机会。

新冠疫情给社会经济生活带来了极大的影响。疫情发生之初，政策鼓励以"无接触配送"为特征的交易行为。在疫情期间，每日优鲜推出"无接触"配送货物的方式，送货人员送货前通过电话与顾客沟通，确定收货方式及商品放置地点，避免与顾客直接接触，严格遵照疫情防控要求，保证顾客健康。"无接触配送"不仅可以持续给用户提供安全的生活保障，还降低了自身经营的风险。国家同时也出台多项政策，鼓励通过"互联网＋"推动农业发展，同时在农产品流通、技术发展等方面出台利好政策和规范；"一带一路"政策和自贸区的建立促进了跨境生鲜电商业务的发展。冷链方面，国家发改委、商务部等发布的文件涉及多项冷链物流发展意见，其聚焦产地冷链物流体系建设，鼓励企业创新冷链物流基础设施经营模式。由此可见，国家各部门推动生鲜电商发展的思路是一贯、统一的，给予了生鲜电商一些政策支持。

二是消费方式与消费理念正发生核心的转变。

疫情发生后，全民宅家隔离防疫，消费者的消费方式逐步从线下向线上转移。生鲜食品作为民生必需品，消费需求量大，这使得每日优鲜阶段性获取了大量新增用户，带来超市线上需求的激增。同时在懒宅经济、家庭小型化、消费者代际切换、女性职业化等多重背景下，消费者对到家模式的需求真实存在。

疫情期间，由于交通不便、餐厅暂停营业，人们居家隔离，一日三餐变成了重中之重。对于不会做饭的年轻人来说，快速、安全、方便、多样地解决餐食问题便成为共同需求。每日优鲜为满足消费者一站式购买需求，提供了更丰富的选择，在选购界面推出"快手美食"等简洁模块分类，方便消费者按照类别自主选购，平台的半成品、速食类、方便食品类销量大幅增长。疫情过后，消费者的生活会重新回归到疫情前的紧张、忙碌，因此，对于消费者来说，便捷解决一餐的需求仍然存在。这种追求多样快捷的消费观念为每日优鲜 App 在未来更深层次的推广与发展提供了可能。另外，价格不再是选择的首要指标。伴随着对健康的关注，人们更注重食品的安全品质，且对价格的敏感度降低。口感导向让位于健康导向，价格导向让位于质量导向，消费者更愿意为价格高一点但品质好的食品买单，在食物的购买上更加科学理性。这对每日优鲜继续严格把控商品质量、拓展高端健康食材市场、提升商品价格、增强品牌效应极为有利。

（4）挑战

一是供应链的时效性保障有待加强。

本次疫情恰逢春节，每日优鲜线上订单需求猛增，库存及配送都达到了上限，对平台的供应链能力提出了极大挑战。生鲜行业上游生产高度分散，流通环节多、时间久，生鲜商品又存在保质期短极易腐损、损耗率高，受地域性和季节性限制强，产品质量难以控制等问题，面对突发状况则更考验企业的强供应链管理能力。对于每日优鲜来说，物流仓储成本太高，有保障的供应链渠道非常重要，运输到末端的冷链配送中，每一个过程都要通过不同的温区保存好生鲜产品，这就需要区别对待不同的温区，实现精细化管理。对于供应链的管理与整合或将是未来一段时间内各平台重点加强布局的领域，以确保各流程之间有效衔接，降低运营成本与物流成本。保障供应链环节是未来每日优鲜的制胜法宝，也是在洗牌期脱颖而出的关键。

二是后疫情时代生鲜电商市场竞争激烈。

随着生鲜电商的增多，竞争也愈发激烈，盒马、京东、美团等企业频繁布局，其他生鲜电商在疫情期间也纷纷采取了有针对性的措施。如疫情发生后，京东第一时间成立了"生鲜商品保民生应急小组"，采销人员时刻关注销售增长趋势，并建立每日更新库存及生产信息的联络机制，提前做好内部应对措施；为充分保障疫情防控期间全国居民生鲜品的线上供应，苏宁菜场依托强大的供应链优势，时刻保证粮面充足；叮咚买菜加强前置仓消毒与巡检以保障供应稳定；等等。

与此同时，生鲜电商平台越来越多，市场竞争加剧。电商巨头积极投资布局生鲜电商行业，阿里系的盒马鲜生开创新零售商业模式，定位中高端用户，主打产品为生鲜和即时餐饮；易果生鲜成为天猫超市生鲜频道的独家运营商；每日优鲜、谊品生鲜与永辉超市合作，采用"高端超市＋生鲜餐饮＋O2O"混合业态，力挺超级物种餐饮生鲜店……生鲜电商行业目前企业众多、竞争激烈，每日优鲜的前置仓模式还未能体现出绝对的优势，因此还需要不断尝试更加具有竞争力的模式。同时在后疫情时代，用户在生鲜电商平台的留存率可能下降，每日优鲜能不能在激烈的市场竞争中留存住这些新用户将是未来发展的关键一步。

四、调查结果总论

从本次对"宅经济"发展现状的调查可以看出，"宅经济"的发展仍存在着不少问题，不同年龄层利用"宅经济"的程度有差距的原因是多方面的；新兴产业链与新的商业模式有待探索；"宅经济"市场潜力有待挖掘。

(一)"宅经济"的外延得到了极大的拓展与延伸

"宅经济"最初是以御宅族为主体、以 ACG（动画、漫画、游戏三者合称）为核心的经济效应，后随着经济危机、网购兴起扩展到网络购物的层面。由于疫情，大众自觉进行居家隔离，为抗疫防疫尽到自己的责任，由此实体经济受到较大冲击。大众将往常由实体经济实现的需求诉诸线上，"宅经济"在这一浪潮中逐渐丰富起来，从网络购物拓展到生鲜到家、居家学习工作等其他大众生活工作的各个方面。

新冠疫情在一段时间内对实体经济造成了影响，这给"宅经济"创造了绝佳的后发优势，同时也为"宅经济"的扩展开辟了无穷可能。

（二）疫情前后青年人都是"宅经济"的主要受众

从涉足领域来看，青年人涉足"宅经济"的领域主要是娱乐消费、在线教育等，中年人涉足的领域主要集中在线上办公、在线生鲜等，而老年人大多为被动涉足，涉足范围不够明确；从参与频率和了解程度来看，青年人最高，中年人次之，老年人最少。青年人参与"宅经济"的特点可以概括为高频率、多领域、广认知，老年人则与之相反。

青年人是国家的希望、民族的未来，是整个社会中最积极、最有生气的力量。从实际来看，青年人思维活跃，对新事物有着强烈的敏锐度，不仅善于紧跟热点充分使用"宅经济"，还具备洞察新形势、发现新机会的能力。我们要促进"宅经济"更新迭代，使青年人成为推动"宅经济"不断发展的主力军。

（三）新冠疫情的发生，推动着"宅经济"从小众向大众转变，由主动接触向主动与被动相结合转变，每个群体都受到其影响

疫情的持续性使"宅经济"发展成为必然，不熟悉"宅经济"以及不熟练使用"宅经济"的群体也会被动踏入"宅经济"的领域。居家隔离使得传统的教育、办公不得不变成在家中进行；出门采购的传统生活方式也受到阻碍；独居老人面临出门买菜困难；出入公共场所面临电子健康码的使用；线上医疗和网络就诊逐渐兴起……老人操作电子产品的难度较大，会导致日常生活受阻，便利度降低，幸福感减弱。被动接受不能是被迫接受，要充分考虑到中国老龄化的现状，帮助老人适应"宅经济"大势下的生活，并做出人性化设计，以更有利于老年人生活。例如，线上医疗可能成为老年人就医阻碍，但也可以使老年人实现家中就诊，减少了出行可能面临的摔倒等风险。

（四）在线教育是"宅经济"领域发展迅速且红利巨大的行业，但仍面临教学模式、获客成本等挑战

教育是我国的百年大计，经济越发达，教育一般也越发达。而"宅经济"越发达，教育与受教育的方式就会越多样化。传统的教育模式属于聚众行为，当居家隔离成为必然，线上教育也成为莘莘学子的刚需。即使疫情结束，线上教育仍然可以作为线下教育的补充和辅助，线上教育行业前景可观，市场空间巨大。

行业龙头和已经较成熟的教育企业在"宅经济"的冲击下转型相对较易，而成长期的传统教育企业与"宅经济"相碰撞会面临一定的压力，原因不限于自身成长受阻、规模

小、用户少等，可能需要耗费大量的成本。另外，线上教育平台使用的便捷度、流畅性，师资队伍的权威性也需要考量。线上教育刚刚兴起，教学模式受时间和实践检验少，最优方案还需不断寻找和调整，要考虑到线上教育的可持续发展，同时注意线上与线下教育的平衡，切勿忽视教育的互动性。

(五) 线上生鲜平台在疫情期间成功培养了更多用户，大幅提高了用户黏性，逐渐成为互联网行业的又一必争之地，促进了市场竞争与内部升级

"民以食为天"，在疫情的严峻形势下大众对于各类生鲜的需求不减反增，这为生鲜电商的进一步发展和扩张提供了机会。

每日优鲜凭借自身几年来在生鲜电商领域的布局与积累，已经逐渐在全国主要城市全面铺开了其首创的前置仓模式，使得其在疫情期间能够实现一小时速达，切实满足了城市居民对于生鲜的需求。

当然，生鲜电商一直是O2O的一种典型模式，是各大互联网公司都想分得一杯羹的新风口。疫情将这一商家必争之地的重要性在相当程度上进行了放大，行业竞争加剧。良性的竞争是行业不断进步的源动力，最终的受益者还是作为广大消费者的大众。

时势造英雄，要抓住"宅经济"迅猛发展的机会，在激烈的竞争中占得一席之地，各相关企业所能做的最本质的努力还是持续精耕自身的产品、服务，以此增强用户黏性，占据足够市场份额并继续开发潜在市场。

(六) 后疫情时代"宅经济"的存续基础与发展潜力仍是值得我们深思的议题

目前来看，疫情在中国得到了较好的控制，实体经济也随着疫情消退逐渐回归正轨。与之相对应的，在疫情形势最严峻之时发挥了重大作用的"宅经济"是否能延续其生命力和活跃度，是一个值得思考的问题。

"宅经济"在疫情期间的井喷式增长只是昙花一现吗？当可以通过传统的实体经济实现自我需求时，大众还会选择"宅经济"吗？

不可否认，疫情给了"宅经济"一定的成长空间，"宅经济"本身也具有相当大的发展潜力：除了网购、外卖之外，移动直播、短视频、在线教育等领域蓄势待发；相关企业在技术积累、平台商业模式打磨等方面也渐趋成熟。

"宅经济"具有不错的前景，也面临着不小的挑战，只有在充满竞争的市场中不断地进步、升级，提高用户体验，优化商业模式，才能更好地存续、发展。

五、对策及建议

(一) 政府层面

当前,数字经济进入新一轮快速发展的阶段,疫情下的"宅经济"更是成为推动经济快速复苏、引领后疫情时代经济发展的新动能。各级政府应精准施策,充分发挥"指挥棒"的作用,通过基建、监管两手抓,处理好"宅经济"发展中出现的种种问题,推动"宅经济"持续高质量发展。

1. 完善新型基础设施建设,减少"宅经济"发展阻力

新型基础设施建设(简称新基建)包括5G基站建设、大数据中心、人工智能、工业互联网、物联网等。作为"宅经济"等数字经济的发展基石,新基建是稳投资、扩内需、拉动经济增长的重要途径。然而新冠疫情发生以来,"宅经济"高速发展的同时也出现了不少问题,如偏远地区信号覆盖率低,居家办公、学习效率低下;交通不便,收取快递的人力、时间成本高等,更加凸显了推进新基建的紧迫性与重要性。

首先,在传统分部门和分行业治理结构下,各政府部门对涉足不同行业的同一平台企业分而治之,进行切割式监管,导致政府监管碎片化,降低了治理效率。新基建需要有关政府部门加强统筹规划和战略部署,利用政策做好整体导向工作,提前研判、提早谋划,做好顶层设计、信息交互及时有效,从源头上避免重复投入、盲目推进,让建设更有章法。

其次,针对新型基础设施建设中遇到的实际问题,要灵活调整辅助政策,形成新基建政策工具箱,充分释放政策红利。如针对偏远地区通信基础设施建设薄弱现状,各级政府应利用政策鼓励各通信运营商在偏远地区进行通信建设,完善山区信息基础设施,扩大信号覆盖率;对于交通基础设施建设的投入,各级政府应发挥作用,科学布局重点城市间的交通网络格局,完善城镇都市圈交通网络设施,有效提升轨道交通的数字化、智能化水平,实现社会资源的优化配置,促进快递行业的进一步发展,为"宅经济"的发展提供基础保障。

最后,比起传统基建,新基建的专业性、市场性较强,需要社会各方合力创新。有关会议提出,需充分发挥市场作用,调动社会资本参与新基建的积极性,释放新型网络基础设施建设的溢出效应,激发"宅经济"中的远程办公、智能家居、虚拟云旅游等新领域新业态的生成,为"宅经济"进一步创新升级和深度发展打下硬件基础。同时国家应出台财税、金融等方面的政策,发挥好政府性投资"四两拨千斤"的作用,引导和鼓励有意愿、有实力的企业特别是民营企业参与进来,让新型基础设施领域投资形成可持续发展的良性模式,为中国新经济模式点燃新引擎。

2. 建立健全网络安全管理法治体系，为"宅经济"创造科学发展环境

"宅经济"的发展离不开健康有序的网络空间环境，只有构建和谐稳定的网络生态系统，才能充分发挥互联网的溢出效应，给企业、社会、网民等多利益主体带来积极影响。为"宅经济"营造良好的产业生态，推动"宅经济"可持续发展，需要以国家治理体系现代化为依托，提升网络空间治理能力，加强多主体协同合作，共建和谐网络生态系统。

建立健全网络消费相关法律及规章制度，从立法角度细化"互联网"时代中各经济主体的权利与责任是建设安全高效的网络平台的首要任务。对于经营生产者及服务平台，要严格规范网络交易市场准入机制，完善网络交易监管，加强网络经营实名制建设；同时通过职能部门开展有关"宅经济"的相关整治，建立健全信用体系，打击不法商家、虚假广告等行为，对不良经营的违法行为及时惩治公告，切实保障消费者的合法权益、维护市场秩序。对于消费者维权难度大的问题，立法部门要根据数字时代中的网络交易问题完善消费者权益保护法，向消费群众科普维权知识，帮助提高消费者的维权意识；满足网络消费者各方面的需求。监管部门要建立网络纠纷解决机制，简化投诉、举报相关流程，完善小额诉讼制度、建立健全举证责任倒置制度，降低举证难度，从根本上维护消费者的权益。政府部门应发挥顶层设计作用，加强各部门的合作，搭建涵盖技术、经济、文化、法律等多维度的治理体系，提高网络治理的系统性和协同性，为"宅经济"提供科学发展空间。

（二）企业层面

1. 创造新供给，提高产品与服务的质量

随着第三方支付技术的完善、电商平台的发展以及消费观念和消费形式的改变，线上消费已逐渐成为经济新热点，成为一种新的消费趋势。在新冠疫情期间，以线上消费为主要内容的"宅经济"迅猛发展，而在后疫情时代及疫情结束后，"宅经济"的健康持续发展则需要企业从供给端发力，提高产品与服务的质量。

首先，企业应聚焦消费者的多元化需求，提供优质丰富的产品与服务。根据青年、中年、老年不同年龄段的不同偏好，结合群体的特征，提供具有针对性的、差异化的产品与服务，生产出人民大众喜闻乐见的"宅文化"内容产品，有效提高用户体验。

其次，企业应持续推进技术变革与创新，提升平台的运营能力。疫情时期，"宅经济"线上用户激增，平台卡顿、系统崩溃问题多发。企业应充分利用大数据、云计算等技术，优化平台运营，调整运营形式，保障消费者的流畅体验。此外，对于"宅经济"中生鲜电商、餐饮、医疗等提供实体产品或服务的行业，应加快"智慧社区"布局，积极推进线上线下相结合的经营模式，打造智能化的供给渠道，实现优势互补。

最后，企业在创造新供给时应秉持人性化原则，加大人文关怀力度。新冠疫情的发生将本为"数字边民"的老年人卷入数字化的浪潮，但仍有很大一部分老年人在数字化产品的使用上存在问题。企业应打造人性化的服务平台,针对老年人开发出简化的、有语音智能提示的服务平台,利用大数据等科技使老年人感受到"宅经济"的便利与魅力。

2. 遵纪守法诚信经营,共建和谐网络生态系统

疫情之下,"宅经济"相关产业呈现井喷式发展,尤其是生鲜电商与在线教育行业。但在其飞速发展的过程中,质量问题成为待补的短板,生而不鲜、教而不育的问题极大地影响了客户的消费体验。要规范"宅经济"市场秩序,不仅需要政府的监管,还需要作为市场主体的企业承担社会责任,遵纪守法,诚信经营。以生鲜电商与在线教育两大利好行业为例,相关企业应树立质量意识,杜绝"虚假宣传",保证宣传效果与实际效果的一致性,保障消费者的知情权等合法权益;注重食品或平台老师资质的审核,将人工审核与大数据审核相结合,保质保量地提供产品与服务;注重保护消费者的个人信息,避免信息泄露,保障消费者线上的信息安全。良性网络生态系统的营造离不开企业的努力,新形势下企业更应切实履行社会责任,讲求社会效益,助力"宅经济"的健康发展。

(三) 消费者层面

消费者应提升自我防范意识,依法行使监督权。在"宅经济"多元化、便利化的发展趋势下,消费者仍需树立正确理性的消费观:量入为出,适度消费,避免盲从,理性消费。应结合自身需求进行购物,切勿因完美的宣传而冲动"剁手"。同时,消费者也应该提升自我防范意识,提防各类消费陷阱。如在使用产品与服务时仔细阅读相关条款,学习相关法律知识,提升自己的维权能力等。

首先,在互联网交易过程中,消费者要充分了解信息,对相关条款与商家做好沟通,明确交易时间和交易方式、售后服务主体和条件等事项,以降低虚拟空间的交易风险。同时要保存好相关聊天记录、电子购物凭证、交易流水单号等,以便在自身权益受到损害时能够持有可供查询的纠纷处理依据。

其次,消费者要敢于运用法律武器维护自身合法权益。截至小组调研时,我国已相继修订了《中华人民共和国消费者权益保护法》《中华人民共和国广告法》等相关法律法规,并根据网络发展现状相继颁布了《互联网信息服务管理办法》《网上银行业务管理暂行办法》等法规,为我国网络交易的发展提供了一定的法律保障和支持。同时由于网络交易金额普遍较小,我国小额诉讼程序也在不断完善,降低了诉讼成本,提高了消费者追偿权的可获得性,消费者可以选择在能力范围内对侵权行为提出诉讼。

最后,适当发挥数字时代信息传播优势。在"互联网+"基础上,纠纷处理机构的投诉渠道呈现多面化的特点,如微信公众号投诉、公众网站投诉、电话或微博投诉等形式。投诉渠道的拓宽,能够在很大程度上为网络消费的权益保障清除障碍,并且必要时消费者可以利用新闻媒体曝光侵权行为,扩大舆论影响力,在维护自身权益的同时维护社会正义，带动良好消费风气的形成。

六、研究不足及展望

(一) 样本的局限性

由于时间和空间的限制，虽然本次调研在派发问卷时尽力扩大了被调研群体，但基数依然相对较小，存在地域局限性，没能实现发展水平存在差异的地区全覆盖，调研结果因此具有一定的局限性，无法全面反映不同经济发展水平地区大众对于疫情期间"宅经济"模式的感知和评价。

我们希望能够利用统计科学的知识与方法，进一步优化调研方法与样本选取方法，同时通过其他可以获得的统计数据与我们的调研成果进行互补性分析，从而提升调研的质量与客观性。

(二) 分析案例的局限性

本文选取的两个案例均属于"宅经济"越发展越会给大众生活带去正面影响的范畴，基于此也只是着重分析了"宅经济"的正向影响，未选取有关案例对"宅经济"可能带来的负面影响进行讨论，因此，本文没有做到足够的客观和全面。

不过，对于"宅经济"的乐观态度在一定程度上反映了作为最熟悉"宅经济"的学生群体对于"宅经济"的真实看法，这也成为"宅经济"能够持续发展的潜在动力。

对于其他的"宅经济"模式的典型案例，希望后续能有更加深入的挖掘，以便于更加全面客观地看待这一经济模式，更有利于其发展。

(三) 学术资料的稀缺性

由于"宅经济"仍处于成长阶段，真正被大众发现，成为独立的专业概念的时间并不久远，相关专业领域的权威文献还不够充足，本次调研能够参考的学术资料是有限的。

学术资料的稀缺在一定程度上限制了我们的研究深度。后续的针对疫情情况下"宅经济"模式的研究可以适当对已有的文献进行汇总，在总结前人研究成果的基础上进行更深层次的分析研究，更能取得突破性进展。

中国的"宅经济"模式依托日益完善的基础设施建设和互联网生态，已经位于世界前茅，我们要勇于做"第一个吃螃蟹的人"，在一步步的摸索中不断积累经验教训，总结市场规律，以便发掘"宅经济"的内在潜能。

"一带一路"背景下中国民乐对外传播的路径及对策

中国民族音乐是中华民族传统文化的重要组成部分，是中华民族的文化精髓与精神瑰宝。它反映出中华民族的伟大精神，体现了中华民族的情感、意志、力量、幻想和追求，在对外文化交流中发挥着中流砥柱的作用。"一带一路"背景下文化发展的一系列政策的出台，为中国乃至世界民族音乐的交流与发展提供了前所未有的契机与平台，为进一步推动民族音乐的衍生提供了无限可能。

一、调查目的和意义

河海大学办学条件优越，具有广泛的国际交流与合作基础。近年来，随着中国国际影响力的不断提升以及"一带一路"政策的吸引，越来越多"一带一路"沿线国家的留学生来到河海大学深造。经过多次走访河海大学国际教育学院，调研小组了解到自1954年以来河海大学已为五大洲的80多个国家和地区培养了上千名各类专业技术人才。据调查，2013年河海大学留学生总数511名，其中"一带一路"沿线50多个国家留学生300多名；2018年留学生总数1 607名，其中"一带一路"沿线80多个国家留学生1 014名，占留学生总数的63%，比2013年增长了216%。

留学生们被中国的发展机遇和传统文化吸引，他们喜欢中国传统文化，尤其对中国民乐充满了好奇，但由于各种条件如语言、专业、环境等的限制，无法对民乐有更加深入的了解，因此知之甚少。

本调研小组中的每一位同学都有多年接触民乐的经历，负责人系河海大学大学生艺术团民族乐团成员，参加过多场民乐演出，对民乐的构成、鉴赏、演奏、发展等有较为全面的了解，其他4名同学均为外语学院英语、法语专业学生，能与留学生熟练地交流。同时，小组成员对民乐发展及对外推广情况有极大的研究兴趣和热情，对以民族乐器为代表的中国传统文化的传承有强烈的责任感。

小组成员认为，在对待民乐如何"走出去"的问题上，尊重民乐的个性与传承是我们与世界文化对话交流的立足点。希望通过本项目，一方面积极做好民乐的传承，继续开展对民乐的研究，增强对本民族文化的自信，因为"只有民族的才是世界的"；另一方面积极做好民乐传播，探索传播路径，丰富传播渠道，利用专业特长，变灌输式的"单一传播"为"双向沟通"，从"自说自话"走向"交流对话"。

二、调查的方法和对象

（一）问卷调查法

调研小组成员一起合作完成了《留学生"民乐知多少"》的调查问卷，并将其先后翻译成了英语版和法语版。该调查问卷是根据民乐传播发展的现状和留学生对中国传统文化的认知、态度等相关情况自行设定，并经反复修改后形成的，主要采用选择题的形式。我们通过走访校园、留学生宿舍等线下采访、发放调查问卷的方式，总共随机现场发放调查问卷 100 份，收回 100 份，回收率 100%，其中有效问卷 96 份，有效回收率 96%，得到具有较高有效性的数据，也获得了采访留学生的第一手资料。随后小组通过具体分工对调查结果进行了统计并精心分析总结，形成调查报告，以期从留学生的角度看待中华优秀传统文化与文化自信力。

（二）访谈调查法

在发放问卷的同时随机选取数名留学生，对其进行访谈，并进行了全程拍摄。此外，小组成员还举办了小型民乐专场音乐会，邀请留学生前来观看，结束后同样对其进行了采访，形成访谈记录、访谈报告和数份高质量的影像资料。

三、调查结果与分析

此次调查以河海大学留学生为主要对象，主要是了解留学生对中国民乐的了解情况。调研问卷所涉问题由浅入深、由粗到细，通过收集留学生们的祖国所在地区、对中华文化的看法、对中国民乐的了解程度，结合"一带一路"大背景以及文化交融的大趋势，探索当代中国民乐"走出去"的有效路径。

第1题：请问您来自哪里？

数据显示，在全部 96 名被调查者中，44.79% 来自东南亚，21.88% 来自中东，12.50% 来自欧洲，另外 20.83% 来自非洲、北美洲、南美洲。本次调查以留学生群体（大学生）为主要调查对象。鉴于线上分发问卷的途径多样，容易包含少量非留学生群体，因此小组成员设置此题目以避免数据结果出现较大误差。

第2题：您的祖国在"一带一路"沿线吗？

数据显示，在全部96名被调查者中，44.8%的被调查者的祖国在"一带一路"沿线，55.2%的被调查者的祖国不在"一带一路"沿线。

第3题：您喜欢中国传统文化吗？

数据显示，有一半的被调查者选择很喜欢中国传统文化，20.83%的被调查者选择比较喜欢，另有29.17%的被调查者选择"一般"。

第4题：若您喜欢中国文化，您觉得哪种中国传统文化最吸引人？

数据显示，60.42%的被调查者认为中国的传统文化中美食最为吸引人，23.96%的被调查者被风俗吸引，8.33%的被调查者选择诗词，7.29%的被调查者选择民乐。

第5题：您认为目前影响您了解中国传统文化的因素有哪些？（多选题）

数据显示，选择语言障碍的占83.33%，其次是没有渠道，占62.50%，选择资源很少的占54.17%。

第6题：您知道孔子学院吗？

数据显示，87.5%的被调查者知道孔子学院，10%的被调查者对此有一点了解。

第7题：您的家乡有孔子学院吗？

数据显示，有孔子学院的占七成左右，没有或不清楚的占三成左右。

第8题：您认为在中国高校学习有利于你了解中国文化吗？

数据显示，72.9%的被调查者赞同"在中国高校学习能进一步接触中国文化"这一观点。

第9题：您会演奏乐器（任何乐器）吗？

数据显示，约有一成不到的外国留学生会演奏乐器。

第10题：您了解中国民乐吗？

随着中国文化近些年不懈地"走出去"，一些名曲如《茉莉花》等渐渐为人耳熟能详，而调查结果也显示83.3%的留学生群体对中国民乐代表作品有一定的了解。

第11题：您对中国民乐感兴趣吗？

数据显示，很多人对异国文化持开放的态度，兼收并蓄才能使民族文化进一步发展。57.29%的被调查者对中国民乐抱有很大的兴趣，26.04%的被调查者对中国民乐充满好奇。

第12题：您了解中国民乐的渠道有哪些？（多选题）

随着中国文化"走出去"，了解被调查者对民乐传播渠道的了解情况十分有必要。数据显示，在电视节目中、网络上看过民乐表演的人超过半数，但通过报刊、他人介绍了解的人数不足5%，音乐会宣传约占8%。

第13题：您一般喜欢什么类型的音乐？

数据显示，留学生大多为年轻群体，故喜欢流行、嘻哈风两者的占了多数。

第 14 题：您身边有非中国人的中国民乐爱好者吗？

数据显示，只有不到 10% 的被调查者身边有非中国人的中国民乐爱好者。

第 15 题：您是否观看过校内民乐团的演出或是院内民乐表演？

数据显示，有超过半数的被调查者曾在各类汇演中看过民乐团的表演。

第 16 题：您通过什么途径或出于什么目的观看校内民乐团演出或是院内民乐表演？（多选题）

数据显示，有 86.46% 的人是看到宣传而产生兴趣，75.00% 的人是受到朋友邀请，统一组织和其他原因参与观看的分别占 5.21% 和 10.42%。

第 17 题：如果有付费观看的中国民乐演奏会，您想要去看吗？

数据显示，大多数被调查者对于收费的中国民乐演奏会兴致不高，只有 25% 的被调查者表达出想去看的意愿。

第 18 题：您对以下哪几种学习民乐的方式感兴趣？（多选题）

本题采用多项选择的形式，侧面考察被调查者对于学习民乐的兴趣及所采取的方式。选择线上录制小视频教学的人数最多，占比 93.75%，其次是公众号推广，占比 70.83%，选择线下固定场地教学的占比 60.42%，而选择音乐会熏陶、民乐沙龙观赏的分别占比 28.13%、26.04%。从数据中可以看出，大家更倾向于线上的教学方式。

第 19 题：如果有机会接触并学习民乐，您愿意参加吗？

学习民乐是了解体会中国文化的一种很好的形式，大约有 80% 的留学生表示愿意参加学习。

第 20 题：如果您有机会学习民乐，您的学习目的是什么？（多选题）

数据显示，被调查者中学习民乐最主要是为了了解中国文化的，占 67.71%；为了提升自我的，占 50%；觉得能成为自己引以为豪的特长的，占 46.88%。

第 21 题：您认为学习民乐有助于您了解中国文化吗？

数据显示，90% 以上的被调查者认为学习民乐有助于其了解中国文化，民乐是中国文化的重要组成部分。

第 22 题：您觉得中国民族音乐风格符合世界其他民族的审美吗？

数据显示，大多数人对中国民族音乐的未来发展前景表示看好，也有部分人表示担忧。

第 23 题：您对中国民乐与西方音乐交融的看法是？

数据显示，67.71% 的被调查者对中国民乐与西方音乐交融抱有积极的态度。

第 24 题：您认为以下哪些策略能够推动中国民乐走向国际？（多选题）

为进一步了解被调查者对中国民乐发展的意见，我们小组列举了八项建议供他们选择。结果显示，排名第一的是完善网络宣传途径，开拓网络推广路径，占比 61.46%；其次是增加中国乐团在国际上演出的频率、演奏的曲目为世界熟知的中国经典、中西合璧、加入西方乐器及乐曲元素；选择最少的是加大民乐在留学生中的宣传力度、开设针对留学生的民乐教学课程，占 10.42%；还有 10.42% 的人选了"其他"。

第 25 题：您认为中国民乐在推动中国文化"走出去"中的作用如何？

数据显示，有 97.92% 的被调查者认同中国民乐对中国文化"走出去"具有重要的作用。

第 26 题：以下民乐乐器您了解或见过哪些？（多选题）

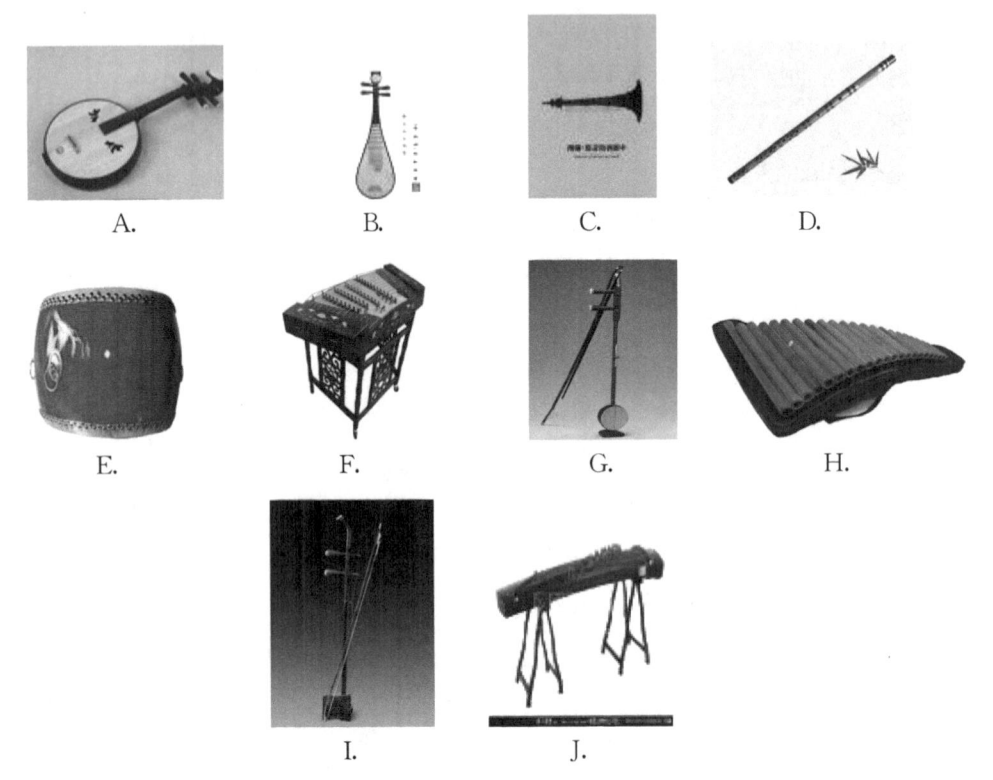

A.　　　　B.　　　　C.　　　　D.

E.　　　　F.　　　　G.　　　　H.

I.　　　　J.

数据显示，有 51.04% 的被调查者了解其中四个及以上，29.17% 的被调查者认识三个，15.63% 的被调查者认识两个，还有 4.17% 的人认识一个。其中，笛子是被调查者群体广为熟知的一种民乐乐器。

第 27 题：如果学习中国民族乐器，您更会被乐器的造型吸引，还是被声音吸引？

数据显示，71.88% 的人更易被乐器独特的造型吸引，仅不到三成（28.13%）的人会被奇特的声音吸引。

第 28 题：如果参加民乐的简单教学，你希望学习的频率是？

为进一步了解被调查者对民乐学习的兴趣，小组对他们期望的学习频率进行了调查。排名第一的是两周一次，占比 40.63%；其次是一周一次，占比 27.08%；然后是一周两次，占比 23.96%；还有 8.33% 的人选了"其他"。

第29题：如果参加民乐的简单教学，你希望学习后达到什么样的效果？

本题承接上一题，了解大家对于学习民乐收获的期望。总体来看，留学生们希望了解中国民乐的简单历史，占比44.79%；辨认出一些中国传统乐器，占比25.00%；了解民乐乐器的发声原理，占比15.63%；会演奏简单的乐曲，占比12.50%，选择"其他"的占比2.08%。

从调查结果来看，大部分留学生喜爱中国文化，但由于语言障碍和接触渠道较少，他们对中国传统文化的了解并不深。留学生们对于能较直接接触与直观感受的传统文化较为喜爱，例如中华美食和传统风俗活动。同时，校园生活也在很大程度上为留学生们了解中华文化提供了途径与机会。多数人也表示支持中国民乐"走出去"。

大部分留学生对中国民乐感兴趣，但这种兴趣与其所接触到的了解渠道的有效性是不相称的。首先在传播媒介上，留学生更多的是从网络上了解到中国民乐，这种方式虽然便捷快速，但却因文字语言障碍和缺少解释说明而显得较为浅层。而对于身临现场的民乐演奏会，场次较少和费用收取这两个方面在一定程度上阻碍了留学生对中国民乐的接触。

从以上调查结果来看，留学生偏向采用线上的方式了解和学习中国民乐，而线上视频本身存在着局限性，因此要在这两者之间找到一个平衡点、一种有效的传播和教学方式。加大宣传力度，提供合适的平台与途径，探索有效的交流方式，是我们在"一带一路"背景下促进中国民乐"走出去"需要努力的方面。

四、调查结果总论

我国一些专业的民乐团近几年逐渐走向世界大舞台，民乐在世界上的影响力逐渐增强，中国民乐逐渐呈现出繁荣发展的态势。中国民乐三次进入维也纳"金色大厅"演出，体现了中国民乐正走向世界，被世界音乐界及听众所认可。许多留学生在线下接受采访时也提到，他们曾在视频网站上看过民乐的演奏视频，还有部分同学会主动搜索民乐和西洋乐合奏的视频，表示十分喜爱中国民乐。

据报道，在上海音乐学院就学的留学生中，大多数学习的是中国民族音乐。有的留学生不但能演奏中国乐器，还能创作民乐作品。美国、新加坡等地，都活跃着不少"华乐队"，日本还有一支全部由日本中国乐器演奏家组成的民乐团——日本华乐团。马来西亚则已经开展了中国民乐的考级活动。

中国民乐与世界民族音乐无论在课程教学还是在实践运用中，都可以互相借鉴。这不仅有利于对中国民乐的"世界民族化"进行初步探索，而且极大地提高了民乐的推广度，使中国民乐更具民族魅力。

通过走访留学生也可以很清晰地看出，民乐在国际上的发展依然面临着诸多困难。第一，国内民乐力量发展比较薄弱，地区间差异较大。沿海地区的发展程度相对较高，内陆地区相对较低，民乐的传承与发展并没有受到足够的重视。第二，由于渠道不通畅，民乐还并不为外国大众所熟知。他们更多的只是知道有民乐这个类别，但是对其具体的细节，如每种乐器的名称、演奏特点等知之甚少。虽然前来河海大学交流学习的外国人颇多，对民乐的认知度较高，但大多只是觉得新奇，真正了解、学习民乐的少之又少。在很多外国人眼中，民乐仍旧是"古董"。第三，推广形式和路径比较单一，"没有把自身的优势文化资源转化为他国人民喜闻乐见的文化形式和文化产品，进而形成对他国人民的吸引力"。如何在新时代背景下，加强民乐与其他音乐形式的互融借鉴，增强民乐的生命力，使其更好地在国际舞台上展现魅力，是亟须研究的一个问题。

五、对策和建议

（一）以高校为推广基地

数据显示，截至 2019 年 4 月，有 39 所国内高校加入"一带一路"高校战略联盟，30 多万"一带一路"沿线国家的留学生成为中外文化交流的一道桥梁，也成为中国民乐为更多国际友人了解的一个窗口。

1. 加大民乐在留学生中的宣传力度

许多高校除了重视学生的专业学习，也会鼓励学生积极参与校园活动，民乐团的组建为推广民乐提供了良好的基础。据了解，有民乐团的高校每年几乎都会举办一些大型演出，比如新年晚会、民乐专场汇报演出等，会演奏较为完整的民乐曲目。这是从整体上领略民乐之美的好机会，同学们可以邀请留学生一起观看、品鉴。在日常排练中，民乐团会重点练习一些曲目和技巧，也可以邀请留学生参与，使他们从细节处进一步认识中国传统乐器和音乐，提高他们对民乐的了解度和感受力。

2. 开展民族乐器教学

有条件的高校可以设立民乐兴趣班、举办沙龙等，鼓励留学生亲身参与民乐的学习与演奏，在结交中国朋友的同时，领略以民乐为代表的中华文化的魅力。教学内容可以包括民乐乐理知识与实际演奏技巧两个方面。在乐理知识课堂上，老师可以带领留学生们了解中国传统音乐的不同流派，传统乐器的分类、演变及相关历史故事，以及包括简谱在内的有中国特色的乐理知识。在演奏技巧方面，以琵琶为例，可以按章节、分课时、有层次地讲解教授这种乐器的弹、挑、分、轮指等指法和演奏技巧。这些都是可以切实推动中国文化"走出去"的举措。对于外语学院的学生，此举更是探讨相关专业词汇翻译方法最有效直接的方式之一。

3. 加强中外音乐器乐交流

封闭的文化是难以进步的，以琵琶、二胡为代表的民族乐器沿丝绸之路自西域而来，见证了古代中外音乐的交流与进步，而在当代，"一带一路"倡议使更多的外国留学生来到中国高校，他们乐于认识、学习具有悠久历史的中国民乐。我们既可以举办国际文化交流节——这是一个中外具有特色的民族乐器集中展示、交流的好机会，也可以尝试开拓新的演奏方式——邀请会演奏外国特色乐器的留学生与中国民乐配合同台献技，或者以中国特色乐器演绎国外经典曲目，同时还可以举办交流研讨沙龙，探究民乐传播历史，共同享受音乐之美。

（二）以网络为拓展途径

"中国民族音乐国际传播历史悠久，主要依靠皇室和政府的出使、联姻或委派、国家之间的朝贺以及战争导致的人口流动等原始途径。"这种带有"捎带"性质的传播方式在很长一段时间里确实促进了中国民乐的发展，扩大了中国民乐的影响力，但在对中国文化"走出去"有强烈需求的当下，我们需要对民乐的传播方式给予更大的重视，有计划、有针对性、有重点地进行国际推广，而网络就是一种传播快、范围广、内容丰富、互动性强的绝佳方式。

1. 对已有的民乐网络资源进行翻译与调整

比如，介绍中国民族音乐的网站"中国古曲网"、特定乐器专业性网站"中国古筝网"及音乐网站"5sing"等，在我国民乐学习人群中大受欢迎。但其页面显示基本为中文，提供的曲谱为简谱，这对于有民乐学习兴趣的外国人来说浏览界面不完整，不利于他们对民乐的进一步学习。可以对这些网站进行翻译，制作国际版页面，一定会有更多的外国友人愿意进一步了解、学习民乐。

2. 开拓新的网络推广途径，推动民乐走向国际

国内现有的音乐软件如QQ音乐、网易云音乐、虾米音乐等，皆以流行音乐为主，民族音乐曲目少且没有特定的板块，而开发中国民乐专属的App软件在国内外都有很大的市场。苹果公司推出的GarageBand音乐创作软件，以钢琴、吉他、架子鼓等西方乐器为主，使业余爱好者更便捷地制作音乐，具有良好的音乐教育和传播作用，这对我们开发以中国民乐为主的App应用软件具有极好的借鉴意义。

（三）以国家政策为主导力量

自2013年国家主席习近平提出"一带一路"倡议以来，中国切实加强了与沿线国家在经济、政治、文化等方面的合作，不断促进与沿线国家之间的人文交流，这就为中国民乐的传播提供了新的空间与实践途径。在国家政策的支持下，中国民乐能够依托"一带一路"文化交流平台，抓住机遇，顺势而为，采用多种形式，高效率、高质量地"走出去"。

1. 在孔子学院实施一系列中国民乐交流项目，借助其国际影响力，让各国人民认识和了解中国民乐

据了解，孔子学院开展过的有关中国民乐的文化活动并不多，且由于缺乏后续项目支持，这些活动的影响力往往非常有限，即使是在孔子学院的学生中间，也未能掀起学习中国民乐的风潮。因此，当务之急是完善中国民乐交流的后续措施。可以在海外各国孔子学院建立民乐俱乐部等形式多样的民乐交流办事机构，通过提供学习民乐的途径和场地设施，或者在教学课程中增设民乐课堂或民乐欣赏课程，在孔子学院定期举办民乐演奏大赛、邀请外国人学习民乐、开设民乐小课堂，让对中国民乐感兴趣的学生们切磋技艺，交流心得与感悟。

2. 设立政府资助民乐出口项目，推动与民乐有关的文化产业发展

2017 年国家将"音乐产业发展"列入"重大文化产业工程"，使音乐行业迸发出前所未有的活力与创造力，在国外的社交平台上甚至可以发现外国人翻唱中国的流行歌曲，但中国民乐的传播度仍不是很高。在此背景下，政府可以加大对民乐产业的资金投入，建立一批以民乐表演为主的协会，形成系统化的民乐人才培养机制；重视民乐乐曲的创作，激发民乐作曲家创作的热情，推动民乐作品不断推陈出新，焕发新的生命力；实施民乐出口项目，资助民乐团出国演出，给予高等学院民乐交流项目相应的补贴；等等。

3. 国家文化宣传单位发挥其引导力与公信力，拍摄有关民乐文化的纪录片、宣传片或举办综艺节目

中央电视台近几年拍摄了不少弘扬中国文化的纪录片，举办了不少综艺节目，如《舌尖上的中国》《国家宝藏》等，它们在内容和形式上都进行了创新，一时成为热门话题，吸引了年轻人的关注。民乐的对外传播也可以借鉴这些成功的经验，一方面拍摄出有创意、有故事、有内涵的电视文艺作品，另一方面可以与国外制片公司合作，推出国际版，扩大知名度，向世界各国人民展现中国民乐的魅力。

后　记

本书选取了20篇河海大学本科生的优秀社会实践报告，从民生社会、思想观念、地域特色、热点问题等微视角出发，采用问卷调查、个案访谈、口述史等研究方法，走进普通大众的日常生活，深入社会的方方面面，以此观察新中国成立70余年来社会发生的翻天覆地的变化以及取得的举世瞩目的成就。尽管本书有一些不足，但每篇社会实践报告均倾注了指导教师和同学的心血。

参与本书写作的人员情况如下：

总负责：张静。

民生社会篇：刘恪涵、陈珠钰、孙鹏、刘玉莹、李若凡等。

思想观念篇：宋富平、王兰兰、荷叶帆、肖俊瑶、李璇等。

地域特色篇：安星璇、刘文逸、王天鹏、崔德坤、张越等。

热点问题篇：代耀彬、高天、张贵龄、许可儿、吴秋茹等。

各实践小组成员积极撰写的实践报告，构成了本书的主体部分。此外，河海大学马克思主义学院研究生丁芮、赵永倩、赵栩鑫、王鸿运为本书做了整理、核对、汇总等大量工作，在此向他们表示深切的感谢！

本书在编写过程中得到了河海大学马克思主义学院领导和同事的指导，得到了河海大学出版社的支持，在此致以诚挚谢意！

虽然我们竭力想将本书编写得更为完善，以求更精准地展现当代大学生对新中国成立70余年来社会变化的深入观察，搭建好联结本书与读者之间的桥梁，但限于笔者水平，书中难免有疏漏之处，恳请同行专家、学者和广大读者批评指正。